新世纪公共管理系列教材



# 政府经济学

ZHENGFU JINGJIXUE

季燕霞◎编著

首都经济贸易大学出版社
Capital University of Economics and Business Press
·北京·

**图书在版编目(CIP)数据**

政府经济学/季燕霞编著.—北京:首都经济贸易大学出版社,2014.9
(新世纪公共管理系列教材)
ISBN 978-7-5638-2234-8

Ⅰ.①政…　Ⅱ.①季…　Ⅲ.①行政干预—宏观管理—经济学
Ⅳ.①F20

中国版本图书馆 CIP 数据核字(2014)第 111597 号

**政府经济学**
**季燕霞　编著**

---

出版发行　首都经济贸易大学出版社
地　　址　北京市朝阳区红庙(邮编 100026)
电　　话　(010)65976483　65065761　65071505(传真)
网　　址　http://www.sjmcb.com
**E-mail**　publish@cueb.edu.cn
经　　销　全国新华书店
照　　排　北京砚祥志远激光照排技术有限公司
印　　刷　北京九州迅驰传媒文化有限公司
成品尺寸　170 毫米×240 毫米　1/16
字　　数　237 千字
印　　张　13.75
版　　次　2014 年 9 月第 1 版　2024 年 1 月第 2 次印刷
书　　号　ISBN 978-7-5638-2234-8
定　　价　28.00 元

---

# 前言

政府经济学是在20世纪80年代末由国外引入、介绍到我国,作为公共部门经济学或公共经济学而产生的一门新兴学科。国内研究者从经济学、政治学等不同学科和专业视角探讨了政府经济学的学科建设和理论体系。在不同学科背景下研究的政府经济学,在内容上往往自成一体,各具特色。在我国高校使用的政府经济学教材中,因研究内容的侧重点不同,大致呈现以下三类版本:一是以政府财政政策、国有资产管理等为核心内容,带有鲜明的财政学色彩;二是以市场失灵的种种表现为切入点,研究政府干预经济的主要行为;三是更多聚焦政府公共选择行为及其存在的政府失灵问题,较多地呈现出公共选择学或政府学的研究色彩。

尽管政府经济学作为一门新兴学科,其研究对象、框架结构及内容体系尚处在探索与完善阶段,但无可争议的是,政府经济学是研究政府经济行为及其影响的学科,而政府的经济行为主要包括政府参与经济和管理经济两种行为,其目的是为了实现经济稳定发展。市场失灵的存在决定了政府必须采用财政和货币手段来调整自发市场,校正市场失灵带来的负面影响,增加就业,控制通货膨胀,减少经济波动。从历史的角度看,20世纪30年代西方经济危机爆发后,凯恩斯政府干预理论成为主流经济学,政府开始全面深入地介入经济管理活动,这是政府经济学产生的原因之一。但是,政府参与经济也会由于主观或客观的因素出现偏离公共利益的倾向,政府失灵也会对社会经济的稳定发展带来危害。通过对政府失灵及政府权威重塑的研究,可以反思政府管理中存在的问题,探寻政府治道变革的方法,构建有效政府。研究政府经济学可以促进政府更好地实施公共物品的生产和分配,维护社会的公平与稳定。政府的使命在于通过经济和政治的手段化解现实矛盾、平衡社会利益、增进民众福祉。生产公共物品是政府最为必要的经济职能,分配公共物品、调节社会贫富差距、尽可能减少市场失灵带来的社会分配不公、消除社会不稳定的经济因素是政府的重要责任。研究政府的公共服务行为,优化公共政策制定过程,可以推动政府更好地履行使命。

基于以上这一理论逻辑和现实逻辑，同时，为适合应用型本科教学需要，我们编写了这本带有一定特色的政府经济学教材。首先需要指出的是，在本书的撰写过程中，我们参阅了大量的相关著作和论文，借鉴和吸纳了国内外专家学者许多研究成果，谨将其中一些在参考文献中列出，在此对相关作者深表感谢，如有疏漏，恳请谅解。同时，本书编写组成员也努力追求创新以突显本教材特色。在政府经济职能一章中，重点研究了地方政府的主要经济职能、地方政府行为的特征、地方政府间竞争的演变等内容。必须承认，地方政府间的竞争是我国经济自改革开放以来高速发展的最大推动力量。地方政府是地方公共物品的主要供给者，在我国的传统文化中，不仅有"为官一任，造福一方"的政治伦理要求，更有分税制改革以来地方政府之间围绕有形资源和无形资源而展开激烈争夺的客观现实。地方政府间的竞争在推进经济高速增长的同时，也引发了宏观经济波动以及对环境与资源的破坏。这是我国政府经济学应当研究的一大现实，本书作出了初步尝试。另外，本教材在政府经济管理绩效部分重点研究了绿色GDP考核及官员环境管理问责制；在政府权威重塑部分强调了责任政府、回应型政府建设，以及增强政府公信力的必要性和可行路径。其中的一些内容是本书编写组成员近年来的科研成果，希望借助本教材实现以科研促教学。

全书共分十章，第一、三、五、六、九、十章由季燕霞编写，第二章和第四章由沈发云编写，第七章和第八章由姜飞编写。全书由季燕霞修改并最后定稿。由于编者的时间和经验有限，书中可能存在一些不足和缺陷，敬请各位专家学者和广大读者批评指正。

本教材的出版得到南通大学重点专业公共管理建设项目和杏林学院教材建设项目的资助，在此表示衷心的感谢。

编著者

2014年6月28日

# 目录

**第一章　绪论** ………………………………………………………… 1
第一节　政府经济学的研究对象 ………………………………… 1
第二节　政府经济学的研究框架及特色 ………………………… 5
第三节　政府经济学与相关学科的关系 ………………………… 7
第四节　政府经济学在我国的兴起和发展 ……………………… 14

**第二章　政府介入经济的缘由** ………………………………………… 19
第一节　资源配置与经济体制 …………………………………… 19
第二节　市场机制的作用 ………………………………………… 22
第三节　市场失灵的含义及其表现 ……………………………… 26

**第三章　政府与市场理论的历史演进** ………………………………… 43
第一节　市场经济秩序构建时期的经济学说 …………………… 43
第二节　市场失败与国家主义理论兴起 ………………………… 48
第三节　政府干预陷入困境与新自由主义兴起 ………………… 55
第四节　新凯恩斯主义对政府干预理论的修复和发展 ………… 64

**第四章　政府的经济职能** ……………………………………………… 69
第一节　建立正常的市场秩序 …………………………………… 69
第二节　确保良好的社会环境 …………………………………… 75
第三节　地方政府的角色及其经济职能 ………………………… 80

第五章 政府经济管理行为 …… 97
第一节 政府经济管理行为分析的基本方法 …… 97
第二节 政府经济管理行为及其基本规范 …… 100
第三节 政府经济管理行为的影响因素 …… 105
第四节 政府经济管理者的素质 …… 108

第六章 政府经济管理绩效 …… 117
第一节 政府管理绩效及其分析要素 …… 117
第二节 政府绩效管理的原则和价值取向 …… 121
第三节 优化政府经济管理绩效 …… 123

第七章 微观经济政策 …… 137
第一节 微观经济政策概述 …… 137
第二节 反垄断政策 …… 138
第三节 环境保护政策 …… 141
第四节 价格政策 …… 144
第五节 消费者权益保护政策 …… 146

第八章 宏观经济政策 …… 149
第一节 宏观经济政策概述 …… 149
第二节 财政政策 …… 157
第三节 货币政策 …… 164
第四节 产业政策 …… 169

第九章 政府失灵 …… 175
第一节 西方政府失灵理论概述 …… 175
第二节 政府失灵的主要表现 …… 179
第三节 政府失灵的根源 …… 185
第四节 政府失灵的纠正与防范 …… 188

**第十章　政府权威重塑** …… 193
第一节　政府权威 …… 193
第二节　政府权威重塑的主要理论 …… 195
第三节　构建有效政府 …… 199
第四节　在变革和发展中不断塑造政府权威 …… 201

**参考文献** …… 209

# 第一章 绪论

在现代经济社会，政府扮演着十分重要的角色。政府经济学研究政府的经济行为及其影响，它蕴含着两个基本议题：其一是政府经济行为的逻辑依据与方式途径；其二是政府经济行为所产生的效果。理论和实践证明，市场失灵的存在决定了政府干预经济的必要性，但政府干预同样也存在失灵，需要研究政府失灵，探求政府治道变革，重塑政府权威。政府经济学的研究宗旨和使命在于优化政府的经济行为，平衡利益矛盾，增进社会福祉。由于政府经济行为和影响政府经济行为的因素是复杂多样的，作为一门新兴的学科，政府经济学的研究对象、框架结构及内容体系尚处在探索与完善之中。

## 第一节 政府经济学的研究对象

现代市场经济是由政府干预、管理和调节的市场经济，政府的经济行为深刻地影响着社会中每个经济主体的利益，对社会的繁荣、稳定和发展发挥着至关重要的作用。

政府经济学（Economics for Government）是研究政府的经济行为及其影响的新兴学科、交叉学科。理解政府经济学的研究对象，需要把握以下相关知识。

### 一、政府的含义

政府是在特定的区域内通过政治程序建立的、行使公共权力的国家机构。广义的政府（Government），泛指一切国家政权机关，包括立法、司法、行政以及一切公共机关。具有代表性的定义如英国《大众百科全书》中的表述：政府是由政治单元在其管辖的范围内制定规则和进行资源分配的机构。政府的功能是：①立法；②司法；③执行、行政管理。狭义的政府（Administration)，专指一个国家的中央和地方的行政机关，如外国的内阁、总统、政务院等，我国的国务院、地方各级人民政府。

政府经济学所研究的主要是狭义上的政府，是国家经济运行中具有重大影响力的经济主体，具体而言包含以下四个层次：

第一层次是中央政府，即组成中央政府的各部、委、办及其内部的各厅、局、附属机构，是政府的核心层次。

第二层次是除中央政府之外的各级地方政府及其附属机构。

第三层次是中央和地方政府出资兴办的各种企事业单位，如国有垄断企业、医疗卫生机构、教育机构及公共事业部门。

第四层次是指政策性的金融机构，是为了实现特定的目标而由中央出资兴办的，它超越具体政府机构的职能，对整个社会的资源配置起直接调节作用。

## 二、政府经济行为要解决的基本问题

根据传统的西方经济学理论，每个经济主体都必须解决三个基本问题，即生产什么、如何生产、为谁生产。政府作为社会重要的经济主体，同样需要解决这些基本问题。政府经济学的创始人斯蒂格利茨总结了政府经济学研究的四个基本问题："①生产什么？公共物品还是私人物品？②如何生产？在公共部门内生产还是在私人部门内生产？③为谁生产？税收会影响不同人的支出数量，不同的政府项目有益于不同的群体。④如何作出决定？如何作出集体决策？"①。

### （一）生产什么

生产什么的问题主要研究在社会资源总量确定的情况下，如何在公共物品与私人物品的生产比例上实现最优的选择。这个选择是公共选择问题而不是市场选择问题，对这个问题的回答需要研究公共物品的特性和分类，以及政府在公共物品的提供中承担什么责任。

### （二）如何生产

如何生产的问题体现了政府经济学与其他经济学一样注重投入产出的效率。私人部门的生产原则或者称市场经济原则是利润最大化。而政府部门对公共物品的选择却较为复杂，它涉及两个方面：①生产主体的选择，考虑是政府经营，私人生产，还是由第三部门承担。②生产技术的选择，需要研究

① 约瑟夫·斯蒂格利茨．公共部门经济学［M］．3版．北京：中国人民大学出版社，2005：13.

效率问题和激励机制的设计。

（三）为谁生产

政策是典型的、重要的公共产品，偏向于谁、向什么人提供的政策、对谁有利、为谁生产的问题反映政府经济学与其他经济学的主要区别。政府通过公共政策实现对公共物品的分配，涉及纠正市场分配方式与社会公平原则之间的偏差，同时，政府部门生产的产品也存在合理分配的问题。对于绝大多数公共物品来说，分配是个“公共选择”问题。一般来说，对公共物品的分配要遵循最多人受益的原则，但在实践中，公共物品的分配往往受不同利益团体的影响和支配。公共物品分配不公，可能会导致公共物品的滥用，引起社会资源的浪费，也可能损害政府公信力，影响社会和谐稳定。

（四）如何作出决定

公共选择的确定过程，是政府经济学的一个重要课题。“公共部门经济学的目标之一就是研究民主社会中集体选择（有时称为社会选择）是如何作出的”。[①] 生产什么、如何生产、为谁生产以及何时生产、何处生产等是对社会经济运行和发展的重大问题作出决策的选择，通过政府作出的公共决策比个人决策的难度要大得多。其原因是不同的人有不同的偏好、不同的理解、不同的价值判断。同时，不同的利益群体有不同的立场和诉求。如何作出公正的公共选择不仅是民主政治研究的问题，也是政府经济学必须研究的问题。

## 三、政府经济行为的价值取向

价值取向是指一定行为主体基于自己的价值观，在面对或处理各种矛盾、冲突、关系时所持的基本立场、态度或倾向。政府经济行为的价值取向，即指政府经济活动中所表现出来的价值指向、行动准则和追求目标。

古希腊哲学家亚里士多德认为政府行为的目标是追求最高、最广的善业，这是对政府经济行为目标的最早、最高度的概括。现代学者对此的研究较为具体、深入，如20世纪70年代兴起的新公共行政学摒弃了传统行政学以效率为中心的价值取向，提出社会公平和社会正义是公共行政核心价值的观点，并倡导包括社会公平、参与、社会责任、回应性等在内的价值体系。我国学者谢庆奎认为，由于政府在经济活动中体现着双重身份，基于不同身份所体现的价值也不同，政府价值只有在其与国家、社会及公民的互动中才能较好地体现出来。

① 约瑟夫·斯蒂格利茨. 公共部门经济学［M］. 3版. 北京：中国人民大学出版社，2005：13.

应当说，政府的价值取向就是指导政府活动的行为准则，是包含若干价值标准在内的一个价值体系。不同国家、不同时期，价值体系中所包含的价值标准及其各自所占权重势必存在很大差别。从根本上说，公平与效率作为评价社会经济制度优劣的两大基本尺度，通常被包含在政府行为取向的价值体系之中，但二者孰轻孰重却很难判断。一般认为，一种社会经济制度是否比另一种制度更先进，既要看它是否能比另一种制度创造更高的社会生产力、提供更多的社会财富；也要看它是否比另一种制度对财富的分配更合理、更公平。任何一种社会经济制度，在公平和效率的问题上，不管缺失了哪一方面，都会丧失其合理性，从而失去存在的空间。因此，从价值取向来看，效率与公平的统一或最优组合应当是政府经济行为的追求目标。

## 四、政府经济行为的主要特性

政府是现代市场经济的重要主体之一，其经济行为与其他经济主体相比较具有以下鲜明特性。

### （一）层次性

基于政府的多层次性，政府经济行为也相应地分为中央政府的经济行为、地方政府的经济行为和政府各职能部门的经济行为。由于它们各自所处的地位不同，其行为内容和各自职能也不尽相同，不同层次的政府经济行为既相对独立，又互相交错。

此外，在对经济的调节上，政府经济行为也体现为四个层次，即基础性调节、指导性调节、常规性调节、强制性调节。这四种调节在具体实施中所要求的环境及体现的方式、手段截然不同。基础性调节的目的在于规范国民经济基本发展方向；指导性调节主要是通过制定国民经济发展计划来调节微观主体的经济活动；常规性调节是政府对于经济运行中出现的一般性波动，运用宏观政策工具所进行的调节；强制性调节是指国家经济环境出现严重紊乱时，政府通过临时性措施对经济进行强制调节。

### （二）多维性

政府经济行为的多维性主要表现为目标多维、实体多维和方式多维。目标多维是指政府经济行为既可能体现的是中央政府所要追求的预期目标，也可能出自部门或地方政府利益要求的目标，在民主决策机制缺失的情况下，某些政府经济行为甚至体现的是个别官员或关键领导的政绩偏好和职位升迁的目标需求。实体多维主要是指政府经济行为的内容是多方面的，主要包括：①政府的收入与支出活动；②政府对经济的管理活动，包括政府对宏观经济的调控、对微观经济行为的规制、对国际经济活动的管理和控制；③政府对市场经济后果的校正，主要有政府的再分配措施、社会保障制度等。方式多维是为实现既定目标而采取的干预、管理、调节手段的多样性，如财政政策、货币政策、产业政策、就业政策、社会保障政策、反垄断政策、环境保护政策等多重手段。政府经济行为是这三个方面的统一。

（三）服务性

政府作为社会经济活动和公共事务的组织者和管理者，其行为涉及社会生活的方方面面。从活动范围看，政府不仅要对国民经济进行宏观调控，还要对国有资产进行管理；不仅要根据社会需要进行基础设施建设，还要维护良好的市场经济秩序；不仅要保持经济稳定增长，还要更加注重公平，提供公共物品和服务以满足社会公众需求。政府的行为不仅涉及生产、分配、交换、消费各个领域，还要协调不同经济利益主体之间的关系，维护和保障不同经济主体的合法权益。因此，现代政府的经济行为更强调社会性和服务性。

## 第二节　政府经济学的研究框架及特色

### 一、政府经济学的研究框架

根据上述对政府经济学研究对象的规定，政府经济学的研究框架集中于对政府经济行为的考察及其社会影响与效果的分析。本教材主要从以下四个部分进行研究。

第一部分：对政府经济学进行总体描述，界定政府经济学的研究对象，划定政府经济学的基本内容，分析政府经济学的研究方法，探讨政府经济学的学科特色。

第二部分：阐述政府经济行为的理论逻辑和历史逻辑，核心是探讨政府介入经济的根据，包括对市场失灵、自由放任的不良后果、市场自发调整的代价等方面的原因进行分析，从而阐明政府在建立正常市场秩序、提供公共物品、维持宏观经济稳定等方面实施经济介入和调节的必要性。此外，还从政府与市场关系理论回顾的角度，阐述政府经济行为的历史演变。

第三部分：介绍政府经济行为的分析路径及实施经济干预和调节的政策工具。阐述制度分析法与行为分析法的区别和联系，研究政府绩效分析的一般理论及其在我国的实践。在政府经济干预和调节的政策工具方面，阐述政府实施微观经济政策的根本原因是市场失灵的客观存在，通过制定和实施反垄断政策、价格政策、消费者权益保护政策、反污染政策等，谋求实现资源有效配置、收入公平分配、生态环境保护等目标。阐述政府实施宏观经济政策的主要缘由在于宏观经济总量失衡和经济波动的客观存在，通过制定和实施财政政策、货币政策、产业政策等，努力实现经济健康、稳定发展。

第四部分：研究政府失败与政府权威重塑。介绍西方政府失灵理论研究的背景及主要内容，分析公共政策失效、公共物品供给低效率、内部性与政府扩张、寻租及腐败的内涵及原因。阐述西方学者纠正与防范政府失败的理论：主要是改革公共决策体制及政治体制，包括进行立宪改革、对政府的财政过程尤其是公共支出加以约束、完善表达民主的方式以及发明新的政治技术；同时，通过引进竞争机制来提高政府效率，即进行政府治道变革，构建有效政府，重塑政府权威。

政府经济学的研究内容在知识体系上遵循理论逻辑和历史逻辑的一致性，其逻辑路径是：市场经济→市场失灵→政府干预→政府失灵→政府改革→重塑政府权威。

## 二、政府经济学的研究特色

政府经济学既是理论经济学，又是应用经济学。它一方面要从理论上说明政府行为、政府活动、政府职能的性质、特征和一般规律；另一方面，又要研究政府如何行使职能、如何开展活动、如何规范行为，才能达到预期的目标。需要研究政府经济运行中存在的实际问题，为政府制定和实施经济政策，以及规章制度建设提供理论依据。而不同国家政府所面临的政治经济环境，以及一国政府在不同时期所承担的经济社会发展任务，都存在巨大差异，因此，政府经济学的研究方法，除坚持马克思主义经济学基本方法论以外，需要强调以下具体方法。

### （一）理论与实践相结合的方法

政府经济学的产生是受现实的需要推动的，也是经济理论发展的必然结果。因此，政府经济学既要求建立逻辑推演的理论体系，又必须关注现实，对经济现实变化作出回应或提出政策主张。一方面，运用政府经济学基本原理，分析政府经济发展中的各种现象，就其存在的问题提出解决的思路与方法，以加深对基本理论的理解和掌握。如，运用公共物品理论，可在一定程度上分析和解释我国政府职能转变的途径和方法。另一方面，通过各种政府经济活动实践，进一步检验理论的正确性，以校正和发展理论，实现理论创新，在更高层次上达到理论与实践的结合。在我国发展社会主义市场经济，积极参与国际分工与合作，加快工业化、城市化和信息化进程，全面推进现代化建设的新时期，丰富生动的政府经济实践，为政府经济学的研究提供了丰富的资料。

（二）实证分析与规范分析相结合的方法

实证分析与规范分析是经济学研究的常用方法。实证分析的任务是回答经济运行"是什么"的问题，而规范分析是解决经济运行"应该怎么样"的问题。例如，运用实证分析方法，是对政府经济政策和行使职能的过程及效果进行分析；运用规范分析方法，是对政府实施的经济政策及行使职能给社会各阶层利益带来的影响作出价值判断等。

在政府经济学的学习中，通过实证分析，准确把握我国政府经济活动的现状与问题，就有可能为之提供切实可行的解决方案。需要强调的是，应加强对政府经济的数量分析，提高对有关问题认识的精确性、科学性。在政府经济活动中，财政收入占 GDP 的比例、税率、财政支出效益等大量的问题，都需要进行较细致的实证分析。而通过规范分析，能解决政府经济活动的价值判断问题，如公平与效率的选择，能够理解政府经济决策为什么是这样，而不是那样，进而把握政府经济与社会制度、意识形态、文化传统之间的内在联系。

（三）历史分析与逻辑分析相结合的方法

历史分析与逻辑分析相结合，要求在政府经济学的研究中有广阔的视野，能够从政府经济的过去、现在，把握其未来发展趋势，并进行相应的理论概括。在中国，几千年的文明史，政府经济活动留下了浩瀚的典章制度和案例资料，值得我们认真学习和总结。在西方国家，从古典经济学占主导地位时期的"有限政府"，到凯恩斯革命后政府全面干预经济，再到当前信息技术迅速发展、知识经济崛起、经济全球化发展背景下的政府经济管理所积累的丰富实践经验，都值得我们借鉴和学习。通过对历史的分析，我们对政府经济学的学习，才能够融会贯通，理解深刻。同时，在政府经济学学习中，还应注意各种政府经济活动之间的内在逻辑关系，分析、把握政府经济行为的前因后果，理解政府制定和实施经济政策、法律制度的理论依据，提高学习效果。

## 第三节 政府经济学与相关学科的关系

政府经济学是当代社会科学研究的一个跨学科研究领域，是经济学与政治学学科交叉发展而产生的新兴学科。从经济学的角度看，它把经济学的理论与方法运用到对政治、政府、集体和公共部门的研究中，架起了政治学与经济学之间的桥梁。从政治学的角度看，它深入研究政府职能、管理绩效、政府改革及政府权威的塑造，并将这些因素视为政府经济行为优化研究的重要内容。这一特点和发展趋势的现实背景是当代社会生活中各领域的相互渗透、交织和融合。与此同时，我们需要关注经济学和政治学两大学科在研究内容上走过的“合—分—合”的发展历程。同时，也需要把握政治经济学与经济学、政治学、法学等主要分支学科之间的关系。应当说，政府经济学的产生和发展离不开它所依托学科的发展和理论支持。

## 一、经济学与政治学合—分—合的发展历程

社会科学研究应人类社会实践的需要而产生，它不仅解释说明社会的政治、经济、文化、习俗的现象，也为社会的进步和发展指引方向，为新的制度设计提供理论支持。自 20 世纪 70 年代以来，社会科学研究呈现出学科交融、相互促进的发展趋势。与人类社会实践有着最紧密联系的政治学和经济学两大学科在研究内容上走过了“合—分—合”的发展历程。

作为社会学科中最古老的学科之一，古典政治经济学研究经济运行整体的效果评价和国家在经济中的地位和作用，认为经济的目标是增加财富，国家的任务是保证财富的增加。亚当·斯密在《国富论》第四卷导言中提出，作为为政治家或立法者服务的科学分支，政治经济学有两个明确的目标：首先，它要为人们提供，或更恰当地说，使人们能为自己提供丰厚的收入或生活资料；其次，向国家或全体国民提供足以维持公用事业的财源。政治经济学的目的是要使国富民强。古典学派的这些政治经济学说实际上源于近代功利主义“个人权利至上”的哲学原则，认为只有能够实现“最大多数人的最大幸福”的政府才是好的政府。由于社会利益是单个人的利益总和，每个人在追求自己利益的同时，社会的利益自然地得到增进。因此，在亚当·斯密那里，政治与经济是不可避免地结合在一起的，或者说是一种天然的融合。

在此之后的 19 世纪末到 20 世纪的前一大半时间里，却是经济学与政治学分道扬镳的时代，经济学离开政治领域，着重于个人和企业的行为分析，而政治学的研究以国家为主。当时一个主导性的观念是：“国家和市场按照而

且应该按照各自不同的逻辑来运行。”①

然而，20世纪30年代世界性资本主义经济危机的爆发是自由市场的经济学说无法解释的现实。在此背景下，凯恩斯国家干预的经济学说应运而生，国家又一次成为经济研究的重要问题。凯恩斯主张：国家最重要的议事日程不是涉及那些由私人已经在做的活动，而是那些落在个人活动范围之外、如果国家不出面就不会有人去做决定的事情。对政府来说，重要的不是去干那些正在由私人做的事情或把这些事做得更好些或更坏些的问题，而是去做那些根本就没人去做的事。20世纪40年代凯恩斯主义成为西方经济学的主流，国家再次进入经济学家的视野，政治学与经济学在研究对象上又一次融合。

推动经济学切入政治领域研究的另一个因素是福利经济学的发展。福利经济学探讨如何在均衡条件下实现资源的最优分配，从整体角度评价经济。对经济运行的效果进行价值判断是经济学向政治经济学发展的一种推动。

可以说，在凯恩斯及其后时代，国家问题在经济学中已经无法回避了，政治与经济、社会与个人、国家与市场之间相互交织和互动的关系已成为现代经济社会的中心课题，是当代经济学研究面临的客观事实。

对于政治学科而言，尽管国家、制度等问题是西方传统政治学研究的主体，但政治学一直没有把政府在经济中的作用问题纳入自己的领域。即使在1970年美国著名政治学家戴维·伊斯顿在为《国际社会科学百科全书》撰写“政治学”条目时仍没有提及这一命题。而与此同时，西方经济学重要流派，如公共选择派、制度学派、新左派经济学、新马克思主义等，都开始关注经济的整体效果，研究决策的政治性质怎样影响政策选择并最终怎样影响经济产出。经济学家对政治问题的研究给政治学注入了新的血液，引起政治学从新的角度研究政府、国家、制度等政治问题，政治学的发展得到新的激发，促使现代政治学研究开始转向，不仅研究组织、制度，而且研究政策和决策过程，特别是政府在经济中的作用成为政治学的重要研究对象。到20世纪90年代，西方政治学者明确主张“政治学研究不能孤立于社会问题和经济问题之外”。② 事实上，离开政治来分析经济是脱离实际的、不够深入的。但离开对经济利益进行分析的政治也只能是一种空中楼阁。

---

① ［美］伊·华勒斯坦等. 开放的社会科学［M］. 刘锋，译. 北京：生活·读书·新知三联书店，牛津大学出版社，1997：21.

② ［美］罗·H奇尔科特. 比较政治学理论［M］. 北京：社会科学文献出版社，1998：14.

## 二、政府经济学与经济学科

政府经济学主要研究政府的经济行为。众所周知，政府经济活动与国家、政府的出现一样久远。但是，政府经济学作为一门独立学科的产生，不过是几百年的时间。在理论渊源上，政府经济学是由财政学和公共经济学发展而来的，其起源可以追溯到西方学者对财政问题的关注和研究。财政的产生同国家的出现联系在一起。早期的经济学家都是从国家和君主收支活动来探讨经济问题的，是政府的理财学。一般认为，1776 年亚当·斯密《国富论》一书的出版，标志着经济学和财政学的产生。

与政府经济学相关的学科名称有财政学、公共财政学、公共部门经济学、公共经济学、宏观经济学等。实际上，目前在国内外，这些学科名称常常也被混同使用。但需要强调的是，无论政府经济学，还是财政学、公共财政学、公共部门经济学、公共经济学，其最核心的内容都是政府提供公共服务的职能。可以认为，政府经济学、公共部门经济学是对传统财政学的发展。而政府经济学与宏观经济学的区别在于政府经济学是从经济主体的角度构建学科体系，宏观经济学则是从经济运行的角度在整体上研究国民经济运行及其规律。政府经济学与其他经济学科的关系具体如下。

财政学与政府经济学的关系最为密切，税收、支出、赤字、公债等这些财政学的重要问题依次出现在政府经济学中。但两者之间有一个重要区别，财政学的目光集中于政府的财政活动，而政府经济学的分析对象是政府与经济有关的全部活动，财政活动只是其中的一部分。财政学关注的只是财政行为，政府经济学的视野则是社会经济的整体。政府经济学是扩展了的财政学，或者说，政府经济学是从更高、更广的视野来研究的财政学。

公共经济学研究公共部门的经济活动，出发点是公共选择理论和公共产品理论。尽管其核心内容是研究政府支出和政府税收，但它比财政学更宽。公共经济学扩展了财政学，与政治学开始交叉，为政府经济学的形成做出了准备。公共经济学是政府经济学的前身，政府经济学建立在公共经济学研究的基础之上。如果说政府经济学发源于财政学的话，则可以认为公共经济学是财政学与政府经济学之间的桥梁。

公共经济学与政府经济学的主要区别体现在以下三个方面：第一，在研究对象和范围上，公共经济学研究对象中的经济主体是公共部门或公共组织，包括政府组织、非政府组织等。而政府经济学研究的经济主体是政府及其管理部门。第二，在理论分析的侧重点上，公共经济学注重对投入产出的经济效益分析，而政府经济学注重对产生经济效益的制约条件的分析。第三，在学科性质的定位上，尽管两者有许多原理、知识、结构、内容是相同的，但公共经济学的学科性质定位在经济学，这是非常明确的。而政府经济学更多是一门边缘学科、交叉学科、综合性学科，其学科性质的定位有争议。

福利经济学主要研究一个社会的资源配置如何达到最优，国民收入如何分配才能使社会全体成员的经济福利达到最大化，研究一个国家如何实现公平与效率以及如何在两者之间权衡。福利经济学认为，实现资源的最优配置是增进社会福利的基本途径。由于市场经济条件下，资源配置与国民收入的分配都是通过市场机制实现的，福利经济学不可避免地把对市场经济的分析纳入研究范围。由于市场机制存在缺陷，有时可能会妨碍资源的有效配置，造成收入分配的不平等，福利经济学把如何通过政府纠正市场缺陷、实现社会福利最大化纳入自己的研究。福利经济学认为，市场是实现资源有效配置的最佳手段；由于理想的市场状况并不存在，政府的存在有天然合理性；政府是纠正市场缺陷的必要手段。政府经济学正是从这个基本假设出发，并进而把帕累托最优、效用可能性边界、社会福利函数、社会福利最大化等福利经济学的基本概念也当作自己评价政府经济行为的出发点。因此可以说，福利经济学中的基本假设是政府经济学的出发点。

宏观经济学关注的是经济总量的平衡和宏观经济的稳定，它以失业、通货膨胀、增长作为表示经济总量的指标，目的是考察这三个指标之间的关系。宏观经济学试图找出决定总产量水平、就业与通货膨胀的力量，它研究是什么原因引起劳动、产品与资本市场上需求与供给曲线的移动。宏观经济学研究家庭和企业的行为如何对经济总量产生影响，政府的政策如何对经济的总量产生影响。宏观经济学从这个角度分析货币、财政、价格、收入等政策的使用效果。政府经济学吸取了宏观经济学的研究视角，从这个角度出发对政府行为进行研究，考察政府的经济行为和政府干预经济的政策效果。

发展经济学近年来也对政府经济学的发展有所贡献。发展经济学研究发展中国家在经济上如何摆脱未发达状况。它把政府对经济的作用放在十分重要的地位，认为发展中国家能否顺利地从欠发达状况走向现代化，关键在于政府政策的运用是否得当。发展经济学关注政府如何启动经济，注重制度因素对经济增长的影响，强调如果政府处理不当，政治因素对经济发展可能会有阻碍作用。政府经济学中对经济体制、经济发展战略和经济政策的分析直接受到了发展经济学的启发。

## 三、政府经济学与政治学科

政治学认为政治分为统治和管理两个层次。这个区分源自国家的统治和管理两种基本职能。统治职能主要包括应对敌对阶级和敌对分子以及保卫国家不受外来侵犯；管理职能是国家机关对社会的经济、文化和各种公共事务的管理活动。两者相比，国家的管理活动更为经常，并且，政府的政治统治职能是以管理公共事务的社会职能为基础的。

政府的职能是国家职能的具体化，政府作为国家的主要机关之一——行政机关，职责之一是“制定各项政策，发布行政命令，管理社会经济、文化、科学、教育和卫生等各方面的工作”。政府的对内职能和对外职能中都包括对社会的经济生活进行控制或施加影响、管理公共服务事业、发展社会福利事业、发展与其他国家的经济关系等方面。在此意义上，政府经济学与政治学存在很大程度的交叉。

政府作为一个政治组织，其大部分政策的出发点是政治的。如果某项政策既有福利影响也有政治影响，那么政府决策会较多首先考虑政治因素。政府经济学的一些规范性问题常常是所谓政治哲学的问题。事实上，早期的经济学部分地发端于政治学，这就是为什么早期的经济学被称为“政治经济学”了。

政府经济学与政治学相互之间有两方面的影响：一方面，政府的许多经济行为可以借助政治学的框架进行分析。如，利益集团的概念用于分析政府的政策选择。另一方面，随着经济学对人类经济行为认识的深入，它的思想及研究方法越来越多地渗透于社会生活的各个层面，其中包括对政治科学的影响。例如，公共选择学派首先运用经济分析方法研究政治行为，产生了“新政治经济学”。他们把政治也看作交换的过程，将“经济人”假设加于集体、政府和政治家身上，用利益最大化原则分析这些行为主体的行为动机。人们开始不仅对政府的一般行为进行经济学意义上的分析，甚至像民主制度、选举等纯粹的政治制度都被用经济学的方法进行解剖。当然，政府经济学主要探讨政治制度的经济意义或政治过程的经济效果，而“传统的政治类的学科特别关心的是特殊利益集团的作用及各种政治机构和社会组织如何‘角逐’政治权力的活动”①。

作为政治学科的另一个分支，行政学研究国家行政组织对社会事务进行

① 约瑟夫·斯蒂格里茨．政府经济学［M］．北京：春秋出版社，1988：140.

有效管理的规律。行政的功能包括政治功能、经济功能、文化功能和社会功能，其中经济功能是指国家行政机关对经济部门实施领导，组织和管理社会经济。行政学在研究对象上与政府经济学也有交叉，行政学研究行政体制、行政程序、行政组织、行政决策、行政效率等，部分地涉及政府的经济行为。作为“公共管理”之一的行政管理，政府如何管理经济成为重要的内容，行政学随之进入了政府与市场的关系及其相关问题的领域，政府经济学也就成为行政学的研究对象。

## 四、政府经济学与法学

市场经济在法律的框架下运行，“规则”的建立及其权威是市场经济有效运行的基础。而建立与维护“规则”必须借助国家的政治权力，政府在其中起着决定性的作用。政府或国家的重要职能之一便是建立与维护法律秩序。政府在经济生活中所充当的“守夜人”的角色在古典经济学那里已得到确认。实际上政府本身就是法律的产物。法律与市场、法律与政府的关系都是密不可分的。市场是一种经济秩序。这种秩序必须在外部约束下形成，这个外部约束就是法。

法是人的行为的一种秩序。一种“秩序”是许多规则的一个体系。这种对“法”的规则体系的认识几乎可以完全运用于“市场”，区别在于，“法”的秩序是强制的，“市场”的秩序是自发的。市场秩序必须借助“法”的秩序来维持。原因在于，市场中的行为人是利己主义者，“机会主义”的行为模式使得市场交易中的契约不能由市场自身保证得到履行，而市场交易契约的完全履行是市场秩序的基础。法之强制性可以克服这一困难。法律依靠惩罚的威胁来抵挡人们过分的利己主义行为，并建立某种市场规范。当然，如果法律的这种惩罚的威胁不足以抵挡人们过分的利己主义行为，或法律自身缺乏规范的话，市场秩序便无法建立。法学为政府经济学研究提供了基本的法理基础。在经济学，尤其是政府经济学中，规范地界定政府的经济行为范围及其职能具有相当的理论难度。政府应该做什么？不应该做什么？什么是政府行为？什么不是政府行为？这些问题的解决可以借助法学的探讨来进行研究。

另一方面，经济学思想与研究方法同样也渗透于法学研究之中，这种结合的结果便是“法经济学”学科的产生。这一学科的发展使法学与经济学都获得巨大的收益。例如，由于外部性的广泛存在，产权的界定几乎难以做到，那么，在产权界定不清的情况下，法律如何调解人们的利益纠纷，或者，法律的限制对经济利益或效率有什么影响？这些问题只能通过法学与经济学的共同分析才能解答。又如，西方产权经济理论认为财产的所有制形式对资源的有效利用有重要的作用，他们认为，产权公有会导致所谓“公地悲剧”，即无效地对资源过度使用与破坏。这些结论对政府经济学的研究产生着影响。在实践中，政府对经济的干预多是通过法律手段实施的。如，微观管制中最重要的反垄断就是通过制定反托拉斯法来实施的。通过法律手段干预市场经济活动是政府管理经济的重要手段，并且是更为规范的手段。

## 第四节　政府经济学在我国的兴起和发展

### 一、政府经济学在我国的兴起

政府经济学是在20世纪80年代末作为公共部门经济学或公共经济学由国外引入、介绍到我国的，确切地说，是在1988年我国出版了美国著名经济学家约瑟夫·斯蒂格里茨的《公共部门经济学》（*Economics of Public Sectors*）后在国内兴起的，当时书名译为《政府经济学》。该书以美国的政府、政治及经济过程为对象，主要分析公共部门的行为，其中以政府支出和税收为主。书中的分析单位以联邦政府为主，也涉及州政府。作者的出发点是研究混合经济下的政府作用，分析依据是福利经济学中的帕累托最优和公共选择学派的公共物品理论。该书在国内发行后，得到经济学人的极大关注，激发了对政府经济学的研究热情。1993年英国经济学家彼·M. 杰克逊发表了《公共部门经济学前沿问题》，表明公共经济学已经从美国走向世界，得到西方学界的普遍认同。2000年以来，国内引进了许多西方流行的经济学教材，其中名为《公共经济学》的有几种，它们沿用了大体相近的体例，其中一些更偏重数理分析。

20世纪90年代我国学者开始使用“政府经济学”这一名称，但对它的理解不尽一致，大体上可分为狭义和广义两类。狭义的政府经济学是财政学的升级和扩大。马国贤于1995年出版的《政府经济学》的副标题为“走向社会主义市场经济的政府理财理论与政策”，把政府经济学的范围局限于政府理财。尽管他也认为“政府经济学就是研究政府行为及其经济关系的科学”，但他又指出政府经济问题“首先是财政问题”，但“不仅是财政问题，还应包括理财思想、多级政府理财、税收及税收转嫁、产权制度及国有资产、社会保障等一系列理论和政策问题”。国内外的公共经济学思路的政府经济学大体上也可算作狭义的政府经济学。

广义的政府经济学把政府全部有关经济的活动都纳入研究视野，财政活动、宏观经济管理、收入分配和社会保障等均成为研究对象，比较有代表性的著作是周绍朋等主编的《中国政府经济学导论》（1998）。该书的编写者认为“中国政府经济学以政府管理经济、领导经济体制改革为研究对象，运用理论分析和实证分析相结合的研究方法分析中国政府管理经济中的主要问题”。该书涉及的内容有：社会主义市场经济体制，政府与市场的关系，政府综合运用计划、财政、金融等手段进行宏观经济调控，政府对微观经济进行规制和引导国有企业改革，区域经济协调发展，收入分配和社会保障，长期可持续发展等。其特点是应用性、对策性强，基本框架与过去的“国民经济计划与管理”类似，与公共部门经济学的思路完全不同。

对政府经济学作另一种广义理解的是张荐华的《政府经济学概论》(1997)。该书综合了公共经济学与宏观经济学以及其他一些有关政府经济职能的理论。作者先从政府的失效出发阐述政府的职能，依次论述了公共物品的供给、公共部门的管理、公共财政的收入与支出、微观经济规制和宏观经济调控以及中央与地方的政府分工，并且比较了不同市场制度下的政府职能。该书在内容上具有较强的综合性，是一部较为可取的政府经济学著作。黄少军等编著的《政府经济学》（1998）也处于同样的学科视角，重点介绍西方关于政府经济职能的理论与实践，包括宏观管理、微观管理、政府支出和政府收入等方面。值得一提的是，该书特别论及了政府在制度安排方面的作用，体现了西方政治经济学的特点。

2001 年以后，由政治学和行政学学者编写的政府经济学著作不断面世，其主要推动力源于 MPA 教育在中国的启动。首批获得办学资格的中国人民大学、复旦大学以及其他一些大学几乎在同时推出了自己的政府经济学教材，但各校的内容和体例不尽一致。概括起来，这些教材大体上涵盖了市场特性、政府职能、宏观经济调控、公共财政、国外处理政府与市场关系的经验分析等内容。这批教材的出版意义重大，它们均从政治学和行政学的角度讨论了政府经济学，对繁荣政府经济学研究起到了重要推动作用。

综上所述，政府经济学最初是作为公共经济学引介到我国的，国内学者在此基础上明确提出建立政府经济学，并以此冠名的著作已有诸多，学术背景主要来自经济学和政治学两个学科。经济学中的政府经济学发源于财政学，政治学中的政府经济学集中在行政学。尽管关于政府经济学的一些基本问题尚存在分歧，比如范围就有狭义与广义之分，在学科背景和知识体系上也存在多家学说，但是，作为一门实践性很强的新兴学科，这些或许正是政府经济学的魅力所在。

## 二、政府经济学研究的意义

首先，研究政府经济学有助于政府更好地管理经济。政府的经济行为包括政府参与经济和管理经济两种行为，其目的是为了实现经济稳定发展。市场失灵的存在决定政府必须采用财政和货币手段来调整自发市场，校正市场失灵带来的负面影响，增加就业，控制通货膨胀，减少经济波动。从历史的角度看，20 世纪 30 年代西方经济危机爆发后，凯恩斯政府干预理论成为主流经济学，政府开始全面深入地介入经济管理活动，这是政府经济学产生的原因之一。但是，政府参与经济也会由于主观或客观的原因出现偏离公共利益的倾向，政府失灵也会对社会经济的稳定发展带来危害。通过对政府失灵及政府权威重塑的研究，可以反思政府管理中存在的问题，探寻政府治道变革，构建有效政府。

其次，研究政府经济学可以使政府更好地实施公共物品的生产和分配，维护社会的公平与稳定。政府的使命在于通过经济和政治的手段化解现实矛盾、平衡社会利益、增进民众福祉。生产公共物品是政府最为必要的经济职能，分配公共物品、调节社会贫富差距，尽可能减少市场失灵带来的社会分配不公，消除社会不稳定的经济因素是政府的重要责任。研究政府的公共服务行为，优化公共政策制定过程，可以促进政府更好地履行使命。

最后，研究政府经济学可以完善社会科学的理论体系。由于历史的原因，我国政治学和经济学都是在 20 世纪 80 年代初恢复的，经过 30 多年的发展逐渐走向成熟。但是，因为学科的发展有其自身的规律，从研究内容和方法来看，政治学和经济学的发展还需要更多的知识积累和理论创新，需要向社会学、法学、哲学等其他社会科学吸取养料，政治学和经济学之间也需要相互学习，实现研究方法、研究目标的共享。我国的政府经济学正是在这样的背景下被引进和建立起来的，它将政府的经济活动及其影响作为研究对象，属于管理层次的政治学科。政府本质上是政治组织，是政治学研究的核心；而从经济学的角度看，政府又是重要的经济主体，在社会经济发展中具有举足轻重的作用。政府经济学不仅研究政府的经济行为，还研究政府在经济发展中的作用，对政治学和经济学研究内容的拓展和学科的发展具有极大的推动作用。

## 思考题

1. 政府经济学的研究对象是什么？
2. 政府经济行为有哪些主要特性？
3. 政府经济学与其他相关学科的区别和联系是什么？
4. 政府经济学研究有哪些理论意义及现实意义？

# 第二章 政府介入经济的缘由

传统经济学认为，在自由市场中个人追求各自的利益会使整个社会的福利最大化，因此，市场是最佳的资源配置方式，市场机制是最有效的资源配置手段。但是，市场不是万能的，市场机制也有其作用范围限制，有些经济目标，市场不能轻易实现或完全不可能实现。相反，因为市场参与者不能得到充分的信息，市场的功能不完善，由市场机制自身缺陷所导致的“市场失灵”，常常对人们的利益造成损害并制约和影响经济的发展。所以，政府和其他机构必须介入经济，对市场进行干预，以使市场正常运作。

## 第一节 资源配置与经济体制

资源是社会经济发展的基本物质条件。资源配置合理与否，对于经济发展的成败有极其重要的影响。社会资源的配置是通过一定的经济机制实现的。资源配置的目标是实现最佳效益，通过在不同层次的经济主体间分配资源，实现不同经济主体的利益，从而形成资源配置的动力机制；为了选择合理配置资源的方案，需要及时、全面地获取相关的信息作为依据，而信息的收集、传递、分析和利用是通过信息机制实现的；资源配置的决策权有着不同的权力制约关系，因而形成不同的资源配置决策机制。由经济机制所决定的资源配置的具体方式或制度模式则形成了经济体制。

### 一、资源配置

资源配置（Resource Allocation）是指对相对稀缺的资源在各种不同用途上加以比较，进而作出选择的过程。

资源是指社会经济活动中人力、物力和财力的总和。在社会经济发展的一定阶段上，相对于人们的需求而言，资源总是表现出相对的稀缺性，从而要求人们对有限的、相对稀缺的资源进行合理配置，以便用最少的资源耗费，生产出最适用的商品和劳务，获取最佳的效益。

每个经济系统在对各种资源进行配置以取得最佳效益时都需要对一系列问题进行合理的决策：在诸多可能的劳务和物品中，生产什么？每一种应该生产多少以及何时生产？如何生产？在哪里生产？谁来生产？使用何种资源以及采用何种技术进行生产？为谁生产？社会产品如何在不同的居民之间进行分配？因此，资源配置涉及以下五个基本问题：What——生产什么？How——怎样生产？Who——为谁生产？When——何时生产？Where——在哪里生产?，也被称为“5W”。

随着社会和经济的发展，对资源的需求不断增加，而大多数资源是稀缺和不能再生的。资源配置合理，就能节约资源，带来巨大的社会经济效益；资源配置不合理，就会造成社会性资源浪费。因此，合理配置资源，使资源得到有效使用是任何社会的任何一个经济主体都要面对的基本问题。

## 二、经济体制

经济体制（Economic Institution）是对资源配置基本问题的不同解答方式，是一定的所有制和产权结构与资源配置方式的统一。简言之，经济体制就是资源配置的具体方式或制度模式。通常指在一定区域内（通常为一个国家）制定并执行经济决策的各种机制的总和，规定了国家、企业、个人等各个经济主体之间在资源配置过程中的关系，并通过一定的管理手段和方法来调控或影响社会经济资源流动的范围、内容和方式等。

经济体制可以理解为资源占有方式与资源配置方式的有机组合，任何经济体制都由三类制度构成：资源占有制度安排，包括所有制结构、利益结构和动力结构三组制度；资源配置的制度安排，包括所有制或产权制度；经济运行的支持系统安排，主要是信息结构和监督—协调结构，如果没有这两类系统，经济运行过程必然发生紊乱或摩擦，从而阻碍甚至窒息经济体制的活力。在经济体制的构成要素中，核心要素是所有制或产权制度；支配要素包括决策结构和利益结构；运行要素包括组织结构、动力结构、信息结构和协调结构。

现代西方经济学以资源配置过程中的决策机制、信息机制和动力机制作为划分标准，把经济体制归纳为自然经济、计划经济和市场经济三种类型（详见表 2 - 1）。

**表 2－1　经济体制的类型与特征**

| | 自然经济 | 市场经济 | 计划经济 |
|---|---|---|---|
| 基本经济条件（特征） | ①以小生产者的家庭（或部落）为单位；<br>②极少交换 | ①资源归国家所有；<br>②企业和个人隶属于国家 | ①资源归产权明晰的自然人或法人；<br>②经济主体独立、平等、受法律保护 |
| 决策机制 | ①决策权掌握在家长、酋长、庄园主手里；<br>②依靠传统、习惯和强制力决策 | ①决策权高度集中在政府手里；<br>②政府靠强制力、所有制、信息作决策 | ①决策权掌握在市场主体（企业、个人）手中；<br>②自主决策、分散决策 |
| 信息机制 | 封闭、匮乏 | ①政府计划部门纵向传递；<br>②缺乏公开性、透明度，传递速度缓慢、组织费用大 | ①价格信号简单明了、透明度大、公开性强；<br>②横向、无限传递，收集整理快速、节约成本 |
| 动力机制 | 生存需求 | 行政机制：行政动员、精神激励、道义劝说 | 经济利益：物质和货币 |

自然经济是一种以习俗和传统来配置资源的经济体制。其特点是：自给自足，一切基本经济问题都由家长参照传统、习俗及其个人经验作出决策；风险低，与落后的社会生产方式相适应，经济进步缓慢。

计划经济是以政府的行政命令配置资源的经济体制。其主要特征是经济决策权高度集中于最高行政当局；经济信息纵向传输（经由多层次的行政组织系统）；以行政奖惩和精神激励为主要动力机制。

计划经济的显著优点是有利于集中资源实现某些既定的和较为简单的经济政治目标。但由于存在不可克服的利益矛盾和信息矛盾，必然以牺牲经济效率和消费者的选择自由为代价。实践证明计划经济作为一种资源配置手段在特殊时期有效，但长期推行必然带来诸多问题。

市场经济是一种以市场机制来配置资源的经济体制。其主要特征是：经济决策权高度分散于为数众多的不同类型的经济主体手中；经济信息横向传输；以经济行为对自身的利益追求为主要激励机制。

## 第二节 市场机制的作用

市场机制是市场经济的总体功能，是现代经济成长过程中最重要的驱动因素。工业革命的发动是建立在市场机制基础之上的，或者说以工业化为核心的现代生产力的成长过程是在市场机制的驱动下进行的。市场机制是经济社会化乃至经济全球化发展不可缺少的重要方面。市场机制是“看不见的手”，通过其自身的机制进行市场调节和资源配置。

### 一、机制

“机制”（Mechanism），原是自然科学领域中的一个重要概念。最早是指机器的构造和工作原理，即机械系统中各个部件之间结构组合的方式及其相互关联、相互作用的机理。这一概念后来被引入生物学、医学，用以说明生物有机体各器官之间相互联系、相互作用、相互制约的方式和机理。人们把“机制”概念进一步扩展，引入社会领域，泛指社会系统的内在结构以及要素之间相互作用和影响的机理。

概括而言，所谓机制是指系统内部各个构成要素之间的相互联系、相互作用以及由此产生的内在运作方式和整体功能发挥的原理。

机制与制度、体制是社会科学领域的重要范畴。构成某一系统的机制一般包括主体、规则、目标以及系统内在的运行原理等要素。制度通常指社会制度，是指建立在一定社会生产力发展水平基础上，反映该社会的价值判断和价值取向，由国家或国家机关所建立的调节各主体之间的具有正式形式和强制性的规范体系。体制通常是指制度形之于外的具体表现和实施形式，是关于国家或社会某一系统中组织结构、权力配置和利益分配格局的制度，它规定系统中各个运行主体的地位、权利和责任、权力和作用，决定各个主体之间的相互关系。

制度决定体制内容并由体制表现出来，体制的形成和发展要受制度的制约。一种制度可以通过不同的体制表现出来。例如，社会主义经济制度既可以采取计划经济体制，也可以采取市场经济体制。从一定意义上可以说，机制与制度、体制是包含关系，机制包含了制度、体制。

### 二、市场机制

市场机制（Market Mechanism）是通过市场竞争配置资源的方式，即资源在市场上通过自由竞争与自由交换来实现配置的机制。具体来说，它是指市场内的供求、价格、竞争、风险等要素之间互相联系及作用的机理。

市场机制有一般和特殊之分。一般市场机制是指在任何市场都存在并发生作用的市场机制，主要包括供求机制、价格机制、竞争机制和风险机制。具体市场机制是指不同市场上特定的并起独特作用的市场机制，主要包括金融市场上的利率机制、外汇市场上的汇率机制、劳动力市场上的工资机制等。

市场机制是市场运行的实现机制，通过市场价格的波动、市场主体对利益的追求、市场供求的变化来调节经济运行。市场机制一般由以下四个基本要素构成：

（1）价格机制。价格机制是指在市场竞争过程中，市场上某种商品市场价格的变动与市场上该商品供求关系变动之间的有机联系的运动。它通过市场价格信息来反映供求关系，并通过这种市场价格信息来调节生产和流通，从而达到资源配置。另外，价格机制还可以促进竞争，决定和调节收入分配等。

（2）供求机制。供求机制是指通过商品、劳务和各种社会资源的供给和需求的矛盾运动来影响各种生产要素组合的一种机制。它通过供给与需求之间不平衡状态时形成的各种商品的市场价格，以及价格、市场供给量和需求量等市场信号来调节社会生产和需求，最终实现供求之间的基本平衡。

（3）竞争机制。竞争机制是指在市场经济中，各个经济行为主体之间为着自身的利益而相互展开竞争，由此形成的经济内部必然的联系和影响。它通过价格竞争或非价格竞争，按照优胜劣汰的法则来调节市场运行。它能够形成企业的活力和发展的动力，促进生产，使消费者获得更大的实惠。

（4）风险机制。风险机制是市场活动同企业赢利、亏损和破产之间相互联系和作用的机制，在产权清晰的条件下，风险机制对经济发展发挥着至关重要的作用。

以上四个要素各自发挥作用并在整体上推动着市场经济的运行。市场机制的运行实质主要有以下四点：

1. 市场机制是市场基本要素互相结合、互相制约的一个循环运动过程。市场是商品交换的关系总和。构成市场的物质内容是商品供应与商品需求。商品供求是互相对立、统一和运动着的。市场机制作为市场特有的调节方式、调节功能和特殊的运动过程，首先离不开供求这个基本要素。但供求不可能孤立地存在，其运动局势和双方的变化直接受市场价格及市场竞争状况的制约。

价格牵动着市场活动参与者的行为。由于供求的变化，价格会随着供求关系而上下波动。反过来看，价格也会影响供求的变化：商品的价格上涨时，供给增加，需求相对减少；商品价格下降时，商品的供给会减少，需求相对增加。市场供求正是在价格的引导下实现自我平衡的。价格受供求变动的影响，市场活动参与者会根据价格不断调整自己的市场行为。买者与卖者之间、买者之间、卖者之间又根据市场价格状况的变化，为了自身的经济利益展开多种形式的竞争，竞争又会引起供求的变化。这样，就形成了“价格—竞争—供求—价格”这样一种互相组合、互相制约、互为条件的循环过程。价格是这种循环的标志，价格的变化既是上一次市场机制循环运转的结束标志，又是下一次新的循环运转的开始，如此周期循环，实现着市场运动的自我调节。这种市场机制要素自发、自动地循环，也可以视为市场的自然机制，在完全的自由市场上，它表现得尤为明显。即价格机制是市场机制的核心机制，通过市场竞争得到贯彻，并继而调节供求关系；供求关系的变动反过来又会引起市场价格的变动；风险机制则在本质上调节和制约着竞争关系。

2. 市场机制运转循环的动力是市场活动参与者的经济利益。市场在价格、供求、竞争、风险机制约束下有效地运行，源自市场机制的原动力——市场经济人的利益。参与市场经济活动的生产者、经营者、消费者正是在商品经济的一系列客观规律所形成的原则或功能的制约和牵动下，通过供求、价格、竞争的变化，在经济利益的诱导下，自动采取不同的市场经济行为，或者进行自我扩张，增大生产或经营规模，或者进行自我收缩，减少生产或经营规模，甚至自行中断其市场经济行为。

总之，在经济利益推动和诱导下，市场机制强制性制约着市场活动的参与者，使其及时地调整自己的经济行为，自动实现微观活动的自我平衡。这种一般意义上的市场机制的原动力，并不因为市场规模、性质的变更而改变。当然在不同性质的市场上，或者在不同的宏观控制机制的作用下，经济利益的性质及作用是不同的。例如，如果国家用直接控制手段把企业变成了行政机关的附属物，割断了企业与市场的联系，则经济利益这种原动力对企业的市场行为也就没有多大的诱导力了。

3. 市场机制是一种开放型的受多因素影响和制约的社会经济机制。市场机制不是一个纯自然的封闭机制，而是一种开放的社会经济机制。这是因为，市场本质就是开放的，它作为社会分工发展和商品生产及商品交换扩大的必然产物，集中反映了社会经济活动中各种复杂的经济关系。市场作为商品流通的总体，反映了商品流通的横向性、伸缩性、变动性、复杂性的特点。市场价格、供求、竞争组合及运动变化，都会受到各种直接因素和间接因素以及社会因素和自然因素的制约和影响，外在的某些因素的变化也会引起市场机制要素的关联和耦合。因此，市场机制的运动并不是孤立的。社会经济结构的调整和变动，生产、分配和消费状况的变化，各种宏观经济杠杆的变动（如利率、税率、货币流通与发行、汇率等）以及国家政治经济形式的变化，甚至自然现象等都会不同程度地对市场机制的运行产生影响。

## 三、市场机制的作用

### （一）平衡供求

实现供求平衡，有利于合理利用人力、物力、财力和自然资源，避免社会财富的浪费。市场商品供求平衡，意味着国民经济基本比例关系比较协调，社会总劳动时间按照社会需要按比例地分配于各类商品的生产上，整个社会生产以合理的劳动耗费取得好的经济效益。而市场商品供求不平衡的任何一种状况的存在，都会给社会造成浪费和损失。例如，某种商品出现全局性的供过于求，说明投入该商品生产的人力、物力和财力超过了社会需要，造成商品积压，使得超过部分的产品所耗费的人力、物力、财力得不到社会承认，因而造成社会劳动的浪费。当商品供不应求时，也会出现社会人力、物力、财力得不到充分利用或使用不当的情况。例如，由于商品供不应求，供应制约需求，往往造成生产企业不注意提高产品质量，粗制滥造，不注意劳动耗费的节约。同时，商品供不应求，还会削弱群众对商业服务质量的监督，影响企业改善经营管理、提高服务质量。这既损害消费者的利益，又损害社会的利益。市场机制通过其自身的价格、竞争等机制自发地调节着供求，使供求趋于平衡。

### （二）调节资源配置

在市场机制的作用下，生产什么、如何生产和为谁生产的问题，主要是由竞争的价格机制来决定的，消费者、生产者都拥有充分的自由选择权，他们从各自的经济利益出发，分散地、个别地进行决策，并通过市场交换和竞争达到他们的目的，调整他们的行为，使得社会资源通过价格信号的引导流向合理的地方，优化资源配置，使稀缺资源得到较为及时有效的利用。

### （三）传递市场信息

由于商品供求的变化，能引起商品价格的涨落，因此市场机制能同时为生产者和消费者提供商品稀缺状况的足够信息。市场传递信息，就是市场发出价格信号。因此，市场传递信息的功能也就是价格的功能，即价格充当信号机的功能。市场经济中信息传递的关键作用，是尽可能以较低的成本、便捷的信息传输渠道和方式给交易双方提供尽可能全面、客观、及时的信息，以减少当事人同某种环境相联系时的不确定性，提高当事人从事经济活动的效率和效益。另外，市场传递信息的及时性、客观性和分散性，还会节省经济当事人在搜集、加工、整理和使用信息各环节的成本费用。

（四）促进技术创新

企业作为市场主体以利润最大化为目标从事生产经营活动，因此企业要使产品价格具有竞争力和实现利润最大化。在竞争的作用下，劳动生产率较高、价格较低的企业，在竞争中处于主动地位，获得较高的收益；相反，劳动生产率较低，在竞争中处于被动地位，获得较少的收入以致亏本。这样，企业作为市场主体，在市场机制的调节下，从自身利益出发，会主动地采用先进的科学技术，改进经营管理，以提高劳动生产率，进而带动整个社会生产力的迅速发展。

（五）调节收入分配

在市场机制完善的情况下，劳动者和企业主具有完全对等的市场谈判权利。当劳动力供不应求时，由于劳动者占据谈判主动权，所以会由劳动者确定一个较高工资水平，市场机制则会使得企业主减少劳动力的需求，劳动者增加劳动力的供给；当劳动力供过于求时，企业主则在谈判中占据主动权，所以会由企业主确定一个较低的工资水平，市场机制则会使得企业主增加劳动力的需求，劳动者减少劳动力的供给。市场机制正是通过对生产资源市场和商品市场的价格引导各种要素的收入分配。

（六）降低交易成本

交易成本指达成一笔交易所要花费的成本，也指买卖过程中所花费的全部时间和货币成本，包括传播信息、广告、与市场有关的运输以及谈判、协商、签约、合约执行的监督等活动所花费的成本。市场机制具有较高的信息传递效率，可以节省交易过程中各种谈判和监督费用，降低交易成本。

## 第三节 市场失灵的含义及其表现

市场经济是一种分散决策的自发形成、自由竞争的交换体系，是一种有效的制度安排。但其有效运行的前提条件是充分信息、充分竞争、经济人完全理性（无负外部性、交易成本为零），这些在现实中无法成立，因而市场失灵不可避免。市场失灵会影响经济运行的效率和稳定，因此，政府必须参与到市场经济中，通过宏观调控和微观经济作为市场机制的必要补充和修正。

## 一、市场失灵的概念

市场失灵（Market Failure）是指由于市场机制的内在功能型缺陷和外部条件缺失引起的市场机制在资源配置的某些领域运作不灵。简单地说，市场失灵是市场机制在一些场合会导致资源不能有效配置或配置无效率的一种状况。市场失灵也是自由的市场均衡背离帕累托最优的一种情况。

在完全竞争的产品和要素市场上，可以实现资源最优配置和帕累托最优状态，但完全竞争只是理想状态，现实中是不存在的。因此，资源最优配置和帕累托最优状态通常不能实现，一般称这种情况为市场失灵（Market Failure）。

帕累托最优状态（Pareto Optimality），也称为帕累托效率（Pareto Efficiency），是指资源配置的一种理想状态。帕累托改进是指，假定固有的一群人和可分配的资源，从一种分配状态到另一种状态的变化中，在没有使任何人境况变坏的前提下，使得至少一个人变得更好。帕累托最优状态就是不可能再有更多的帕累托改进的余地。换句话说，帕累托改进是达到帕累托最优的路径和方法。

帕累托最优是公平与效率的“理想王国”。达到资源配置帕累托最优的条件是：①有足够的市场；②存在均衡状态；③所有消费者和生产者都按竞争规则行事。在此均衡状态下的资源配置就达到帕累托最优状态。当市场情况不符合上述定理的结论时，即市场机制在资源配置方面是低效率的时候，就出现了市场失灵。

## 二、市场失灵的主要表现

### （一）垄断对竞争的破坏

竞争是市场秩序的核心，市场的正常秩序以竞争的存在为前提。但是，竞争本身不具备自我持续的功能，垄断随时可能产生。这是因为，实现理想中的完全竞争的条件极为苛刻，它要求某项产品的每个生产者在其总产量中所占的份额很小，以至于无力影响价格，而且存在着众多的生产者，产品同质等。而在现实中，产品通常会出现差别，某项产品的生产成本往往随着一个生产者生产规模的扩大而减少，结果是一家或几家生产企业把众多竞争对手排挤掉。因此，在市场运作过程中经常出现不完全竞争乃至垄断，特别是在那些规模经济显著的行业中。这说明市场是不完全的，自身有产生垄断的倾向。在生产者中间存在着一种天然的倾向，他们可能采取共同行动达到最大化自身利益的目的。比如，他们同时都限制产品的产量，从而按照他们自己的利益操纵市场。

垄断是一种反市场的力量，垄断的出现使市场的正常运行受到抑制，妨碍了资源的有效配置，降低了经济的效率。具体而言垄断对竞争的破坏作用表现在以下几方面：

1. 垄断抑制了市场机制的有效运作。市场的运作依靠价格信号的引导，价格通常不是一个恒定的量，而是随着供求之间的差距变化而波动。在价格的指引下，人们增加或减少某项消费，厂商进入或退出某个生产领域，生产与消费之间的均衡由此得以实现。价格信号有效的一个重要前提是它不能受到人为的干扰，也就是说价格必须完全由市场决定。只有在这种情况下价格才能正确地引导人们的消费行为和生产行为。垄断的基本特点之一是垄断者对某一项产品的价格进行人为的控制，因而垄断的存在破坏了市场运行的基本机制。

当一个厂商是某项产品的独一无二的生产者时，如果没有其他限制的话，他就可以任意确定自己产品的产量和价格。在这种情况下，垄断者倾向于把自己产品的价格定在高于原来的市场价格或者尽量高于成本的价格上，以获得超额利润。这时价格已经脱离了供求关系，成为垄断厂商的人为产物。在完全垄断的情况下，市场实际上已经解体了。如果几个大厂商包揽了某项产品的绝大部分供给（寡头垄断），它们之间为获得超额利润而进行勾结的话，也会使价格背离成本，迫使消费者以高于边际成本的价格购买这项产品。这时的价格不能正确反映市场的供求，市场失去了正确的价格引导这个中介，市场的运行极可能是无效的和不正常的。

2. 垄断降低了经济的效率。一般而言，厂商为了增加产品的销售，必然要降低价格。在完全竞争市场条件下，一种产品的价格会随着供给的增加而下降，随着供给的减少而上升。一种产品的产量增加，必然带来价格的下降。垄断厂商并非完全排除市场的作用，在有利于自身增加利润的前提下，它们也利用市场机制。垄断厂商并不希望价格下跌，而是希望价格上扬。为了达到这个目标，垄断者倾向于限制产量，使供给低于竞争条件下达到的水平，然后利用供求缺口，抬高价格，最终得到超额利润。因此在垄断条件下，不管是完全垄断，还是寡头垄断，产品的供给量都低于完全竞争市场。在这种经济状态下，没有做到使每一份生产能力都用于产品的生产，而是人为地有所保留，因而这时经济是低效率的。如果加上商品数量的减少和消费者选择性丧失带来的损失，垄断所造成的社会总福利的损失是非常惊人的。不仅如此，垄断厂商还缺少改进技术、减低成本的动力。由于垄断厂商没有压低成本的竞争压力，甚至还可以借助提价把一部分生产成本转嫁给消费者，因此垄断行业存在着技术创新缓慢等现象，这也是一种效率损失。

3. 垄断妨碍资源的合理配置。完全竞争条件下，各类产品在价格机制的引导下，不断实现生产与消费的均衡。资源在价格机制的引导下，自动地流向那些供不应求的产品的生产，流出那些供大于求的产品的生产。各类产品的产量和价格都可以达到最优，整个社会的资源配置也达到了最优状态，即“帕累托最优”。在不完全竞争的情况下，由于存在着垄断，产品的产量低于生产能力，生产者拥有的资源没有得到有效利用；由于垄断价格高于竞争条件下的产品价格，消费者的利益也受到损失，消费者的效用也没有达到最大化。因此，在垄断情况下，生产者和消费者两个方面都没有实现资源的有效配置。

如图2－1所示，垄断厂商根据利润最大化原则生产产量 $Q_m$，垄断价格为 $Q_m$，高于边际成本，这表明，消费者愿意为增加额外一单位产量所支付的价格超过了生产该单位产量所引起的成本。因此，存在帕累托改进的余地。如果能够设法使产量从垄断水平 $Q_m$ 增加到最优水平 $Q^*$，就实现了帕累托最优。实际中均衡产量不在帕累托最优状态的原因是，垄断厂商和消费者间难以达成相互满意的一致意见，具体表现在以下几个方面：

（1）垄断厂商和消费者间在如何分配增加产出所得到的利益问题上可能存在分歧，以致无法达成一致意见。

（2）消费者本身在如何分摊弥补垄断厂商利润损失的支付总量上不能达成一致意见。

（3）无法防止某些消费者不负担支付而享受低价格的好处。

不仅如此，如果从博弈论的思路来估算垄断厂商和消费者的得失情况的话，垄断厂商既生产不足又抬高价格，其得益显然少于消费者损失，也就是说消费者的损失并没有全部转化为垄断者的新增收入，这是一种“负和”博弈。由此还可以引申出：即使政府通过征税与补贴相结合的办法，即向垄断厂商征税，然后向消费者补贴，把垄断利润转移给消费者，也无法弥补因垄断而引起的社会福利净损失。由此看来，垄断情况下资源的配置明显不合理。

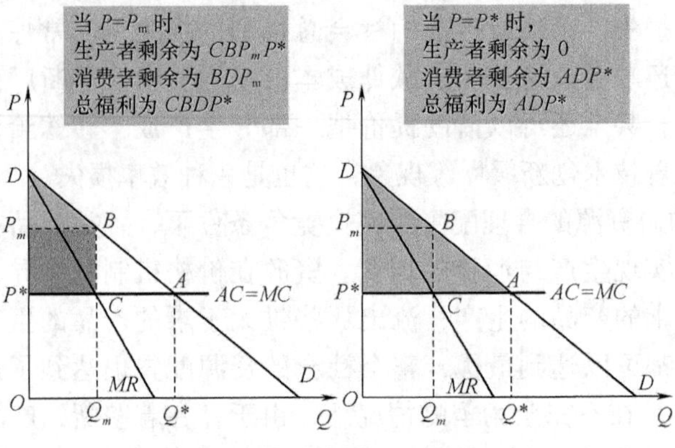


**图 2－1　垄断与低效率**

4. 垄断导致寻租行为。寻租是个人或组织耗费稀缺资源，通过控制或影响资源分配的管治者，攫取一种额外的利益或好处的行为，这种额外的利益或好处是一种人为创造的财产转移。根据传统的经济理论，垄断尽管会造成低效率，但这种低效率的经济损失从数量上来说相对很小。事实上垄断地位的获取是要付出代价的，传统经济理论低估了垄断的经济损失。这种为获得并维持垄断地位、得到垄断利润而进行的非生产性的寻利活动称之为“寻租”活动。寻租活动需要付出成本，寻租成本即寻租的代价，如竞选资助费、广告宣传费、贿赂金以及其他时间金钱上的支出等。花费在寻租上的代价不会超过垄断地位可能带来的好处。但由于争夺垄断地位的竞争十分激烈，寻租代价常要接近于甚至等于全部垄断利润。

对整个社会而言，寻租成本属于非生产性支出，是纯粹浪费。私人企业由此获得的收入被称为非生产性利润收入（Non—Productive Profits）。同时，寻租行为会造成民众对政府缺乏信任，易造成社会不稳定甚至社会动荡，从而增加维持政府的成本。

（二）外部性问题降低市场效率

广义上，外部性是指一个人的思想和言行或客观存在的事物对周围的人或事产生的影响。狭义的或严格意义上的外部性是指产品的生产或消费绕过价格机制直接影响他人的经济环境和经济利益，对他人产生了额外的成本或收益，但并未对此进行赔偿或得到报酬。

市场外部性的存在表明市场运行不能自动达到最优结果，外部性可分为正外部性和负外部性（见图 2－2）。

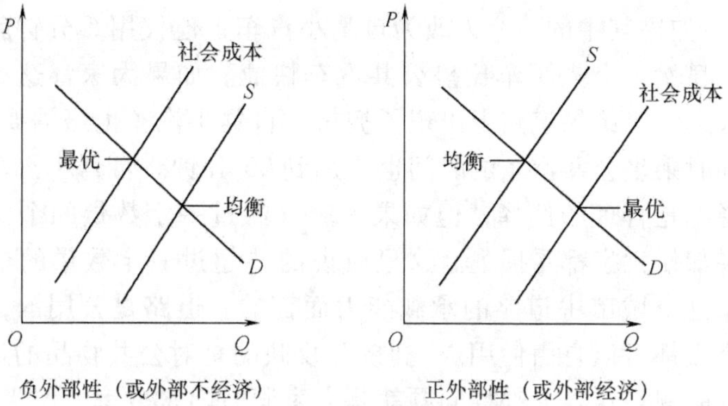


**图 2－2　正外部性和负外部性**

正外部性（Positive Externality）是指，当私人收益小于社会收益或私人成本大于社会成本时产生的外部效应，也就是单个家庭或厂商的经济活动能对其他的家庭或厂商无偿地带来好处。

负外部性（Negative Externality）是指，当私人收益大于社会收益或私人成本小于社会成本时产生的外部效应，也就是单个家庭或厂商的经济活动对其他的家庭或厂商带来无法补偿的危害。

市场活动产生“外部性”问题，即一个人的经济活动可能会给另一个人造成影响。这种影响既可能是有益的，也可能是有害的。比如，养蜂人会给周围的花农带来好处，且不需要花农增加花费，这类外部影响被称为“外部经济”；但也可能是有害的影响，比如甲在一条小河边办起了小皮革厂，清洗皮革的污水排放到河中，甲恰好住在河上游，在河水下游的乙、丙等众人无法再用受到污染的水浇水稻，也无法饮用河水和食用河里的鱼，这类影响被称为“外部不经济”。甲从皮革厂的获益不薄。从甲的角度，他个人的经济活动是有效率的，但对于受害的乙、丙等人来讲，他们可能不得不另找水源或放弃种植水稻和停止捕鱼，结果或是增加水稻的成本，或是无法从饮水或渔业中受益，他们的利益受到了损失。

外部性成为一种问题的原因在于主动和被动双方都难以自觉地避免它的发生。对他人的影响是个人或企业行为的一种“副产品”，只有在受到外部压力的情况下，个人或企业才会从外部影响出发，考虑对自己的行为进行约束。

外部性的另一种表现是产生“拥挤”现象。交通方面的问题足以说明这一现象。假设某城市中所有的就业者都乘公共汽车上班，平均每个人耗时 10 分钟。如果其中的一个人改为自驾小汽车，他仅用 5 分钟就可以到达工作地点。显然，个人买车比坐公共汽车快捷。如果大家都这么想，小汽车必然越来越多，结果道路上出现了拥挤。自驾小汽车上班需要 15 分钟才能到达，同时乘坐公共汽车的时间也增加到 25 分钟。自驾小汽车上班对于每个人来说都是合理的选择，但如果大家（超过一定数量的个体）都这么选择，结果却使大家都受损失。这里所说的"超过一定数量的个体"实际上是相对于这个城市中道路的承载能力而言的。道路是公用的，属于公共物品，每个人都可以自由使用。"拥挤"反映的是对公共物品的过度使用带来的外部性问题。这种外部性问题就是大家同时追求效率，结果相互干扰，造成大家都没有效率。

上例中对于办皮革厂的甲和种水稻的乙、丙以及其他人来说，解决问题的办法是要么停办皮革厂，要么停止种水稻。自由从事经济活动是个人的经济权利，停止任何一方的活动都会对当事人造成损失。所以外部性问题的存在说明市场本身无法形成保障自身正常运转的全部秩序，特别是无法避免那些可能给他人造成损害后果的个人经济行为。一个人受到他人行为的"邻近影响"，又无法因此而向其收费，这实际上表明市场交换不能进行，因而外部性的存在扰乱了正常的市场秩序。这个例子还说明众多的个体出于自身的利益，无限制地使用公共物品，以至于最终导致公共财产的枯竭，这也是市场活动无秩序的一种结果。

外部性给社会政策的选择带来难题，即"我们应该准许 A 损害 B，还是准许 B 损害 A"。如果上述第一个例子还不能清楚地说明这一点的话，那么交通拥挤的例子更能说明这个问题。自驾小汽车上班的人与仍然乘公共汽车上班的人都受到拥挤之苦，而且前者不是简单的少数人。由于社会中居民在乘车问题上只有这两种选择，选择自驾车的人越多，剩下仍然乘公共汽车的人就越少，到底社会应该支持谁，没有绝对标准。所以，社会政策对这两部分人的取舍难以找到一个绝对公平的评判标准。

### （三）不完全信息造成逆向选择和道德风险

市场本身的另一个缺陷来自商品或服务的交换本身。在人们进行商品或服务交易时，由于双方对交换对象的了解程度不同，在交易时处于不同的地位，其中一方由于对交换对象的了解相对容易，而处于有利地位，另一方则相反。这时进行的交换可能是不公平的，结果有利于掌握信息更多的一方，有时甚至会导致"劣胜优汰"，这就是不完全信息所导致的后果。

不完全信息（Incomplete Information）也叫信息失灵或信息不对称，是指市场参与者不拥有某种经济环境状态的全部知识。不完全信息经济比完全信息经济更加具有现实性。更为重要的是，在现实经济中，信息的传播和接受都需要花费成本，而市场通信系统的局限和市场参与者释放市场噪声等客观和主观因素的影响也都将严重阻碍市场信息的交流和有效的传播。结果，价格信息不可能及时传递给每一个需要信息的市场参与者，而每个市场参与者所进行的交易活动及其结果也不可能及时地通过价格体系得到传递，因而市场价格不可能灵敏地反映市场的供求状况，市场供求状况也不可能灵敏地随着价格的指导而发生变化，市场机制可能因此失灵。

由于不完全信息条件下市场价格机制可能失灵，市场参与者之间供求关系也就有可能不通过价格体系达到均衡状态，这样，只有通过实物形式的市场条件才能够使市场达到均衡。

从形式上看，交换可以分为两大类，即简单交换和复杂交换。简单交换一般发生在以下情况：商品的技术含量低，性能简单，买方对商品的质量和用途很容易充分了解；交易没有或只有很少的中介，买和卖几乎同时发生，交易过程是“透明的”，买方拥有关于商品的完全信息。此时没有必要建立特别的制度或借助外部的权威来规范交换行为，交换就能够自动地顺利进行。与简单交换相对应的生产水平总体上处于专业化和分工均十分低下的状况。在市场经济的初始阶段，简单交换是主要的交换形式，相应的市场制度也很简单。在现代社会，简单交换局限在那些不需要高度专业化生产的商品之间。

随着人类历史的进步，生产的专业化程度不断提高，分工也越来越细。商品的技术含量逐渐增加，性能也愈加复杂。消费者深入了解商品的质量和使用方法越来越困难。对于许多产品，如果没有相应的专门知识，消费者难以对其形成完整的了解。交易过程也变得复杂起来，交换中介出现，而且有增加的势头。买与卖往往不是同时发生，也不是一次完成，而是分别都有所延长，比如分期付款和售后服务把买和卖的过程都分别延长了。交易过程的复杂还使参与交易的人增多，这一切都使得信息“不完全”成为经常现象。买方在交易之前无法掌握有关商品的全部信息，卖方在交易之后也无法了解买方使用商品时是否会有意给卖方造成损失。这就到了复杂交换阶段，复杂交换又称为非个人交换，它并不是指交换的主体不再是个人，而是指交换过程不再是买卖双方直接见面，而是经过中介完成。在市场经济发展到这个阶段时，违约、欺诈、假冒等现象出现得频繁起来，这时需要建立制度，借助公共权威来约束人们的交易行为，以确保交易的正常进行。制度的作用在于规制人们之间的相互关系，减少信息成本和不确定性，把阻碍合作的因素减少到最低程度。现代社会中复杂的非个人交换是主要的交换形式，相应的市场制度也变得复杂起来。

非个人交换的复杂性说明，市场经济发展到一定阶段，商品交换可能出现一定的障碍。这种障碍不是来自生产行为、消费行为或产品本身，而是来自交易中的一方对商品的了解不足。经济学把它称之为“不完全信息”。在交易以前，买方对卖方商品的性质和价格以及其他同类产品的性质和价格均没有完全了解，只能在把商品买到手以后才能对它逐步了解。在市场交换过程中，不完全信息造成的影响体现在买方和卖方两个方面。

买方的不完全信息可能给消费者带来利益损失。比如，由于无法了解某一产品的全部知识，消费者买到的可能不是同类商品中价格最低且质量最优的产品，也可能买回去以后发现商品并不适用或不像商家所宣传的那么好，甚至还可能买到假冒伪劣产品。不管出现哪种情况，当时商品的效用对于消费者来说都没有达到最优，结果是不仅社会的资源配置没有达到合理的状况，而且还会减弱消费者的购买动机。

更为严重的是，买方的信息不完全还会破坏市场机制“优胜劣汰”的功能。有些不法商家利用消费者对产品和行情不熟悉的机会，把劣质品当优质品出售，或用劣质品假冒名牌产品欺骗消费者。消费者多次上当以后，轻则不再信任名牌产品以及商家的广告，重则产生“天下无好货”的印象。当假冒伪劣产品横行时，优质产品和名牌产品被劣质产品和伪冒产品挤垮，形成“劣胜优汰”的局面，与市场竞争的目的完全相悖。因此，买方的不完全信息对市场机制的破坏是根本性的。

卖方遇到的不完全信息问题更具现代特点。它只发生在现代市场经济活动中的某些交换形式和交易活动之中。

首先，只有那些提供售后服务、实行退换制度的商品才有卖方因对买方的行为无法预料而遭受损失的可能性。而那些在交易中一次性交割清楚，双方没有售后关系的商品交易不存在卖方信息不完全问题。

其次，只有那些交易过程长、不是一次完成的商品交换才会产生同类问题。比如，保险业，投保人在保险期内随时有根据意外事故所造成的损失向保险公司索赔的权利。在此期间，保险公司无法排除两种可能性：一种是投保人对自己投保的物品不再精心照料和保护，而是寄希望于保险公司的赔偿，结果投保物的损坏率高于未投保的同类商品；另一种是投保人故意造成事故，并伪装成意外发生，以诈取保险金。这两种情况不仅给保险公司带来损失，而且还造成社会资源的无谓浪费。

最后，社会中的特殊领域广泛存在着“委托—代理”关系。现代企业普遍实行股份制，股份制企业中企业管理由经理或厂长担当。他们受股东的委托，代行企业的管理职责。这种“委托—代理”关系形成以后，股东作为委托人不参与企业的日常经营活动。掌握了企业权力以后，如果经理或厂长利用职权追逐个人私利，就会损害股东的利益。比如，购置高档办公设备、滥用公款消费等。目前还无法从制度上保证厂长经理们不会利用职权谋取私利。

造成交换障碍的信息实际上是买卖双方在交易过程信息的不对称。在交易以前，买方的信息少于卖方；在交易以后，卖方的信息少于买方。在交易之前，对于买方来说，有一部分信息是隐藏的；在交易之后，对于卖方来说，买方未来的行为是隐藏着的。买卖双方总有一方处于信息的劣势，有的经济学家把买方处于信息劣势的情况称之为“逆向选择”或“反向选择”，即市场交易的一方如果能够利用多于另一方的信息使自己受益而使对方受损时，信息劣势的一方便难以顺利地作出买卖决策，于是，它的一个普遍现象是由于交易双方信息不对称和市场价格下降产生的劣质品驱逐优质品，进而出现市场交易产品平均质量的下降。

道德风险则是指由于信息不完全，交易一方对于是否会受到欺诈，只能寄希望于对方的道德水平，即从事经济活动的人在最大限度地增进自身效用的同时作出不利于他人的行动，或者当交易一方不完全承担风险后果时所采取的自身效用最大化的自私行为。

逆向选择和道德风险都会使交易发生困难，价格便随之扭曲，并失去了平衡供求、促成交易的作用，进而导致市场效率的降低。

#### （四）收入分配不公平导致贫富差距扩大

市场运行遵循效率原则，而效率具有天然的反平等性。人们总是希望以尽量少的劳动挣得尽量多的成果，以给定的社会投入换取最大的社会收益。为实现这一目标，社会的物质资源和人力资源必须进行有效的分配。由于每个人的能力和天赋是不同的，人们所付出的劳动也是不同的。按照效率原则，每个人得到的报酬和待遇也是不同的。这种分配原则使得同样是人，但人与人之间在财富、收入、生活状况、社会地位和荣誉等价值的拥有量都是有差距的。这种分配制度的累积效应使得社会上有些人可能很富有，另有些人可能相当贫穷，不平等便出现了。

效率是市场机制的必然要求。从人类发展的历史来看，市场是一种高效率的资源分配机制。市场以产权与自由价格为基础。产权的界定保证了财产所有者对财产收益的绝对权利。这正是促使财产所有者运用财产和积累财产的基本动力。财产所有权与个人收益的一致性使市场机制激发起个人的生产积极性，而人的生产积极性只有在高效率的情况下才能得到长久、持续的保证。在市场体制下，从效率的角度来看，收入和财富分配是否公平是从不被考虑，也无须考虑，甚至是不应考虑的。

市场分配机制是按不同生产者和生产要素在生产中发挥的作用进行分配的，国民收入若按市场的这种方式分配，结果必定是收入分配极不平等。因为财产在社会成员之间的分布是不平均的，有的人拥有大量的财富，并且将这些财富作为资本投入生产过程，给他们带来大量的收入。而有的人除了劳动力之外，一无所有，他们除了靠出卖劳动力之外，没有其他的收入来源。特别是，他们提供的劳动力越多，劳动力带来的边际产品也就越少，相应地，边际收入也就越低。这里存在一种“马太效应”，即“富人将越富，穷人将更穷”。因而市场所创造的可能是一种失去了公平的效率。

发达国家大多都经历过贫富差距加大的过程。1974 年，美国收入最低的 20% 的家庭税后收入低于 7 000 美元，收入最高的 20% 的家庭则高于 18 000 美元，收入最低的 20% 的家庭税后收入仅比当时政府颁布的贫困线高出 2 000 美元。1984 年这两组家庭相比，各自在税前总收入（现金）中所占的份额分别为 4. 7% 和 42. 9% 。

造成个人之间收入差距的原因有三个：一是财产，收入的差别最主要是由拥有财富的多寡造成的；二是个人能力，天赋能力的差异使个人收入能力有所不同，收入的差距逐渐拉开，造成了社会的两极分化；三是环境，比如教育，家境贫寒的孩子受到的教育一般低于富家子弟。因而，财富分配的不平等造成其他方面机会的不平等。

以上几种原因造成收入分配的差距扩大，使得众多社会成员对于社会分配的状况不满。收入分配差距对经济发展的社会环境以及作为经济发展动力的需求和投资都会有消极影响。此外，收入分配差距过大对社会经济发展的负面影响具有“连带效应”，会产生一系列的循环反应：消费不足使买方市场的生产竞争加剧，许多实力较弱的中小企业减员、减产甚至停产、破产，企业效益下降；投资信心及投资总量的减少使社会就业岗位增加受限，使大量贫困、失业和待业的低收入者通过就业提高收入的途径受阻；社会经济增长放缓，国家财政收入增长可能随之减慢，进而财政转移力度及对低收入者和低收入地区的资金扶持力度减小。这样，又反向促成收入分配差距的扩大，造成恶性循环；更为严重的是由于收入分配差距加大，可能会造成穷人的一种“仇富”心理，进而造成穷人和富人的对抗，影响到社会的稳定。

（五）公共物品供给缺位制约社会发展

根据所有权或用途把人类的各种产品可以区分为私人物品和公共物品两大类。私人物品是个人所有，主要由私人企业生产。公共物品属集体或社会所有，多数情况下是私人企业不能或不愿意生产的。私人物品可以通过市场渠道进行交换和分配，公共物品无法从市场上得到充足的供给。

公共物品是指那种能够同时供许多人享用的物品，并且供给它的成本与享用它的效果并不随享用它的人数规模的变化而变化。像公路、航标灯、路灯、警察和国防军等都属于公共物品。与公共物品相对应，凡是只能为其所有者享用，并且供给它的成本与享用它的效果随着享用者人数的变化而变化的物品，就是私人物品，食物、衣服、住房等日常生活用品大多属于私人物品。另外，社会生活中的各种制度，包括市场制度，用于协调人际关系和维持社会秩序，也是公共物品。

公共物品与私人物品有三个区别：

第一，私人物品的消费是排他性的，而公共物品的消费是非排他性的。私人物品属于个人，别人如果想使用，必须征得主人的同意。比如，一个人从商店买回一件衣服，别人就不能再穿它，除非得到了这个人的允许。当一个人享用某公共物品的时候，其他人可以同时享用。路灯为所有的路人照明，航标灯为每一艘经过的船指明航路，而无论该船是否付费。军队和警察保护所有的国民，甚至包括暂时居住在本国的外国人，而不需要他们付费。消费者必须为每一件所消费的私人物品支付费用，但是否每次都必须为公共物品付费就不一定了。在多数情况下，由于享用公共物品是免费的，所以在公共物品享用中经常会出现所谓“搭便车”的现象。

第二，私人物品的收益是排他性的，公共物品的收益是非排他性的。私人物品的生产给厂商带来利润，这种收益是排他性的，只有投资者本人才能从生产中获益。比如，只有制作和经销服装的人才能从服装生意中得利。这种利润是厂商投资成本的回报。对公共物品的投资或者是投资者不能独自获益，或者是不能排除其他没有投资的人同时受益。比如：办教育，投资者未必能从中直接受益；修公路或组织军队，投资者在自己享用公路或安全的同时，无法阻止他人使用公路或享受安全的环境。再比如，建立市场制度和维持市场秩序，所有在这个制度秩序下的人都可以从中受益，而不管他是否为此出过力。

第三，私人物品的成本是私人有能力和愿意承担的，而公共物品的成本超出了私人所愿意或能够承担的范围。具体而言：

私人物品的产权明晰，交易成本低。个人花钱买到的衣服属于他个人，不会产生产权纠纷。公共物品的产权模糊，交易成本高，私人无力或不愿承担。如果为了一盏路灯而派一个人值班向过路的人收费，只让付过费的人享受路灯的照明，这时的交易成本太高，实行起来得不偿失。公共物品的使用之所以是免费的，是因为无法或不值得向其受益者收取费用。

私人物品生产的投资规模和资本周期是私人愿意和能够承受的，公共物品的投资可能会出现资本沉淀问题。例如，供水、供电、供气等公共基础设施的一次性投资很高，而且一旦投入后难以撤回，私人投资者对这类行业往往持观望态度。投资者对投资的回报在规模和时间上有一个心理极限。如果回收资本和取得利润所用的时间太长，超过私人投资者可预期的时限，或是投资规模过大，超过私人所能承受的界限，他们就不愿意冒这个风险，就会选择逃离或不进入这个行业。因此，像公路、城市公共照明等行业的产品只好由政府来提供，而教育、国防以及建立和维护公共秩序的公共物品，只有成本投入，没有利润收回，更不能指望私人去投资了。公共物品无法从市场上得到，只能由政府或其他公共权威机构提供。

以上主要阐述了私人物品和纯公共物品的区别。而介于私人物品和纯公共物品之间的被称为准公共物品。相对于纯公共物品，它的某些特性发生了一定变化，或不具有非竞争性，或不具有非排他性。准公共物品的范围十分广泛，大致可以分成以下几类：

第一类："公有资源"（Public Resource）或"公共池塘资源"（Common-pool）型产品。这类准公共物品无排他性或仅有弱排他性，但有一定的竞争性。"公共池塘资源"是公共的或是可以共用的，一个人的使用不能够排斥其他人的使用，然而，出于私人利益，它在消费上却可能存在着竞争。由于公共的性质，物品使用中可能存在着"拥挤效应"和"过度使用"的问题，如渔场、地下水流域与水体资源、牧区、森林、灌溉渠道等。

第二类：排他性公共物品（Exclusire Public Goods）或"俱乐部物品"（Club Goods）。这类准公共物品在消费上是非竞争性的，但具有排他性的特点，或排除追加的消费者的交易费用很低。如加密的电视节目，一方面它具有非竞争性，一个人的消费并不减少另一个人的消费；另一方面它又具有排他性，只有为加密电视付费的人才能收看到这种电视节目。排他性公共物品还包括城市公用设施，即水、电、气等，这些公共物品如果仅由市场提供，产品供给往往达不到效率水平；若完全当作公共物品免费供应的话，会大大增加拥挤成本。因此，一些共享的物品必须进行排他性的安排，以避免由于消费者数量增加而降低消费的质量。正由于准公共物品的这一特性，为优化资源配置，一般由政府规制的公共事业部门提供。

第三类：拥挤的公共物品（Congestible Public Goods）。这类准公共物品只符合非排他性的条件，但不符合竞争性的条件，因为它达到某一使用水平后会具有竞争性。它所达到的某一使用水平点可称为拥挤点（Point of Congestion）。在出现拥挤效应之前，每增加一个消费者消费的边际成本为零；而在拥挤点之后，容纳或供应一个追加的消费者的边际成本将大于零。拥挤的公共物品包括拥挤的街道、公路、游泳池、桥梁等。

竞争性的市场不可能达到公共物品的帕累托最优。这是因为一方面，由于具有非排他性，每个人都相信他付费与否都可以享受公共物品的好处，那么，他就不会有自愿付费的动机，而倾向于成为“免费搭乘者”，从而公共物品的投资无法收回，私人企业自然不会提供这类产品。另一方面，公共物品的边际成本为零，按照帕累托最优所要求的边际成本定价的原则，这些产品必须免费提供，这也是私人企业难以接受的。从经济学分析角度看，市场机制自身无法克服由于“搭便车”因素导致的市场失灵，从而造成公共物品供给缺位，制约社会发展。

（六）合成谬误导致经济波动

市场机制的另一个问题是市场机制本身无法保持社会经济总体上的稳定。实行资本主义市场经济多年的国家，经济大多表现为周期性的波动，经济发展经历着从波峰降到谷底、从谷底再升至波峰的过程，经历着“繁荣—衰退—萧条—复苏—繁荣”这样不断循环的过程。尽管这种周期性波动本身有规律性，但每次周期的持续时间不尽相同，有的繁荣持续时间较长，有的时候却长期陷入萧条；有的时候经历过较长时间的繁荣之后，经济一下子跌入谷底，有的时候衰退期或复苏期却需要较长的时间。总之，市场机制运行始终摆脱不了宏观经济不稳定的问题。

经济波动对社会的影响十分显著。经济上升时期内，到处洋溢着乐观情绪，从上到下纷纷扩大投资，增加消费，社会一片繁荣景象。但是经济增长在某一点上达到极致后，马上转入衰退，经济进入衰退时期。这个时候人们的第一反应就是削减开支，需求一下子降下来。大批商品找不到销路，企业倒闭或停产、减产，失业人数明显增加。与此同时，“投资热”迅速降温，生产过剩和投资萎缩波及全社会。最典型的事例当数1929—1933年的世界性经济危机。这场大危机使整个资本主义世界陷入空前的萧条，大量工人失业，生产全面过剩，股票暴跌，投资活动几乎完全停止，经济大幅度衰退，人民生活极端困难，市场经济处于瘫痪状态。

“合成谬误”是指个人理性行为的累加效果可能是集体行为的非理性。正如英国经济学家凯恩斯所描绘的，就好比许多人站在一个露天剧场看戏，一个人踮起脚来会高一些，可以看得清楚一点。从个人的角度，这是合理的行为。但是如果人人都踮起脚来，虽然大家都高了一些，但大家也都看不到了。人人都站得比以前更累，观看效果却一点也没有提高，甚至更差。

“合成谬误”是造成经济宏观波动的主要原因。市场体制的运行以个人作为决策的基本单元。个人在参与经济过程时，从个人的成本—收益出发，经济繁荣时期资本回报率高，人们争相投资，生产得以扩大。此时，个人的收入随之增加，就业前景良好，人们放手消费、大胆借贷。当经济由盛转衰且前景暗淡时，个人的反应是停止投资、减少消费。上述行为对于个人来讲，都是合理的，属于理性的选择。但如果把所有的个人理性行为加在一起，就表现为经济繁荣时期人人争相投资、家家扩大消费，经济衰退时期人人停止投资、家家节衣缩食。其结果必然如下：经济前景看好时，社会投资膨胀，生产扩张，社会总储蓄减少，社会总需求膨胀；经济前景不好时，社会总投资急剧减少，生产全面萎缩，社会总储蓄相对增加，社会总需求不足。这正是经济周期波动的现实表现。

以上情况表明，市场经济条件下，如果把所有个人的理性行为累加起来，结果可能是集体行为的非理性。也就是说，个体理性与集体理性出现不一致。在繁荣期，扩大投资或增加消费对于个人来说是合理的经济行为，但从社会整体的角度，会出现生产能力的过剩和消费过度。在衰退期的情况也是一样。

市场机制运行存在的这些缺陷来自其自身的逻辑，因而无法自我克服，必须借助外部力量。在市场之外，有能力克服市场缺陷的力量主要来自公共权威机构。作为主要的公共权威机构，政府介入经济成为合理的选择。

## 思考题

1. 什么是经济体制？经济体制有哪些主要类型？

2. 什么是机制？如何理解经济机制与经济体制的关系？
3. 市场机制的构成要素有哪些？
4. 市场机制的作用是什么？
5. 什么是市场失灵？市场失灵的具体表现有哪些？
6. 政府介入经济的逻辑依据是什么？

# 第三章 政府与市场理论的历史演进

市场失灵的客观存在决定了政府介入和干预经济的必要性，但政府在市场经济中作用的大小及内容则是随着市场经济产生、发展的变化而变化的。现代西方经济学的各个学派在关于政府与市场作用的关系问题上，始终围绕着自由主义和国家干预而展开论战，大致经历了五个阶段：第一阶段是从15世纪至17世纪的重商主义时期，主张政府干预的思想占据主流。第二阶段从1776年亚当·斯密发表《国民财富的性质和原因的研究》至20世纪20年代，强调市场作用的经济自由主义思想占据主流地位。第三阶段起始于20世纪20年代末至50年代，凯恩斯主义兴起，强调政府干预的必要性。第四阶段从20世纪60年代至80年代，经济自由主义复兴，经济学家们研究政府失败，主张重新以市场机制为主要工具调节资源配置。第五阶段是20世纪90年代以来，强调政府职能的新凯恩斯主义兴起。几百年来，政府干预和经济自由两种理论此消彼长，交替发展。而在当今，两者日益呈现融合趋势。

## 第一节　市场经济秩序构建时期的经济学说

### 一、强调政府作用的重商主义

在15世纪末至16世纪，西欧中央集权的民族国家建立起来，原先各自独立的、有不同利益、不同法律、不同关税的各个地区，逐渐结合为拥有统一的法律、统一的民族利益、统一关税的国家。随着中央集权国家的建立以及地理大发现，商业和商业资本日益发展壮大起来，尽管封建庄园制度的解体为劳动和土地的自由供给创造了条件，但却不能解决资本的短缺问题。新兴的资产阶级需要货币，他们认为财富就是金银货币，要获得金银财富除开采金银矿藏外就是对外贸易，少买多卖，少支出多收入，实现外贸顺差，大量金银才能不断流入本国。“重金银货币”和“贸易出超”成为重商主义经济理论的两大核心思想。但是，在市场经济发展的初期阶段，市场机制尚不完善，资本的力量还十分薄弱。要达到“贸易出超”、积累货币资本和增加社会资本供给等目的，没有国家的保护和扶植是很难办到的，所以，在这一时期重商主义者均倾向于政府管制。早期的重商主义力图在国内把货币以储藏货币的形式积累起来，达到积累货币财富的目的；晚期重商主义者为了鼓励输出，实现出超，主张国家实行保护关税的政策，并采取扶植和鼓励生产出口商品的工场手工业政策。这样，一方面由于市场经济发展的客观需要，另一方面由于市场经济功能局限，国家开始大规模地干预直至参与社会的经济活动。

从根本上说，重商主义时代是一个市场经济秩序确立和成长的时代，需要国家权力介入并加以扶植。“只要资本的力量还很薄弱，它本身就还要在以往的或随着资本的出现而正在消失的生产方式中寻求拐杖”①。重商主义者强调国家的作用，认为国家对经济的干预是国家致富的重要保证，主张国家应积极干预经济生活。概括而言，国家权力在当时主要起两方面的作用：对内建立市场经济的新秩序；对外保护本国的商业利益，积极推行重商主义的“贸易出超”政策，以增加金银输入与国内资本供给。

重商主义反映了封建社会晚期和资本主义社会建立初期新兴资产阶级积累货币资本的利益需要，在历史上起到过一定的作用，如西欧各国所实行的重商主义政策大大增加了货币财富的积累，促进了商品货币关系和资本主义工场手工业的发展，从而为市场经济秩序的确立和资本主义生产方式的最初运行创造了必要的前提。

## 二、主张自由放任的古典经济理论

### （一）古典经济理论的产生

任何一种经济理论都是顺应了特定时代社会经济发展实践的客观需要而产生的。18世纪时，产业革命已经兴起，市场经济已经趋于成熟，资产阶级已完全能够依靠自己的力量发展经济。主要表现在五个方面：①封建主义已经消亡，个体工厂的数量在增长，工商业的重要性与日俱增，且已占据支配地位。②资本主义已经走出资本原始积累阶段，资本缺乏现象已基本消除。③私人产权制度已经牢固确立，人们在市场交易中逐步认识到运用市场制度

① 马克思，恩格斯．马克思恩格斯全集［M］．第46卷（下）．北京：人民出版社，1972：160.

实现社会经济资源配置的费用远比运用国家力量要低廉，而效率又远远高于国家管制下的资源配置过程。④市场经济的自我调节力量已经基本形成，价格机制、竞争机制和供求机制已在实际的经济生活中发挥自我调节功能。⑤市场竞争的规则已经十分健全，整个社会的经济活动也已高度商业化，各个经济主体的所有权只有通过社会分工和交换才能得以确立。随着市场经济日益成熟，重商主义政策已不符合经济发展的需要，国家干预主义此时不仅不利于市场经济的进一步发展，而且日益成为当时社会经济发展的体制障碍。

1776年，亚当·斯密发表了《国民财富的性质和原因的研究》（简称《国富论》）一书，摧毁了重商主义的干预理论和政策，代之以自由放任理论和政府不干预经济事务的政策，并把“自由放任”视为他所主张的经济政策的基本原则。亚当·斯密认为人类天生的交换倾向必将引起分工，而交换分工又必然引起国民财富的增长。他认为，排除政府的干预，听凭企业主自由经营，不仅不会产生经济上的无政府状态，反而有利于市场经济的“自然秩序”规律发挥作用。“由于每个人都努力把他的资本尽可能用来支付国内生产，都努力管理国内产业，使其生产物的价值能达到最高限度，他就必然竭力使社会的年收入增大起来”。“他受到一只看不见的手的指导，去尽力达到一个并非他本意想要达到的目的”。“他追求自己的利益，往往使他能比在真正出于本意的情况下更有效地促进社会的利益”。①

与此同时，斯密也认为“看不见的手”只是在特定条件下才可能起到调节资源配置的作用，即市场经济的运行有赖于政府建立和维护市场秩序。斯密在《国富论》中论述了国家必须履行的三个重要职能：第一，保护本国社会的安全，使之不受其他独立社会的暴行和侵略，这是保证国家安全的职能，斯密指出此乃“君主的第一义务”；第二，保护人民不受社会上任何其他人的欺侮或压迫，即设立严正的司法行政机构，实现维护社会安定的职能；第三，建设并维持某些公共事业及某些公共设施。斯密所说的公共事业和公共设施，除了国防、司法和行政所必需的设施和工程之外，还包括便利社会商业和促进人民教育的公共设施和公共工程。具体来讲，他认为国家有义务修建公路、桥梁、运河，建立保护通商贸易的守备队和防御工事，以及兴办学校，使下层居民也能受到必要的教育，习得技能，从而增进劳动力素质。这些事业对于个人是无利可图的，但对社会却是非常必要的，这些方面是政府发挥作用的领域。他认为建立在居民和企业理性行为基础上的市场经济是有效率的、

① ［英］亚当·斯密．国民财富的性质和原因的研究［M］．下卷．北京：商务印书馆，1974：27.

均衡的，政府没有必要深入经济生活内部直接干预，政府只是充当经济运行、经济增长的“守夜人”，应当提倡“最好的政府是管得最少的政府”①，建立起“小政府、大市场”的理想模式。

继亚当·斯密之后，古典自由主义经济思想得到了进一步发展。大卫·李嘉图是英国古典政治经济学的完成者，他认为，自由竞争既保证了个人利益与社会利益的结合，也为生产力的无止境发展开创了可能性。因此，他也反对国家对经济生活的干预，认为这是违反“最大多数人的最大幸福”原则的。例如，他认为工资的高低由劳动市场供求关系自发调节的法则是“支配每一社会绝大多数人的幸福法则”。因此，工资，正像所有其他契约一样，应当由市场上公平而自由的竞争决定，而决不应当用立法机关的干涉加以统一制定。他相信市场具有自行调节功能，所以人们在制定国内外经济政策时，必须适应市场生产与交换的规律，才能促进经济的顺利发展。李嘉图主张对内实行自由放任、对外实行贸易自由政策。他说：在没有政府的干预时，农业、商业和制造业最为繁荣。需要国家做的全部事情，就是避免一切干预，既不要鼓励生产的一个资源，也不要抑制另一个资源。李嘉图强调国家在保障私有财产、革新政治、振兴教育等方面的作用。国家要为资本家创造良好的发展经济的环境，使他们在发展经济中充满信心。

法国经济学家萨伊继承了亚当·斯密经济自由的思想，提出了“供给能够自动创造需求”，即萨伊定律。萨伊认为，商品买卖只不过是商品和商品之间的交换，货币只在一瞬间起媒介作用，一个商品的卖主同时也是另一商品的买主，一种产品的生产必然给其他商品的生产开辟道路，因此，生产创造出了对其他产品的需求。生产者最大的利润必然会带来全社会的最大利益，消费者的利益寓于生产者的利益之中，是生产决定了消费，经济学研究的重点应该放在生产和供应上。好的政府以刺激生产为目的，而一个坏政府则鼓励消费。萨伊还认为，当一种资源得到充分利用时，就生产出一定量的产品，参加这种生产的人们也获得一定的收入，他们将以就业中所得的这些收入去购买产品。只要将生产安排好，不论生产什么都能销售出去，发生过剩的产品不过是一种劣等货或不对路的暂时过剩；只要供给会创造它自己的需求，就不会发生一般生产过剩。

萨伊结合法国当时的具体情况，反对国家对经济的干预和保护关税等重

① ［英］亚当·斯密. 国民财富的性质和原因的研究［M］. 下卷. 北京：商务印书馆，1974：252－253.

商主义政策，为以后逐步形成的新古典自由经济学奠定了“充分就业”的分析前提。他认为，最繁荣的社会，是不受形式拘束的社会。认为政府干预产生的最大危害不是偶然违反既定的准则，而是由于对自然规律的不正确的看法，以及在这些看法的基础上制定的准则，由此产生弊端使整个社会遭受损失。萨伊强调经济自由是资本主义发展的基本条件，反对国家经济干预的同时，强调了政府职员应保证经济活动自由地进行。他认为，如果管理的目的在于防止那些对其他生产事业或公共安全有害的欺骗行为，以及保护消费者利益等，而不干涉产品的性质和制造方法，那么这种管理是有益的、正当的。在政府使用的一切鼓励生产的方法中，最有效的是保证人身财产的安全，这种保证不仅抵消了一切阻碍国家繁荣的束缚的影响，而且是国家繁荣的源泉。

### （二）新古典经济学的发展

自亚当·斯密的《国富论》问世以来，经过他的后继者的补充和发展，古典经济学的自由放任的经济主张，不仅在理论上，而且在政府实践中占据了主导地位。19 世纪后期，由于城市工业的不断发展带来了许多亟待解决的问题：如劳动时间、工会问题、人口迅速增加问题、公用事业的发展问题等，这些客观现实问题迫切需要有一种新的理论来解释。此时英国的经济学界分为两派：以约翰·穆勒为首的一些人主张生产费用决定价值，而以杰文斯为代表的另一些人则主张边际效用决定价值。马歇尔则是把古典经济学的供给分析和边际效用学派的需求分析加以综合，创立了新古典学派，形成了一个以生产成本分析为中心的供给理论和以边际成本分析为中心的需求理论相结合的新的经济学体系。

新古典学派是以马歇尔为首的剑桥学派、以瓦尔拉斯为首的美国边际学派的结合体。新古典理论的共同特征是以微观经济活动为分析对象，运用边际分析方法，以均衡价格为核心，以消费、生产、市场、分配为分析框架，强调对市场竞争的研究。马歇尔认为，供求、价格、生产三者是相互联系的，供求引起价格变动，价格变动又引起生产变动，生产变动又引起价格变动。由于这三者的相互作用，会产生一种趋势，使价格停止波动，供求趋于平衡，生产达到稳定状态。所以，在完全竞争市场条件下，短缺和过剩的失衡现象是暂时的，市场总会恢复平衡的状态，实现均衡价格。在价格不变的情况下，供给扩张强于需求扩张，新的均衡价格就会下降；如果需求扩张超过供给扩张，新的均衡价格就会上升；如果供需之间的变动程序相同，那么均衡价格不变。所以完全竞争的市场是最优的、均衡的市场，没有资源被闲置或浪费。

在边际效用和边际生产成本的指导下，消费者和厂商的理性选择是完全可以实现的。对于消费者来说通过边际效用的比较就可以知道其消费选择是否最优；对于厂商来说，他只需判断其生产的边际收益与边际成本是否相等，就可以知道利润是否最大。也正是这样，经济运行中的各类主体在理性的牵引下实现资源的合理流动和优化配置。

综合而言，新古典经济学继承了古典经济学派对资本主义经济的评价，即资本主义是一个自由竞争、自动调节、不需政府干预的市场经济体系，但同时它对市场的分析从生产转向消费，从供给转向需求。尽管经济学的分析方法发生了很大变化，但两者具有共同特征，即主张自由放任。在19世纪末20世纪初，以马歇尔为代表的新古典经济学占据了西方经济学界的统治地位。

## 第二节　市场失败与国家主义理论兴起

### 一、凯恩斯关于政府干预的理论学说

#### （一）市场失败与国家权力的再度增长

人类进入20世纪以后，随着生产力的快速发展，自由竞争的资本主义过渡到垄断资本主义。由于垄断打破了原来自由竞争的局面，原来维持市场均衡的价格规律、供求规律、竞争规律不能充分发挥作用，社会经济生活中的矛盾日益突出，以致经常爆发经济危机，特别是1929—1933年爆发的一场空前严重的世界性经济危机使西方统治阶级面临的形势十分严峻。很显然，萨伊的“供给自动创造需求”定律已无法解释这场灾难性的资本主义经济危机，无法解释为何大量的资源被闲置不用，也提不出有效的对策来让这些资源重新投入生产。为了摆脱危机，德、日、意等国走上法西斯军事经济的道路，整个资本主义世界的市场经济制度濒临崩溃的境地。而美国则走上了一条革新的道路。1932年，美国总统罗斯福开始推行新政，加强了政府对金融活动以及工业、农业的干预和调节，投资兴建公共工程并建立社会保险制度等。此后，西欧一些资本主义国家也采取了一系列国家干预经济生活的措施。

政府对经济生活的干预实践，客观上需要一定的理论支撑和指导，需要一种能够说明在市场经济中资源不能得到充分利用的原因以及怎样才能实现充分就业的理论和政策。凯恩斯经济学就是在这样的历史背景下应运而生的。1936年英国著名经济学家约翰·梅纳德·凯恩斯发表了《就业、利息和货币通论》，在该书中，他系统地阐述了国家干预主义的理论和政策，成为现代经济学的经典之作。这本书的出版轰动了资本主义世界，在英美等国，有人认

为这是掀起了一场“凯恩斯革命”，还有人把凯恩斯比做经济领域里的达尔文或哥白尼。凯恩斯把经济学的分析重点由供给方面转向需求方面，正是这一分析方法，使凯恩斯创立了有效需求原理和政府需求管理政策，从而完成了经济学说史和经济政策史上的“革命”，否定了传统的“萨伊定律”，否定了自由放任政策，明确承认经济危机和失业现象的普遍存在，承认市场机制自发调节存在缺陷，扩大政府的经济职能是避免资本主义陷入全面毁灭的唯一有效办法。由此，凯恩斯经济学迅速地取代了传统的古典经济学而成为西方经济学界的新主流。

（二）凯恩斯主义理论的主要内容

所谓的“主义”往往代表着一种系统的理论和主张，以及基于这种理论和主张形成的各种政策。凯恩斯主义是自国家干预思想诞生以来最完整、最系统的理论学说。概括而言，凯恩斯的理论体系是由有效需求不足、三大心理法则和“反周期”政策主张构成。

1. 有效需求不足。凯恩斯认为，有效需求是指商品的总需求价格与总供给价格相等时的社会总需求，它决定雇主们在预期可得的利润最大情况下所提供的总就业量。有效需求由消费需求和投资需求构成，凯恩斯认为现代资本主义的一般情况是有效需求不足，包括消费需求不足和投资需求不足。

2. 三大心理法则。有效需求不足产生的原因，来自需求方面的三大基本心理法则。

（1）消费倾向递减。一般来说，总消费量主要取决于总收入量，两者按相同方向但不同的比例变动，消费增加的幅度要小于收入增加的幅度。凯恩斯把消费与收入的这种函数关系称之为消费倾向。他认为储蓄是人的天性，所以，当真实所得增加，则储蓄在所得中所占比例也会增加。因此，随着收入的增加，边际消费倾向具有递减的趋势。这是人类最基本的法则之一。由于消费是总需求的一个分量，所以消费倾向递减这一心理法则必然导致消费需求和有效需求不足。

（2）资本边际效率递减。资本边际效率就是指资本家使用资本的预期利润率，它取决于资本的未来收益和供给价格。凯恩斯认为，短期内，随着某类资本投资的增加和该类资本产量的增大，生产该类资本的各种生产设备所承受的压力就会加大，每单位资本的生产成本就会上升，这必然导致供给价格的上升。在长期内，随着对某类资本投资的增加和该类资本供给的增长，其未来收益必然会因该类资本产量的增大而下降。资本的供给价格上升和未来收益的下降都会导致资本边际效率的下降。由于资本边际效率具有递减的趋势，私人投资的动力必然越来越弱，从而导致投资需求和有效需求不足。

（3）流动性偏好。流动性偏好是指人们出于现期交易、避免由于未来利息的不确定而蒙受损失以及投机牟利三种理由而愿意持有现金所产生的货币需求。凯恩斯认为，投资量的大小不仅取决于资本边际效率的高低，同时也取决于利息率的水平，而利息率的高低取决于货币的供求。货币供给是由银行体系规定的，货币需求是由人们对货币的流动性偏好决定的。货币供给越大，则利息率越低，流动性偏好越大，即人们想保留货币的愿望越强烈，厂商为获得货币资本而必须支付的利率也越低。由于流动性偏好的阻碍，利率的下降具有刚性，不能无限制地下降。长期看来，在资本边际效率下降的同时，由于利息率下降具有刚性，那么，实际的投资量一定会下降到资本边际效率等于市场利息率这一点。当两者相等或者前者低于后者时，厂商就不会再增加投资甚至撤资。投资需求不足必然导致有效需求不足。

3. “反周期”政策主张。在阐述了这三大基本心理规律的基础上，凯恩斯创立了他的就业理论。他认为当前资本主义的最大问题，就是对上述决定生产和就业的三个心理因素如何加以控制来保持高度就业水平和高度生产水平。于是，他引申出一套经济政策的主张，在经济运行机制和经济学体系中导入政府经济行为。

（1）对经济运行进行国家干预和调节是政府行为的基点。按照凯恩斯经济学的理论体系，失业和危机的原因是有效需求不足。要扩大有效需求以实现充分就业仅仅依靠市场机制的自动调节是不能胜任的，所以必须依靠国家政权的力量对经济运行进行国家干预和政府调节。国家干预经济的措施在于刺激社会需求，刺激社会需求的办法在于通过扩大资本家的利润，增加投资，鼓励资本家的乐观情绪。如果资本家私人不愿投资，那就需要依靠政府投资。

凯恩斯提出了“倍数原理”或“乘数原理”，论证政府投资给国民收入带来的影响。他认为，由于投资乘数的作用，投资的增加会引起收入和就业量成倍增加，同样投资的减少也会导致收入和就业量成倍减少。在既定的边际消费倾向下，新增加的投资成为生产部门的收入，其中一部分将用于消费，成为生产消费品部门的收入；生产消费品部门的资本家和工人又按照当时的消费习惯把收入的一部分用于消费，从而进一步引起消费品部门的收入增加。这样继续扩展下去，就会引起收入和就业的不断增长。所以在消费心理不变的情况下，解决失业的办法就是投资。而且乘数值越大，特定量的投资变动所引起的收入和就业量的变动也就越大。

（2）财政政策是政府经济行为的重心。凯恩斯主张实行扩张性货币政策来解决失业和经济衰退问题，但更强调财政政策的调节作用，认为货币政策只能起辅助作用。因为和资本边际效率的变动相比，利息率可能的变动不能完全抵消资本边际效率的变动。在经济萧条阶段，人们对未来的预期悲观，单纯通过降低利息率来刺激投资的政策效果不大。

运用财政政策调节经济运行，是凯恩斯政府经济干预行为的重心。他认为对经济萧条和失业问题需采用扩张性财政政策。他主张采取积极的财政政策拉动需求，在经济萧条阶段，即使是赤字财政也是可取的。税收和发行国债是政府运用财政政策的主要手段。运用税收手段如累进所得税，虽然可以重新分配，可以提高消费倾向，进而增加有效需求；但是由于税收的增加，必然会减少私人投资和私人消费，加之短期内消费倾向比较稳定，因此，通过增加税收扩大政府支出的财政政策对于提高有效需求、克服经济危机、提高就业水平很难奏效。运用政府举债的手段就不同了。

(3) 举债支出是政府经济行为的主要操作手段。政府举债一般有两种用途：一是兴办投资项目；二是弥补其他预算项目的赤字。如果政府用举债方式兴办资本项目，能增加投资；如果用于弥补其他财政赤字，则为负储蓄，能增加消费倾向。因此，举债能够提高有效需求，增加总就业量，以达到凯恩斯所谓充分就业条件下的均衡。政府举债支出的实质是实行财政赤字政策，而财政赤字的必然后果是通货膨胀。对于举债是否会造成通货膨胀，凯恩斯的看法是，充分就业是“最后的临界点”，在达到充分就业临界点前，物价虽然会有所上升，但同时也推动了就业量增加，因而对稳定社会经济是有益的。

## 二、新古典综合学派的政府经济行为学说

### （一）新古典综合学派的形成

凯恩斯的现代宏观经济分析形成了解释资本主义在 20 世纪 30 年代面临的现实经济问题的理论体系，并且，他提出的一套行之有效的办法，推动了资本主义经济的恢复。从 20 世纪 50 年代起，资本主义经济进入了一个相对繁荣的时期，失业和生产过剩的危机问题不像 20 世纪 30 年代那样严重，如何进一步发掘经济潜力，发挥市场价格机制的作用，保证经济长期稳定地实现充分就业和普遍繁荣，成为经济学界和政府关注的问题。

以马歇尔为代表的新古典经济理论主要是对微观经济的价值、分配和资源配置的分析，但缺乏对宏观经济的独立研究；而凯恩斯的经济理论只是对宏观经济总量的分析，却缺乏微观经济分析的基础。然而，在现实生活中，宏观经济和微观经济是密切联系的。因此，在经济理论研究上，对两者任一

方面的疏忽都很难对现实经济问题做出合乎逻辑的、完整的、科学的说明和解释。新古典综合学派就是适应战后美国经济发展的客观需要而形成的。它把凯恩斯的宏观经济理论体系和新古典经济学的理论体系相结合，避免了各自在某一方面的片面性。新古典综合学派认为，只要采取凯恩斯主义的宏观财政政策和货币政策来调节资本主义社会的经济活动，现代资本主义经济就能避免过度的繁荣或萧条，而趋于稳定的增长，实现充分就业。在这种经济环境中，新古典经济学的主要理论将再度适用。在美国早期传播、发展和应用凯恩斯主义方面，阿尔文·汉森的贡献最为显著，但真正完成新古典综合学派理论体系建立的是萨缪尔森。萨缪尔森于 1948 年出版了《经济学：初步分析》一书，标志着新古典综合理论体系的形成。

（二）新古典综合学派关于政府经济行为的学说

新古典综合经济学派是对凯恩斯主义的补充和发展，其特色在于将凯恩斯的就业理论同以马歇尔为代表的新古典经济学的价值论和分配论组合为一体，组成一个集凯恩斯宏观经济学和马歇尔微观经济学之大成的经济理论体系。

1. “混合经济”是新古典综合理论分析的制度前提。凯恩斯在《就业、利息和货币通论》第二十四章提出，挽救资本主义制度的唯一切实办法就是扩大政府的机能，“让国家之权威与私人之策动力量互相合作”。这是关于“混合经济”论点的最初由来。汉森在他 1941 年发表的《财政政策和经济周期》一书中，较为系统地解释了“混合经济”的含义。他指出，从 19 世纪末期以后，世界上大多数国家的经济，已经不再是单一的纯粹的私人资本主义经济，而是同时存在着“社会化”的公共经济，因而成了“公私混合经济”，或称“双重经济”。汉森认为，必须从双重意义上来理解这种“混合经济”，即生产领域的“公私混合经济”（如国有企业与私营企业并存）和收入与消费方面的“公私混合经济”（如公共卫生、社会安全和福利开支与私人收入和消费的并存）。所以，既不能单用凯恩斯的宏观经济分析方法，也不能单用新古典学派的微观经济分析方法，而是必须把这两种方法结合起来，才有利于描述、分析、解释现代资本主义经济面临的一系列新问题。根据萨缪尔森的看法，当代西方发达国家是既不同于自由市场经济，又不同于社会主义经济的混合经济，市场价格机制和国家经济干预的有机结合是经济良性运行的基本前提，此为新古典综合的现实基础。根据新古典综合派观点，混合经济包括两个部分：国家管理的公共经济部门和市场机制发挥作用的私有经济部门。国家调节是为了预防和对付经济衰退；发挥市场机制的作用是为了合理配置和充分利用资源，以提高经济效率。

2. 希克斯—汉森模型是新古典综合学派政府经济行为的依据。希克斯—汉森模型又称 IS—LM 一般均衡分析，它把新古典学派的市场调节论同凯恩斯的国家干预理论结合起来，从而形成了新古典综合学派独特的综合分析，是新古典综合学派理论的核心。

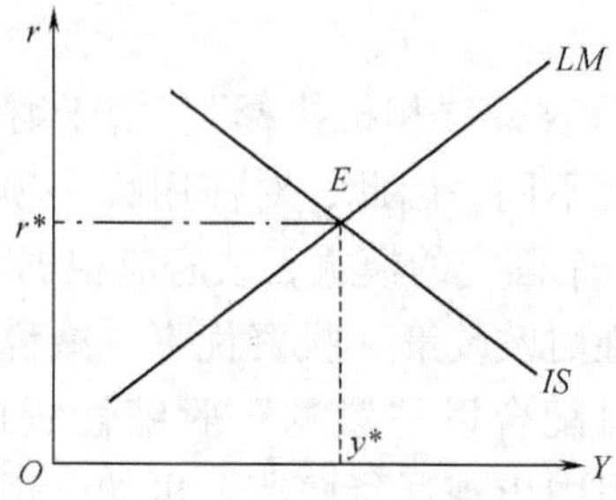


**图 3－1　IS—LM 一般均衡分析模型**

IS—LM 一般均衡分析是把马歇尔的均衡价格分析和凯恩斯的收入决定分析综合起来所构成的宏观一般均衡理论，表示在凯恩斯理论体系中，利息率和收入水平之间是相互同时确定的，商品领域和货币领域是通过利息率联系在一起的，这就把新古典学派的利率自动调节储蓄与投资均衡的观点纳入了凯恩斯的宏观经济理论体系中。*IS* 曲线表示商品市场的均衡，其上的每一点代表与某一给定的利息率相应的投资和储蓄相等的国民收入水平，它反映了商品市场上总需求与总供给一致时，国民收入水平与利息率之间的反方向变化关系；*LM* 曲线表示货币市场的均衡，其上的每一点代表在货币供给量既定的条件下，每一国民收入水平相应的货币市场上需求和供给一致时会有的利息率，因而 *LM* 曲线表达的是货币供给量既定的条件下，国民收入与利息率之间的同方向变化关系。*IS* 和 *LM* 曲线的交点 *E* 表示，社会经济活动中商品市场和货币市场同时达到均衡，以及在此均衡状态下所决定的国民收入和利息率的均衡值。

只要货币需求函数、货币供给量、投资函数和储蓄函数既定不变，就可以确定商品市场、货币市场同时达到均衡的均衡点，即 *IS* 曲线与 *LM* 曲线的交点。任何不在均衡点上的利率与收入的组合都属于失衡状态。新古典综合学派通过 *IS—LM* 分析进一步说明了宏观货币政策作为财政政策补充政策的重要性，强调政府应同时采取刺激投资需求的财政政策和增加货币供给的货币政策，以便能够通过利息率的中介作用，刺激国民收入的增长，实现充分就业。

3. 新古典综合学派的经济政策主张。从凯恩斯主义到新古典综合学派的发展，都肯定了国家干预的政府经济行为对于市场经济运行的作用。只是到了新古典综合学派成为西方经济学的主流学派后，政府经济行为及其操作手段更臻完善，强调财政政策和货币政策的同时使用、相互配合，以保证宏观经济运行的稳定。

（1）财政政策和货币政策“相机抉择”。由于财政政策和货币政策各有特点，作用的范围和程度不同，因此，对使用哪一项政策，或者对不同的政策手段搭配使用，没有一个固定的模式，政府应根据不同情况，灵活地决定。例如，用“松的”扩张性财政政策（投资优惠、减税、扩大政府支出）来鼓励投资，增加就业；同时配合以“紧的”收缩性货币政策（控制货币供给量）以防止经济增长过程中出现通货膨胀。再如，用增加货币供给量，降低利息和扩大信贷规模的“松的”扩张性货币政策来刺激投资，增加产量和就业；同时配合以“紧的”收缩性财政政策（缩减政府支出等）来减轻总需求对市场的压力，以稳定物价，防止通货膨胀。总体而言，新古典综合学派认为，运用扩大预算支出和赤字理财的财政政策比起实施操纵利息率的货币政策更能迅速直接地刺激经济扩张。

（2）财政政策和货币政策的微观化。所谓“微观化”是指政府针对个别市场和个别部门的具体情况来制定区别对待的经济政策。微观化的财政政策的主要内容包括实行不同的税收方案、制定不同的税率、个别地调整征税的范围、调整财政支出的内部构成及政府对不同部门的拨款等。微观化的货币政策包括规定不同的差别利息率，控制对不同行业和部门的信贷条件和借款数量等。财政政策和货币政策的微观化，可以避免宏观经济政策在总量控制过程中给经济带来的较大震动，使得政府对经济生活的干预和调节更为灵活有效。

（3）收入政策和人力政策。收入政策是指通过工资和物价的指导线和管制政策，防止货币工资增长率超过劳动生产率的增长率，从而避免经济增长过程中出现严重的通货膨胀。人力政策是指通过就业指导和对劳动力的重新训练，促使青年和非熟练工人找到职业，尽量减少各种失业，扩大就业量。

除此之外，新古典综合学派还提出了浮动汇率政策、对外贸易管制和外汇管制政策、消费指导政策、能源政策、人口政策和农业政策等。这些政策尽管在维护现代资本主义经济的发展方面起了一定的作用，但他们毕竟不能根治由资本主义经济基本矛盾所引起的周期性经济危机。

## 第三节　政府干预陷入困境与新自由主义兴起

20 世纪 70 年代初爆发的石油危机导致整个资本主义世界陷入“滞胀”的困境，凯恩斯主义对此束手无策。新自由主义者将其归结为国家干预过度、政府开支过大、人们的理性预期导致政府政策失灵。也正是在这种情况下，多年受冷落的新自由主义适应这一需要，伴随美国总统里根和英国首相撒切尔夫人的上台，在否定凯恩斯主义的声浪中占据了美、英等国主流经济学地位。新自由主义的重要特征是把反对国家干预上升到了一个新的系统化和理论化高度。新自由主义经济学有狭义和广义之分。狭义的新自由主义特指哈耶克的极端自由主义和德国弗莱堡学派的新自由主义，广义的新自由主义则还包括货币主义、供给学派和合理预期主义。

### 一、哈耶克的坚定自由主义思想和弗莱堡学派的政府经济行为理论

#### （一）哈耶克——市场经济和法治社会的坚定捍卫者

新自由主义经济学引起世界广泛关注源于 20 世纪二三十年代的一场关于市场与政府计划的大论战，一方为以奥地利经济学家米塞斯·哈耶克为首的新自由主义者；另一方为以意大利经济学家巴罗纳、波兰经济学家兰格为代表的市场社会主义者，这场论战无果而终，却成为新自由主义开始登上历史舞台的一个里程碑。

哈耶克是新自由主义最具代表性的思想家，他长期活跃于反凯恩斯主义、反国家干预的新自由主义中心：奥地利的维也纳大学、美国的芝加哥大学、英国的伦敦大学经济学院。他的新自由主义理论观点是其他所有新自由主义者的主要思想来源。在 1944 年出版的《通往奴役之路》一书中，哈耶克提出，国家干预和计划经济等会导致“极权主义”。他认为自由是一个最高的政治目标，是追求文明社会的崇高目标和私人生活安全的保证。按照自由主义原则，应尽量运用自发力，而尽量少用强制力量处理事物。他强调，私有制是自由的最重要的保障，个人的“积极性”只有在私有制的基础上才能得到充分发挥。如果对私有财产进行限制和管理，用国家干预代替市场作用，其结果不仅是效率的损失、个人“积极性”的受挫、资源配置的失调，而且最后会走向“极权主义统治”，走向对个人的“奴役”。他指出，带着理性万能的自负去设计和控制社会的发展必然导致灾难性的结局。哈耶克把社会主义、垄断资本主义和法西斯主义都归结为极权主义。1947 年，他组织了自由主义

经济学家的俱乐部，继续批判国家干预理论。1974 年，哈耶克获得诺贝尔经济学奖。其经济思想集中体现在以下方面：

1. 经济自由的原则。哈耶克竭力推崇自由主义，认为现代文明就是自由主义的文明，他再三说明，他所讲的个人主义绝不是利己主义和自私的代名词，而是尊重个人，承认个人在限定范围中，他的观点和爱好是至高无上的。同时，自由主义也是对个人努力的协调力量，竞争制度使市场价格能引导个人活动进行，而政府只需作为"舞台监督员"就行了。

任何人都不可能获得所有关于其他人的需求的完备知识。在这种情况下，市场作为一种整理分散信息的机制，比任何人精心设计的任何机制更有效率。由于经济知识是分散的，不可能集中起来，因此就需要经济决策的分散化，需要有为分散的决策导向、纠偏的市场。哈耶克的经济自由主义原则要求尽量运用社会的自发力量，尽可能少地借助于强制，不是像手艺人做手工活那样去塑造成果，而是像园丁培育他的花木那样通过提供适宜的环境去促进成长。

2. 法治的原则。哈耶克认为对于经济自由主义的根本原则必须加以灵活运用，不能拘泥于某种一时的经验。他强调的经济自由主义并不是 19 世纪所盛行的自由放任主义，赞成尽可能地利用竞争力量来协调人类经济行为，而不是主张听任事物自生自灭。经济自由主义并不意味着仅仅要求政府不应当干什么，而且还要求政府采取各种积极的行动，例如帮助私人企业建立和维持与货币、市场及信息传递有关的机构，尤其是完善法律。法治的关键是"使我们能够正确地预测别人的行动"的规则，特别是个人能否预见到政府的行为，并在制订自己的计划时，以这种了解作为依据。他认为，一个有效的竞争制度和其他制度一样需要一种聪明地规划出来的并不断加以调节的法治系统，法治政府最重要的职责在于通过颁布正式条规为公平合理的竞争确定规则，监督竞争公正地进行，并在竞争不起作用的地方补充竞争、服务竞争。

在哈耶克的经济自由主义中，国家不再扮演一个被要求束手束脚、只能袖手旁观的角色，而是创立和维持一种有效的竞争制度的积极参与者，创造条件使竞争尽可能有效；在不能使其有效的场合则加以补充，提供那些对社会有益、但由私人经营却得不到收益的服务。这就是哈耶克所提出的政府行为的原则。

3. 政府社会保障职能最低限度原则。哈耶克从政府必须也只能为维持竞争创造条件出发，坚决反对超出最低限度的政府社会保障职能。他把政府提供的保障分为两类：一类是"最低限度的收入的保障"；另一类是"被认为应有的特定收入的保障”。前一类是达到一定富裕水平的社会应当向所有人提供不违背竞争原则的保障；而后一类保障则带有特权的性质并且必然与竞争抵触。政府只能提供第一类保障，它是竞争社会必不可少的安全网，而决不能提供第二类保障，如果这样做的话，将使越来越多的人不再追求自立，而是去追求这种保障；不再喜欢有风险的经济活动，而喜欢那些稳定的职位，甚至宁愿放弃自由、自主和自立，也要获得这种保障，而这一切都将导致经济丧失活力。

（二）弗莱堡学派的政府经济行为理论

弗莱堡学派因该学派的主要代表人物多在德国弗莱堡任教而得名。“社会市场经济”理论是弗莱堡学派经济思想的主要内容。社会市场经济是根据市场经济规律进行的，以社会补充和社会保障为特征的经济制度。它的目的是在经济竞争的基础上把自由的积极性与因市场经济成就而得到保障的社会进步联结在一起。弗莱堡学派既反对旧自由主义的放任原则，又反对中央集中管理经济，而是主张国家干预与自由竞争的有机结合。和凯恩斯主义的国家事后干预不同的是，弗莱堡学派主张事前积极干预，通过国家的干预为企业创造一个相对平等的自由竞争环境，实行价格的自动调节功能，从而使经济得到快速发展。

弗莱堡学派的政府经济行为观点主要如下：①反对市场的垄断。他们认为，垄断与自由竞争是一对矛盾体，相互处于对立状态，因此，要实现自由竞争就必须排除阻碍自由竞争的不利因素。不管何种垄断，都是对自由竞争的排斥和破坏，都会阻碍技术进步和经济发展。因此，不仅要反对私人垄断，更要反对社会组织的垄断。②要实现对劳动力和资源的合理运用。无论是人力资源还是物力资源的运用，都要由国家加以规定和限制。③国家应采取有效的措施，打击扰乱市场的不法行为，从而保证价格的正常进行，使国民经济各部门得以协调发展。④应实现公平分配。他们认为国家应利用财政税收政策，调整由市场经济所引起的收入分配不合理现象，实现公平分配，并认为这是实现经济人道主义的主要途径。为此，他们主张应通过国民收入的再分配实施社会福利措施，同时，他们也强调不能全面实施社会福利政策，因为其结果必然会破坏自由竞争。⑤国家还应对整个国民经济的发展必不可少、而私人资本又无法经营或不愿经营的一些社会性事业进行有效的投资或经营。

总之，在实现自由竞争和国家干预有机结合的情况下，既充分发挥市场机制的作用，又使得这种体制具有“社会”的性质。所以，弗莱堡学派认为，社会市场经济是具有“社会化”明确方向的市场经济，是国家通过各种社会立法和社会政策的措施予以保障“经济人道主义”的理想体制。

## 二、货币主义的政府经济行为理论

货币主义是20世纪60年代初在美国兴起的一个经济学派。该学派领袖人物弗里德曼维护资本主义自由市场经济，笃信最为理想的经济制度应遵循自由市场的古老法则，因而成为经济学中自由放任思想不遗余力的鼓吹者和捍卫者。

货币主义的兴起与第二次世界大战后资本主义各国的经济形势变化有着极为密切的关系。第二次世界大战后，凯恩斯主义的扩张性财政政策和货币政策虽然对于刺激资本主义发展、缓和经济危机起了很大的作用，但同时也引起了长期持续的通货膨胀。到20世纪60年代后期，美国的通货膨胀急剧发展，到70年代初，出现了经济停滞和通货膨胀并发的“滞涨”状态。正是在这一背景下，货币主义在美英等国异军突起。他们打着现代货币数量说的旗号，认为资本主义体系之所以不稳，是货币受到扰乱。货币最为重要，是支配资本主义生产、就业和物价变量的唯一重要因素，主张采取控制货币数量的金融政策以消除通货膨胀，保证经济的正常发展。除此之外，不需要政府干预私人经济，应让市场机制完全地、充分地发挥作用，资本主义体系本身是可以稳定的。货币主义学派以此与凯恩斯主义相抗衡，并自称是凯恩斯革命的反革命。

### （一）货币主义的基本理论

货币主义把货币数量看作是影响社会经济生活的最重要因素，其理论基础是现代货币数量论，是建立在对传统货币数量论的修正基础上的。传统货币数量论认为，在其他条件不变的情况下，一国物价水平的高低和货币价值的大小是由该国的货币数量决定的。货币数量增加，物价则随之提高，货币价值则随之降低；反之，则相反。到20世纪初，货币数量论有新的发展，其主要特征是引入数学工具，用数学公式对货币数量论的基本理论进行描述。

现代货币数量论与凯恩斯货币理论的主要区别是：凯恩斯着重把货币看作债券的相近替代物，认为利息率的变动将影响人们在货币与债券之间选择保存财富的形式，从而确定人们对货币的需求。现代货币数量论则认为货币不仅是债券的相近替代物，同时还是其他金融资产和物质资产的相近替代物。人们不仅要根据利率的变动在货币和债券间进行选择，同时人们对货币的选择还将受到预期股票的收益和预期的房屋、耐用消费品等价格变动的影响。

因此，现代货币数量论认为货币需求的利率弹性是较低的。凯恩斯主义强调利率在货币传导机制中的作用，认为货币供给量的变化首先影响利息率，然后通过利息率影响投资，进而引起国民收入的变动。而弗里德曼认为利息率在传导机制中的作用微小，货币需求是相对稳定的，货币供给量的变动将直接影响人们的支出水平，从而直接影响名义国民收入水平。

弗里德曼认为当货币当局的货币供给量增加时，短期内名义收入的增加可以部分地表现为产量的增加和失业的减少，部分地表现为物价的上涨。但长期内名义收入的增加只能全部表现为物价上涨，此时失业率不仅不会降低，甚至还会和物价同时上升。因此，货币当局企图通过增加货币供给来增加产量、减少失业是不可能的。

弗里德曼还认为，货币供应量的增加是通货膨胀和经济活动发生波动的最根本的决定性因素。他认为通货膨胀随时随地都是一种货币现象，亦就是如果货币的增长快于产量的增加，就会发生通货膨胀；如果政府开支是通过印发货币或银行信贷取得的，并且导致货币增长率超过了产量增长率，那么，政府的财政政策是通货膨胀政策。

（二）货币主义的政府经济行为论点

货币主义对于政府经济行为的规定是建立在货币主义的基本理论之上的，它反对国家过多地干预经济，鼓吹经济自由是货币主义经济政策主张的基调。货币主义者认为，社会应保证每个人都能自由地追求个人利益，市场自发力量使经济自然而然地趋向均衡，实现资源的最佳配置。第二次世界大战后资本主义社会经济的大的波动大多是由于政府采取了错误的财政政策造成的。原因在于：①由于政治上和实践上的困难，财政政策往往难以奏效。首先，政府增减开支的方案通常需要通过旷日持久的讨论，最终会贻误时机。其次，即使方案通过，在具体实践中也会遇上种种困难，比如减税容易增税难，增加政府开支容易，减少政府开支却困难重重等状况。最后必然导致财政赤字日益加大，通货膨胀日益加深，社会经济更加不稳定。②财政政策发挥作用会有一个时滞，如扩张性的政策需经过一段时间才能真正地增加社会总需求。这种政策实施中的时滞容易产生政策错位，使经济更加动荡。③财政政策中的“挤出效应”也会阻碍财政政策效用的发挥。在货币供给量不变的条件下，政府开支增加必然使私人开支减少的“挤出效应”会在很大程度上抵消财政支出的扩张效应。为避免这一问题，要增加政府开支就必须增加货币数量，从而带来通货膨胀。

弗里德曼认为“滞胀”是“政府庞大化的产物”。他认为，通货膨胀速度的快慢对就业毫无影响。只要不过多干涉经济的自由运转，政府的职责限制在制定必要的规章制度和仲裁经济纠纷，自由市场机制就能够恢复充分就业。影响就业的不是通货膨胀的绝对水平，而是通货膨胀的多变和不稳定性，它妨碍了实际价格的调整和准确预测数据，降低了市场经济制度对资源分配的效率，这些都将对失业和就业的变化发生影响。所以，政府只需实行“单一规则”的货币政策，即排除利息率、汇率、物价水平等因素，以一定的货币存量作为唯一支配因素，控制货币数量的增长，使之与生产的增长幅度相适应，充分发挥自由市场的自发调节作用，就既能防止或抑制通货膨胀，又能使经济增长得到必要的货币供应，并扩大就业。由此可见，货币主义在政府经济行为方面，基本上回到了亚当·斯密那里，只是在市场经济有了较大发展的情况下，货币变量对经济运行的作用日益重要，所以，货币主义承认政府控制货币数量的行为是必需的、唯一的。

弗里德曼认为政府仅仅在下列职能上才是必要的：①判定、解释并强制执行“竞赛规则”，其中最重要的是财产权制度；②提供货币机构，其中最重要的是控制货币数量；③对抗技术垄断，促进竞争；④从事产生所谓“邻近影响”的公共事业，如城市中的路灯；⑤补充私人慈善事业和私人家庭对特殊人群的照顾。在弗里德曼看来，除了上述职能外，其他一系列活动都“看不出有任何正确理由来从事”。

## 三、理性预期学派的政府经济理论

在20世纪70年代，资本主义各国都陷入了严重通货膨胀、大量失业和经济停滞的困境，第二次世界大战后流行了多年的凯恩斯主义理论和政策发生了危机，与凯恩斯主义相对立的货币主义理论和政策在扭转停滞膨胀局面上并未发生神效。正是在这种历史背景下，20世纪70年代中期理性预期学派在美国兴起。

### （一）理性预期学派的核心思想

理性预期学派认为，人是理性的，总在追求个人利益的最大化。由于经济变量的未来情况事关自己的选择和利益，个人会调用自己的智力和资源，对它进行尽可能准确的推测。人们会充分利用一切可用的、可得的信息，按照自己的认识和经验，对经济变量的未来情况作出预期。由于理性预期的作用，市场机制能确保充分就业均衡，政府干预经济的政策要么归于无效，要么加剧经济波动，是不必要的，因此，得出了古典自由主义学派式的结论：国家不会比个人或企业做得更好，自由市场竞争机制仍然是经济发展的最好机制。

这一学派的代表人物是美国芝加哥大学教授卢卡斯，他以经济人的理性行为和理性预期假设为前提和立论基础，用货币周期模型论证和说明了经济波动的原因，并得出凯恩斯主义政策无效、无须政府干预经济的结论。他强调经济政策的稳定性和连续性，从而在宏观经济学领域引发了一场“理性预期革命”。

理性预期理论并不排除现实经济生活中的不确定因素，也不排斥不确定因素的随机变化会干扰人们预期的形成，使人们的预期值偏离其预测变量的实际值。但是，它强调一旦人们发现错误就会立即作出正确反应，纠正预期中的失误。因此人们在预测未来时绝不会犯系统性的错误。

从理性预期概念出发，理性预期学派提出了自己的宏观经济学理论。他们认为凯恩斯主义的根本错误在于三个基本理论前提的错误：一是违背了经济学理论的假设——人是有理性的，因而忽略了人们在认识实践中产生的理性预期对经济的巨大影响作用；二是错误地假设供给是有无限弹性的，片面夸大了需求管理的作用；三是错误地认为现代资本主义条件下各类价格不再是完全可以浮动的，否认了自由市场的完善性。理性预期学派认为在错误的前提下凯恩斯主义的宏观经济模型必定是错误的，不能用来制定和评价经济政策。理性预期学派认为，人们对经济未来变化的预期总是尽可能最有效地利用现在所有可以被利用的信息，而不是仅仅依靠过去的经验和经济的变化，用这种理性的分析来建立新的宏观经济模型，表示经济主体会注意到政策的变化，据此改变他们的决策，以便充分利用一项新的政策产生出来的任何有利机会。

### （二）理性预期学派的政策主张

理性预期学派把古典和新古典经济学的微观经济分析方法引入宏观经济学中，建立了理性预期的宏观的“中性货币”论、浮动价格论、产品和就业论、经济周期论，说明通过市场机制的自动调节也能达到宏观经济的均衡，指出在任何情况下政府的宏观经济干预都是无效的。

1. 通货膨胀政策无效论。理性预期学派认为，经济当事人在成功地了解经济状况的过程中，有能力预期到需求管理政策的效果，他们在保护自己实际利益的同时会使这种政策对产量这样的实际变量完全没有影响。凯恩斯早期的某些追随者曾提出“货币不重要”，货币主义学派则认为“货币最重要”，认为货币政策是最有效的政策，主张“单一规则”。理性预期学派则持“货币中性”的观点，认为货币对社会经济的运行只起流通手段和计价单位的作用，不起其他能动的影响，货币政策仅仅影响名义变量，如价格水平和通货膨胀率，而不会或极少对实际变量如产量和就业发生影响。因此，通货膨胀政策不会有实际效果。他们还认为，甚至通货膨胀政策在宣布和实施之前，理性的经济当事人就可以正确地预期到它将出台，这就更加强了这种政策的无效性。他们建议政府最好是制定一些可公开宣布并且保证长期执行的经济政策，这样会比较容易得到人们的信赖，从而有效地解除他们的各种预防措施，并引导他们自动地作出与政策相适应的调整。

2. 紧缩货币政策的无就业和产量成本论。按照凯恩斯主义和货币主义的经济理论，实行紧缩政策降低或消除通货膨胀，就必须牺牲掉一部分产量和就业。但理性预期学派认为，实行紧缩政策不一定要有产量和就业损失的成本。不过，理性预期学派的经济学家又指出，只有信誉良好的紧缩政策才能使产量和就业的成本极小，否则，虽然政府宣布了它的紧缩政策，但经济当事人根据自己的经验也不会相信，那么紧缩政策仍然是要付出产量和就业缩小方面的成本的。

由此可见，理性预期学派认为，在市场经济条件下，各经济部门是按照预期价格安排生产的。一般而言，由于经济部门作为整体看是有理性的，因而其预期都是与实际相一致的理性预期，经济一定处于自然水平之上。即使经济部门作出错误的预期，由此形成的供给或产量会偏离自然水平，但由于得不到预期的利润率，经济部门就会削减过高预期带来的过高供给或产量。这样，经济也会恢复到自然水平。因此，理性预期学派认为，市场经济具有自然均衡的能力，国家不必干预经济，宏观经济政策是无效的。

## 四、供给学派的政府经济行为理论

供给学派是 20 世纪 70 年代中期兴起的新自由主义的一个流派。它侧重供给经济分析，反对凯恩斯主义的国家全面干预。他们认为，正是凯恩斯主义过分强调需求，造成需求过度膨胀，供给过度衰退，才是导致美国经济“滞胀”、经济衰退的根本原因。因此他们主张把注意力集中在供给方面，提出资本积累、技术进步和生产率增长的重要性，从而迎合了当时的潮流，得到了里根政府的采纳，以致供给学派的理论在不少场合被称为“里根经济学”。

### （一）供给学派的理论基础

供给学派的理论基础是“供给会自动创造自己的需求”的萨伊定律，把注意力集中在供给、刺激能力或资本投资方面，使他们首先关心各个生产者的动机和刺激，把注意力再次集中于生产手段。供给学派复活了萨伊定律，但并不是简单地、机械地全盘照搬，而是对萨伊定律进行了具体分析，对其中的某些观点进行了批判，结合了一些新的条件，赋予了一些新的内容：一是否定了萨伊定律关于完全竞争的假设条件，认为资本主义企业的中心活动是一种企业兼并过程，完全竞争的假设不现实，供给学派侧重于供给分析方法，则是以不完全竞争为假设条件的。二是否定了萨伊定律的“供求均衡论”，强调了现代资本主义经济的非均衡性。供给学派关于供给不足的分析方法，表明了他们是持有供求不均衡思想的。三是批评了国家对经济的过度干预导致市场机制失灵爆发了生产过剩，同时又批评了萨伊定律过分夸大市场机制调节作用的观点，指出市场机制调节的局限性，肯定了政府适当干预经济的必要性。他们认为，在政府已干预经济并造成供求不平衡、供给不足的情况下，市场机制的作用无法正常发挥，不能自动调节供求趋于平衡，因而必须通过政府的某些干预措施来刺激供给，促使供求实现平衡。

### （二）供给学派的政府经济行为主张

供给学派认为，生产的增长决定于劳动力和资本等生产要素的供给和有效利用。个人提供生产要素和企业从事经营活动都是为了谋取报酬，对报酬的刺激能够影响人们的经济行为。自由市场会自动调节生产要素的供给和利用，应当消除阻碍市场调节的因素。供给学派的主要代表人物之一拉弗把供给经济学解释为：提供一套基于个人和企业刺激的分析结构。人们随着刺激而改变行为，为积极性刺激所吸引，而面对消极性刺激就回避。政府在这一结构中的任务在于使用其职能去改变刺激以影响社会行为。

供给学派着重分析税制对生产要素供给和利用的效果。他们指出，经济主体从事经营活动所关心的并不是获得的报酬或利润总额，而是减去各种纳税后的报酬或利润净额。在累进税制条件下，边际税率又是关键因素。因为经济主体是否多做工作，或增加储蓄和投资，要看按边际税率纳税后增加的净报酬是否合算。他们认为税率影响经济主体行为是通过相对价格变化实现的，税率提高，纳税后净报酬减少。就劳动力看，这意味着休闲对做工的价格下降，人们就会选择休闲而不去做工，劳动力供给就会减少。就资本而言，这意味着消费对储蓄和投资的价格下降，人们就乐意把收入用作消费而不用作储蓄和投资，资本供给就会减少。此外，经济主体为了逃避高税率，还会把经济活动从市场转入地下。这些都会使生产要素供给减少，利用效率降低，使生产下降。

供给学派进而分析税率与税收的关系。因为税收是税率与税收基础的乘积，税率变动既然影响生产，就必然影响税收。拉弗首次把税率与税收的关系制成模型，画在直角坐标图上，这就是以拉弗命名的拉弗曲线。

拉弗等提出减税特别是降低边际税率能促进生产增长，并可抑制通货膨胀。他们宣扬正是高税率挫伤了人们的劳动热情，阻碍了个人和企业储蓄与投资。这就必然导致生产率增长缓慢、生产呆滞，出现商品供给不足、物价上涨。这时再加上人为地扩大需求，通货膨胀势必加剧。通货膨胀又使储蓄和投资进一步萎缩，生产更加呆滞；还使纳税人升进高税率等级，而实际收入并未增加，纳税负担因而更重。而减税则能刺激人们多工作，更能刺激个人储蓄和企业投资，从而大大促进经济增长，并可抑制通货膨胀。他们还宣称，减税后政府税收不致减少，还会增多。即使出现财政赤字，对经济也无关紧要。经济增长后，赤字自然便会缩小和消失。

此外，供给学派认为，政府支出不论是公共支出还是转移支付，都或多或少起着阻碍生产的作用。公共支出中有些是浪费资源，有些虽然对经济有益，但效率很低。因此，他们主张大量削减社会支出，停办不必要的社会保险和福利计划，降低津贴和补助金额，严格限制领受条件。

供给学派对美国政府的经济政策影响很大。1981 年，新上台的里根总统提出的“经济复兴计划”开头就声明，他的计划与过去美国政府以需求学派为指导思想的政策彻底决裂，改以供给学派理论为依据。1985 年，里根总统在第二任期开始时宣称，他将继续实施并扩大原定计划。但事实上，美国经济并没有像计划所预期的那样顺利发展。

## 第四节　新凯恩斯主义对政府干预理论的修复和发展

20 世纪 80 年代末 90 年代初，对于西方国家普遍发生的经济衰退及持续的高失业率，新自由主义理论显得力不从心。在此背景下，政府经济干预理论东山再起，其标志是新凯恩斯主义的发展，其政府干预政策成为克林顿政府经济学的基础。

### 一、新凯恩斯主义理论的缘起

20 世纪 70 年代中期西方经济出现“滞胀”以后，长期占据经济学主流地位的凯恩斯主义受到了来自不同流派的攻击。新自由主义不但对凯恩斯主义进行了全面的批判，而且一度取代凯恩斯主义而成为备受瞩目的“官方经济学”。虽然新自由主义很快衰落，但它对凯恩斯主义的不少批评是合理的，揭示了凯恩斯主义的真正缺陷和致命弱点。

为了摆脱理论和现实上的困境，20 世纪 80 年代，凯恩斯主义阵营里出现了一个新的学派——新凯恩斯学派。它的主要成员有：哈佛大学的格雷戈里·曼昆和拉里·萨墨斯，麻省理工学院的奥利维尔·布兰查德和朱利奥·罗泰姆伯格，斯坦福大学的约瑟夫·斯蒂格利茨，以及哥伦比亚大学的艾德蒙·费尔普斯等人。他们一方面坚持凯恩斯主义的基本信条，另一方面又突破凯恩斯主义的某些旧框框，吸收和借鉴了包括新古典宏观学派在内的其他流派的理论观点和分析方法。新凯恩斯主义的青年经济学家们刻意求新，建立起复杂的数学模型，以一种严谨的形式，建造了凯恩斯主义宏观经济学的微观基础，弥补了传统凯恩斯主义的一些缺陷，丰富和发展了现代宏观经济学。

新凯恩斯学派对凯恩斯主义的继承表现在：首先，新凯恩斯学派坚持市场非连续出清假设，认为当市场上出现需求冲击（或供给冲击）以后，工资和价格不能迅速调整到使市场出清，缓慢的工资和价格调整使经济回到实际产量等于正常产量状态需要一个很长的过程，经济中存在着显著的周期性波动。其次，新凯恩斯学派继承了凯恩斯主义的有效需求不足论和宏观经济政策有效论，主张政府干预经济活动。最后，新凯恩斯学派认为非自愿失业是现实存在的，资本主义体系不可能自行达到充分就业状态，劳动市场上经常存在着超额劳动供给，这与凯恩斯主义也是一脉相承的。但新凯恩斯学派并不是凯恩斯主义的简单回归，而是对传统凯恩斯主义进行的修复和发展，尤其是吸收了新自由主义的一些研究成果，并将传统微观经济学的经济人假设纳入了宏观经济分析，建立了凯恩斯主义总供给理论和凯恩斯主义宏观经济学的微观基础。

## 二、新凯恩斯主义理论的主要内容

新凯恩斯主义经济学家们用工资黏性和价格黏性代替原凯恩斯主义的工资刚性和价格刚性的概念。并且，作为对凯恩斯主义的理论突破，他们始终坚持从单个经济当事人各自追求最大经济利益的行为及其相互作用出发，来解释工资黏性和价格黏性形成的微观方面的原因和机制。新凯恩斯学派建立了很多模型来解释价格黏性形成的微观经济机理。这些众多的模型包括劳动市场模型、商品市场模型、资本市场模型和经济周期模型等。它们具有一个共同的特征，就是它们都是从单个经济主体的经济行为及其相互作用的过程和结果的分析中去寻找价格黏性形成的原因和机制。新凯恩斯学派对工资和价格黏性的分析，构成了他们重建凯恩斯主义的微观基础的主要内容。它克服了凯恩斯主义在考察工资刚性和失业问题时几乎不讨论劳动市场从而使凯恩斯理论缺乏微观基础的弱点，高度重视劳动市场问题，多侧面地探讨了工资黏性和失业的原因，在理性经济人追求自身利益最大化假设和理性预期假说的基础上，提出隐含合同论、失业滞后论和效率工资等新的劳动理论，阐释劳动市场失灵，较好地解释了“滞胀”现象。新凯恩斯学派运用价格黏性理论分析了产品市场非连续出清的形成机制，建立了产品市场模型，说明了厂商定价行为和消费者心理因素及其行为对价格黏性的影响，较好地解释了产品市场非均衡现象。在此基础上，提出以下政策主张：

（1）价格政策。新凯恩斯主义者的价格政策建议的主旨是抑制价格黏性，使价格富有弹性，以修复失灵的市场机制，稳定总产量。主张通过政策干预去协调经济人的行为，纠正市场失灵。

（2）就业政策。新凯恩斯主义的劳动工资理论，在微观经济学基础上阐释了工资黏性和失业问题，并提出若干关于工资就业的政策。这些政策建议主要集中于局内—局外人理论和交错劳动合同论等理论。新凯恩斯主义的就业政策侧重于增加工资弹性，减少失业，其政策思路是合理的，但带有较强的理想色彩，具体实施起来有一定的难度。由政府出面干预劳动合同，在资本主义国家中缺乏可行性。

（3）货币政策和信贷政策。新凯恩斯主义者认为，为了实现稳定产出的目标，政府应当将货币市场的调整与影响价格的实际扰动相适应，与引起价格变动的名义扰动反向行事。新凯恩斯主义的信贷政策建议是：政府从社会福利最大化出发，利用贷款补贴或提供信贷担保等手段去降低市场利率，使那些有社会效益的项目能够获得贷款。

新凯恩斯学派通过对凯恩斯主义的发展和完善，对现代宏观经济学产生了深远的影响，具体表现在以下几个方面：

第一，新凯恩斯学派从理论上进一步明确了现代宏观经济学的发展方向，充实了现代宏观经济学的理论内容。作为对凯恩斯主义经济理论的重要发展和贡献，新凯恩斯学派在重塑宏观经济学的微观基础方面取得了丰富的研究成果，使宏、微观经济学之间开始出现内在的一致性和相容性。新凯恩斯学派认真对待各学派对凯恩斯主义的批评，对凯恩斯主义的理论进行了深刻的反省，同时吸纳并融合各学派的精华和有用的概念、观点，有批判地继承、发展了凯恩斯主义，极大地充实了现代宏观经济学的理论内容。

第二，新凯恩斯学派在经济研究中能够综合运用不同学派的分析方法，丰富了现代宏观经济学的方法论。新凯恩斯学派引入了新古典宏观学派的“理性预期假设”及相关分析方法，突出预期在经济模型中的作用，将预期作为一个内生变量包含在模型的分析范围之中。另外，新凯恩斯学派还引入了不完全信息假定和长期与短期相结合的分析方法，丰富了现代宏观经济学的方法论。

第三，新凯恩斯学派通过政策主张的调整，使宏观经济政策面向实际，注重经验检验。新古典宏观学派过于追求理论结构和分析方法的完美性，忽略经验检验。相对于新古典宏观学派过于沉湎于超脱现实的抽象理论思辨和分析来说，新凯恩斯学派的假设、分析和结论更具现实感。新凯恩斯学派突破凯恩斯主义只强调财政政策而忽视货币政策的旧框框，吸收现代货币主义的部分观点，把货币政策与财政政策放到同等重要的地位，将适当的总需求水平与最佳的财政—货币政策相结合。新凯恩斯学派针对资本主义的经济现实，调整政策主张，使宏观经济政策具有可行性，这对阻止现代宏观经济学脱离实际、纯学术化很有帮助。

综合回顾本章内容可作如下小结：

一般地把强调市场机制的有效性，反对政府干预经济生活的理论及政策主张称为经济自由主义；把强调市场机制缺陷，主张通过政府干预经济生活，以弥补市场不足的理论及政策主张称为国家干预主义。

从本章国家干预主义和经济自由主义发展的演进历史来看，不同历史时期各个国家的经济发展状况决定了它们交替发展。总体上看，当经济比较稳定、经济危机和失业不十分严重的时候，自由主义容易抬头；相反，当经济危机和失业严重的时候，政府干预经济的理论和政策主张往往会获得大量的拥护者。而到现代，两者发展日益呈现融合趋势。国家干预主义逐渐承认市场机制的有效性，注意把宏观政策与市场机制有机地结合起来；而经济自由主义则逐步由彻底的自由放任向承认国家适当干预的合理性转变。目前西方发达国家在发展市场经济中均以市场机制为基础，并且在不同程度上重视国家干预的辅助作用。国家干预主义和经济自由主义日益融合，可以说，各学派的区别不再是要不要国家干预的问题，而是在多大程度上发挥国家的作用，国家对经济如何干预，以及在多大程度上和如何发挥市场机制的自发调节作用。

## 思考题

1. 政府与市场理论演变的历史脉络及其规律是怎样的？
2. 自由主义及新自由主义学派的理论主张的合理性与局限性分别是什么？
3. 凯恩斯主义的理论核心及政策主张是什么？
4. 如何理解现代经济社会运行中政府干预和市场机制的融合？

# 第四章

# 政府的经济职能

在现代经济中，市场是最主要的资源配置手段，但因为市场机制存在着竞争失效、公共产品供给缺位、外部性、信息不完全、合成谬误等方面的问题，决定了政府介入、干预、调控经济的必要性。政府的经济职能主要表现在：政府要做好提供公共物品的工作，以保证整个国民经济有良好的“硬件条件”；政府要建立良好的经济制度和具体的运行体制，为经济的发展创造良好的“软件条件”；政府要通过收入政策、税收政策和其他相关政策，努力缩小地区之间、城乡之间居民收入水平的差距，确保良好的社会环境。

## 第一节　建立正常的市场秩序

政府对市场的介入是从维护市场而不是取代市场的角度出发的。“国家在经济与社会发展中的中心地位，不是作为增长的直接提供者，而是作为合作者、催化剂和促进者而体现出来的”①。建立正常的市场秩序是政府的重要经济职能之一，主要体现在以下方面。

### 一、限制垄断

通过政府权力的介入，解决不完全竞争市场条件下所造成的资源配置不合理、经济效率低下等问题。一般来讲，政府可以采取三种手段解决垄断这一市场缺陷问题：

第一种手段是利用国家权力，通过税收和财政补贴来矫正由于垄断所造成的资源浪费。垄断条件下，产品的价格高于正常水平而产量低于正常水平，资源利用不足。政府可以对垄断厂商给予补贴，鼓励它们把产量扩大到生产

① 世界银行：1997 年世界发展报告。

可能性的边缘。政府也可以采取给消费者补贴和对垄断生产者征税相结合的办法来引导垄断厂商把产量扩大到竞争条件下的水平，这同时还可为社会提供一笔税收净收入。这类措施主要是针对那些垄断现象不可避免的行业而制定的。

第二种手段是政府对出现垄断的行业进行直接管理。这主要适用于出现自然垄断的行业。这些行业中降低生产成本的要求自然导致了生产规模的扩大，而且不像其他行业，当生产规模扩大到一定程度，产品的边际成本就会递增。自然垄断行业中，生产规模的扩大一直伴随着边际成本的降低。自然垄断是规模经济的自然结果，供电、供水、通信、交通等公共部门都可能产生自然垄断。在这类行业中，只要存在着自由竞争的环境，由于其产品的边际成本一直随着生产规模的扩大而递减，规模大的企业在成本上便占有优势。最后往往是规模大的企业战胜规模小的企业，一直到独家垄断出现为止。

自然垄断的存在具有经济上的合理性。在上述行业中，垄断厂商的出现不可避免。这种经济合理性使得在这些行业中只有维持独家垄断，才可能保证消费者享受最低价格的产品。因而对这些行业中的垄断行为不是取消，而是保留，在保留的同时采取措施，防止厂商利用自己的垄断地位攫取暴利。从某种意义上讲，政府要保护这类厂商的垄断地位。由于高利润的吸引，一个行业尽管已经形成自然垄断，仍然会有新的厂商尝试进入。如果有新的厂商加入，为了与垄断厂商竞争，它们可能会率先压低自己产品的价格。由于该行业产品的价格已经达到最低，新进入的厂商实际上是以低于平均成本的标准来确定产品的价格，亏损经营的可能性极大。竞争者的价格策略迫使垄断厂商也降低产品价格，从而也面临亏损的危险。长此下去，必然两败俱伤。

自然垄断行业的经营包含大量的固定资本，一次性投资规模很大，后续投资较少。比如，建设电力公司、建电站、架设电网的投资都很大，一旦建成送电以后，只需燃料和维修等少量费用。生产开始以后，边际成本低于包含了固定资本投资的平均成本。电力的价格不能以边际成本为依据，而要以平均成本为依据。但是如果有竞争者加入，由于产品的差别小，竞争各方极有可能开展价格竞争。长期下去，各方都无法回收固定资本的投资，结果也是两败俱伤。这就是所谓“毁灭性竞争”。出现这种竞争并不是好事。尽管消费者可能从厂商竞相削价中受益，但代价是生产者亏损。从社会整体的角度看，社会总福利并没有因此而增加。这种毁灭性竞争持续下去，迟早会引起竞争双方厂商的垮台，结果造成该类产品的短缺，对社会反而不利。

从这一点出发，政府对自然垄断行业实行某种程度的保护就是必要的了。

政府可以人为地设置一些进入壁垒，限制新的厂商进入某些行业，以维持自然垄断。与此同时，政府还要对垄断厂商加以管制，防止它们利用其垄断地位攫取超额利润。政府可以向垄断企业征税，把一部分垄断利润转移到国家手中。在这种税制下，垄断价格越高，纳税就越多。这种办法可以迫使垄断企业把产品的价格降下来。政府还可以对价格进行管制，强迫垄断企业把价格维持在与边际成本一致的水平上。政府也可以命令垄断厂商把产量增加到生产成本与边际成本相等的有效产量。最直接的管制办法是国有化，由政府直接控制自然垄断行业的企业。实行市场经济体制的大多数国家对公共事业部门不同程度地实行国有化政策，不允许私人进入这类行业，产品的产量和价格直接由国家控制。

第三种手段是政府对垄断的形成加以限制。其目的是恢复竞争，主要适用于竞争与垄断同时存在的行业，比如汽车、石油、钢铁等制造业。

政府的主要措施是实行反垄断法规，废除阻碍竞争的立法，把某些已成为垄断性的行业恢复为竞争性行业。针对垄断的形成，政府的反垄断措施首先是限制企业的规模。在一个行业中规定厂商的最少数目，当某个行业中厂商的规模过大、厂商数目过少、形成寡头垄断或独家垄断使生产能力和消费者福利均受到损失时，强制垄断厂商解散或分解自己的公司。同时，为了预防这种现象的产生，政府还可以对厂商之间的兼并加以限制，限制同行业企业的横向兼并，限制“上游”企业与“下游”企业的纵向兼并，避免巨型公司的出现。其次是限制垄断组织的形成，不允许大企业之间建立同盟。各种反托拉斯法、反卡特尔法的出台就是针对垄断企业之间的合谋，不允许它们在价格和产量上进行合谋而左右市场。比如，“关于出售产品的价格不低于某个水平的协定”“关于生产或销售产品不得超过某个数量的协定”“按事先确定的份额分享市场的协定”等都在被禁止之列。美国自 1890 年颁布《谢尔曼法》之后，先后出台了一系列反垄断法规，对垄断行为进行管制，在相当程度上限制了垄断，保护了市场的竞争。

政府限制垄断的目标是达到使“生产者不通过限制产量、提高产品价格的方法剥削消费者”。通过政府的宏观调控手段，使垄断的存在不会对消费者和市场机制造成破坏，但这并非易事。

首先，通过税收和补贴的方式矫正垄断造成的资源浪费时，会遇到难以准确计算税收和补贴的适当数额的问题。一方面，税收部门缺乏计算的依据；另一方面，政府也没有准确数据的保障。这就使得税收和补贴相结合的办法往往不能准确地发挥效力。

其次，政府在对垄断企业进行价格管制时可能遇到这样的情况，即生产者可以通过降低产品质量的办法减少成本，这样在价格不变的情况下仍可以获得超额利润。价格管制还会导致企业失去技术创新动力。一般情况下，政府定价时把价格确定在企业抵消生产成本之后的“正常”赢利水平，就是边际成本等于平均成本的水平。在这个过程中，如果企业进行技术革新，降低生产成本，追求较高利润，政府则可能随之把商品定价降下来，使企业的利润又回到原来的“正常”赢利水平。这样的结果促使企业不会去选择主动降低生产成本的技术革新。

最后，自然垄断行业实行国有化以后，面临的主要困难是利润动机与社会利益不一致。在市场经济的大背景下，国有垄断企业应该按市场原则经营，去追求生产利润的最大化。但由于其所处的垄断地位，有可能走向自然垄断条件下垄断厂商追求垄断利润的老路。如果国有垄断企业将为社会大众谋利益作为出发点，把产品的价格定在低于边际成本的水平，这样，它实际上是在亏损经营。即使亏损部分由国家补贴，或是国有垄断企业把价格定在平均成本的水平，“保本”经营，国有垄断企业也丧失了降低成本、提高效率的创新动机。

## 二、保护产权，克服外部性

外部性问题无法通过市场过程自动解决。市场活动基本是自愿交换行为，买卖双方通过议定的价格进行产品交换。交易双方之所以是自愿的，是因为双方均可以从交易中获利。但是发生外部性问题时，一方的行为对另一方造成损失后，受损一方无法通过自愿交易的方式向肇事者要求赔偿。除了上述技术上的原因，关键问题是缺乏权利关系上的依据。对于水、空气、阳光等资源类公共物品，每个人都有同等的享用权，但又都没有排他性的所有权。所以，每个人对公共物品的享用行为在市场状态下都缺乏约束。在这种行为倾向的影响下，每个人都追求个人利益最大化，其累加结果是公共财产枯竭，每个人都因此受到损失。外部性的困难在于受损一方难以向造成损失的一方索赔。比如说，在多数情况下，造成河水或空气污染的厂商或个人不止一个，作为受损一方的个人或厂商无力单独向这个群体收取费用或是补偿。即使能够收费，但确定谁是最严重的污染源和向各个污染源收取多少费用，也是很难确定的。以一方的效率造成另一方的非效率，这就是外部性问题的消极之处。

健全市场秩序，特别是从外部形成对市场主体行为的约束，避免无序行为，对于市场的正常运转来说，是至关重要的。从目前的社会结构来看，唯有政治权力可以担当起为市场建立秩序的任务。建立政治权威本来就是为了满足人们对于秩序的需要。人们之所以甘于服从一种权威，不管它是来自人格，还是出自组织，是因为人们希望在权威的保护下，建立起他们所认可的秩序，或者是希望通过奉献出自己的服从，换取他们所希望的秩序和稳定。即使是在市场经济条件下，人们同样有这样的需要，这就是政治权力介入市场的结构性理由和机会心理基础。

外部性是市场经济的一种后果，市场机制本身无力解决。幸好除了市场，人们还发明了其他社会机制，其中之一就是政府。外部性问题可以借助政府来解决。当双方无法通过市场实现交换，而又必须进行交换时，需要来自第三方的一种力量来推进这个交换过程。这种力量必须是双方都不得不服从的。从目前来看，能够担当这一使命的，多数情况下是公共权威机构。具体而言，是政府借助政治权力规定交易双方的权利、议定交易价格和强迫双方进行交易。比如：政府可以规定，造成污染的企业向受污染的地区支付赔偿；当受到外部影响的个人和企业无法准确辨认时，也可以由政府向污染源企业征收一笔费用，然后分别支付给受损失者。

政治权力介入的另一个优点是可以保护公共财产，避免因对公共财产的过度使用而造成公共财产的枯竭。上述案例中，如果政府是河流等自然资源的所有者，它就有权制止个人或企业使用河流。即使资源属于个人或企业，政府仍有权对个人或企业使用自己的资源进行某些限制。出于保护公共财产的需要，政府可以强制中止个人或企业的经济行为。这样，可以避免上述无法实现的交易过程的出现，从而避免外部性问题。对于公共财产因过度使用而枯竭的问题，当个人参与者之间无法通过契约达成使用协议时，可以诉诸公共权威机构，把这部分财产的使用权交给政府，由政府决定这部分公共财产的分配。政府可以控制公共财产的使用状况，比如控制上路的汽车数目，以避免拥挤现象的出现。通过政府的介入，可以保护公共物品，从而保证每个人都有从公共物品中受益的机会。

政府干预经济生活，保证每一个人对公共物品的权利，实际上是保护了公共利益。保护公共利益正是政治权力的基本出发点。从这一点上看，借助政治权力解决市场机制的外部性问题，既应对了市场的缺陷，又符合了政治权力的本性。

## 三、解决信息不对称

信息不对称是商品交换本身所造成的，市场机制难以完全克服，需要借助国家权力保护交易中处于信息劣势的一方。

从消费者的角度，政府采取措施，通过法规和政策强制生产者向消费者提供足够的商品信息。国家以法律的形式制定各种商品的质量标准。一种商品在上市之前，必须经过国家指定的检验部门的检验，取得国家颁发的质量合格证书。出于对国家的信任，消费者会大胆地购买商品，这实际上是一种政治信任。国家在这时以自己的信誉作为商品的质量保证，国家为消费者的不完全信息承担风险。为了确保在信息不完全情况下消费者的利益不受损失，政府规定生产者或商家必须对所出售的商品负责，因而就有了商品“包退、包换、包修”的“三包”制度。

国家制定保护消费者权益的法律，规定消费者有“安全保障的权利、获得正确信息的权利和选择商品的权利”。当消费者的这些权利受到损害时，比如受到虚假广告的欺骗时，可以依法追究厂商的责任。

信息不对称会出现逆向选择和道德风险。努力消除信息不对称带来的经济和社会影响，是政府的重要职责。

对于逆向选择，解决的基本思路是让消费者在交易之前了解足够的关于商品的信息，从而形成一种机制，使厂商能够自我约束，降低买方信息的不完全程度。这大体上有以下几种办法：

一是对产品的性能、用途和质量等通过说明书、合格证、包装和广告向消费者作详尽而明了的说明，加强商品信息的公开性。

二是采用标准化的生产方式和销售服务，确保消费者无论在何时何地都能得到同样质量和性能的产品。比如，有的世界性产品在全球有几千家连锁店，顾客无论在哪一家店购买，质量都是一样的。

三是加强产品的防伪措施，通过使用特殊的包装材料或防伪商标等途径，使消费者能容易地辨认真伪。这样既保护了企业产品不被仿制，也维护了消费者的利益。

四是通过契约来引导和强制卖方披露对买方至关重要的信息。这种办法普遍出现在劳动力、房地产等类型的交易中。

对于道德风险问题，解决的基本思路是设法监督买方的行为。在实行退换制度和售后服务时，厂商对消费者使用商品的方法和程序进行严格的规定，把因消费者使用不当而造成的商品损坏排除在退换制度和售后服务之外。

在保险类行业中，除了严格理赔范围之外，还附有细致的审查制度，以防止投保人的欺诈行为。在委托—代理关系中，则是通过契约把代理人的行为控制在不损害委托人利益的范围内。与解决逆向选择问题不同，对于道德风险问题，除了监督之外，还引入了“激励”这一手段。买方信息的不完全之所以被称为道德风险，是因为卖方对买方的行为在事后没有有力的监督手段，只能寄希望于买方的道德良心。为了避免道德风险，卖方可以采取各种奖励措施，鼓励买方按道德原则行事。这种办法在委托—代理关系中以及雇主与雇工之间的契约关系中经常使用。总之，应付道德风险问题的方法是消极限制和积极鼓励相结合，引导消费者或代理方不做有损于生产者或委托方的事。

## 第二节　确保良好的社会环境

政府的介入是对市场的保护，为市场的运行提供良好的社会环境。主要是指通过再分配等手段，实现社会公平；通过公共支出等方式，提供公共物品的生产；通过纠正合成谬误，保持宏观经济的稳定。

### 一、实现社会公平

通过市场机制自发地进行资源分配，会导致收入差距加大，造成一部分人的贫穷，造成社会成员间的两极分化。因此，依靠市场无力解决分配不公平问题，必须由政府介入。

政府实现公平的手段主要是通过再分配政策：一方面建立税收制度，包括累进制的所得税、遗产税、赠予税等，缩小贫富之间的收入和财产差压；另一方面通过失业救济、养老保险、医疗保险等社会保障和福利项目帮助处于困境中的人。

政府实现公平的另一个出发点是机会平等。人与人之间总是存在差距的，特别是每个人在天赋上不可能是完全相同的，这就使不同的人付出同样的努力，得到的结果也会不同，有时差距甚至会很大。这种差距本身是无可厚非的，但如果造成个人之间收入和财富的差距过大，也会导致人际间的冲突。另一个差距是条件上的，即使不同人在天赋上是接近的，但某个或某些人仍可能由于自身的某种或某些条件所限，天然处于不利的地位。条件上的差距对于个人来讲是外在的，凭自己的力量难以改变。条件上的差距也会导致个人之间在收入和财富上的差距。如果不加以限制，差距可能会加大。解决天赋和条件上不平等的必要途径是给予所有的参与者同样的发展机会，即实现机会均等。所谓机会均等，打个比方说就是，尽管“佃农的孩子绝不可能与亿万富翁的孩子有平等的机会成为总统，但可以制定有效制度，使佃农的孩子不会公然被排除在这场比赛之外”。

值得警惕的是，政府对经济生活的干预不管是对收入的再分配还是对经济的管制，都会造成垄断。一旦政府对社会经济生活行使权利，便会在市场体制中加入一种强制力量，所有的社会成员或团体不管处于何种社会地位，都必须服从政府的权力。在以市场为基础的社会经济领域，只要政府权力介入，不管是以哪一种形式，都会造成一种垄断权力。谁得到或接近这种权力，谁就能够享受到这种特权带来的好处。其结果一方面造成人们对政治权力的追求，甚至胜过对经济活动的兴趣，从而减少了社会活力最重要的来源——经济上的创造性活动；另一方面，政治权力的垄断性使经济效率的源泉——竞争机制受到破坏。

国家在寻求公平时所造成的另一种非效率被称为“漏桶效应”。为实现分配上的平等，各国大都实行国民收入的再分配。收入的再分配主要是通过税收和社会福利制度实现的。简单说来，就是政府从富人的收入中拿出一部分用于资助低收入的家庭。“然而，这项方案有一个无法解决的技术难题：这些钱必须通过一个漏桶从富人那儿传送给穷人。在转交过程中，一部分钱将会不翼而飞，所以穷人不会全部收到取自富人的钱”。在收入转移过程中，“不翼而飞”的那部分钱，一部分被用来支付政府收税和兴办社会福利事业时的行政管理费用，另一部分被这项收入再分配政策造成的生产积极性下降所消耗掉了。

为实现收入均等而实行的高税收和高福利政策对社会成员的生产积极性也有消极的影响。纳税是对个人收入的一种扣除。在发达社会，人们具有天生的逃税倾向，一旦实行高税收制，人们就会千方百计地设法减少纳税。其中最合法而又容易得到实惠的方式之一就是用“公”款消费，把个人的一部分消费记入生产成本。

由于用来再分配的是公共物品，所以难以避免“搭便车”问题：对于低收入者来说，在福利制度下，生活有了最低限度的保障。社会保障制度的实行，使得一个人即使不去工作，也不至于饿死。因而在西方出现了一种“懒汉现象”，有的人故意不去工作，靠政府救济生活。再有，由于社会救济制度的条款和程序的繁杂，难免出现漏洞。在有的西方国家，工作时反而比失业时得到的收入少，公民拿着失业救济出国旅游等现象也时有出现。这也是在分配制度上一种西方式的“大锅饭”。它使得西方国家中有人安于贫困、安于失业。这种再分配制度基本上也是非效率的。

## 二、提供公共物品

公共物品的非排他性使得公共物品的消费没有费用上的约束，其供给又缺乏利润的驱动。这表明对于公共物品的生产和经营，市场机制是无能为力的。为了保障公共物品的供给，使公共物品的生产和管理保持高效率，必须引入市场之外的力量。

首先，由政府承担公共物品生产的组织工作。公共物品在消费上和收益上的非排他性使得公共物品的生产者或拥有者无法向所有的受益者收取费用。比如国防事业，军队无法向所有的国家安全受益者收取费用，因为确定一个人是否从国防事业中受益以及他是否愿意受益十分困难。像这种只有投入而没有利润的事情，私人企业自然不会去做，只能依靠政府来承担。

其次，公共物品的分配和消费也由政府来管理。通常根据不同的公共物品的“公共”程度和其与市场的关联程度来确定它们被政府管理的程度。对于纯粹的公共物品，像基础教育、国防、治安等公共物品的占有和消费都具有非排他性，应该无偿提供，对所有人开放。政府同时通过税收向社会强制提取支付这类公共品生产的费用。另一些公共物品的提供则要由消费人数的多少确定，也即根据这些公共物品的使用是否“拥挤”来决定使用哪一种管理方法。比如，公路、桥梁、公园等公共场所，如果消费者不多，没有产生拥挤现象，增加一个消费者的边际成本几乎等于零，所以没有必要收取费用；但是当消费者很多，多到“拥挤”的程度时，就应该采取某种措施来限制消费，否则会由于过度消费而毁坏这些公共物品，同时也造成资源的浪费。

在拥挤的情况下，消费者增加所带来的边际成本会提高，消费上的排他性开始出现。这时可以采用三种方法对公共物品进行分配：第一种是定量配给，向所有合乎条件的人给予同等量的供应，不合乎条件者不能享用这些公共物品；第二种是让消费者按出现的先后顺序排队消费，愿意等候的人可以在自己的顺序上得到消费，不愿意等候的人可以退出对这些公共物品的消费；第三种方法是向消费者收费，无力支付或不愿意支付费用的人不能消费。这三种方法都把一部分人排除在公共物品的消费之外。由于这类公共物品的消费面临有限的消费容量与无限的消费规模之间的矛盾，政府不得不缩小这类公共物品的“公共”程度。因此有人把这类公共物品称为“准公共物品”。对准公共物品的消费只有政府划定范围之内的消费者可以得到，并且是定量的那一部分，或者只有付费者才能得到。

准公共物品具有私人物品的一些特性，比如排他性——只有那些具有某种资格或愿意付费的人才有权消费它们。但它又与私人物品不同，其消费没有对抗性。单个的有资格的消费者对准公共物品的消费不会影响或减少其他有资格的消费者对同一种准公共物品的消费。在有资格使用公共游泳池或付费后使用收费公路或桥梁的人不会影响同样的消费者使用它们。这就像一个俱乐部，会员可以享用俱乐部提供的服务，而非会员则不得进入。所以，有的人又把准公共物品称之为“俱乐部物品”。

对公共物品非排他性的限制是针对一部分社会成员的“搭便车”行为而设的。由于公共物品的非排他性，使得一个人不管是否为公共物品支付成本，都可以享受公共物品的收益。出于人的经济本性，个人会产生不支付成本也要消费公共物品的行为动机。如果这样的人增多，公共物品的来源就可能枯竭。为了保证公共物品的供给，不仅要利用国家权力强制收取费用（主要指各种税费），而且要由公共权威机构制定对各类公共物品的消费资格，使需要公共服务的消费者能够享有公共物品，把“搭便车”行为控制在最低程度。这样做的好处还在于可以为公共物品的供给提供足够的资源。

公共物品供给的另一个重要问题是如何确定供给量。在市场体系内，私人物品供给量的最优标准是该产品生产者的利润达到最大的同时，消费者的效用也达到最大。按经济学的术语称为“消费者个人的边际替代率等于生产者个人的边际转换率”。当然，这种均衡是以价格形态表现出来的。就公共物品而言，由于消费者不是一个人，而是所有的民众，适当的供给量应当是所有消费者个人的边际替代率的总和与生产者边际转换率相等。所不同的是，这时公共物品的价格不可能来自市场，因为有“搭便车”者存在，很少有人愿意以真实的边际替代率来支付公共物品的费用，所以必须由政府利用权力规定公共物品的价格，并由此确定公共物品的供应量。

公共物品由政府提供也会产生负面效果：一种表现是公共物品生产和经营的低效率。这种低效率的一个重要原因是政府无法克服“搭便车”现象。迄今为止，无论何种收费方法，都难以完全消除“搭便车”者的存在。其中主要的困难来自公共物品本身在消费时的非排他性。如果把公共物品变为私人物品，并制定一套制度，安排管理人员日夜监视它们的使用，就会由于成本过于高昂而无法实施。“搭便车”现象不可避免使得公共物品的收益无法与其支付紧密结合。这种脱离市场原则的生产如何做到高效率，目前还没有找到有效的途径。

## 三、维持宏观经济稳定

由于合成谬误的存在，现代市场经济都离不开宏观调控，无论是美国的“民主市场经济”还是日本的“国家市场经济”，或是德国的“社会市场经济”，都无一例外地把宏观调控与市场、企业、社会保障均视为其不可缺少的有机组成部分。我国社会主义市场经济的宏观调控，具体表现在以下几方面：

一是政府通过财政、货币、收入、分配等各项宏观经济政策对经济运行进行直接和间接的调控，保证比例协调，减少和消除通货膨胀和失业，实现总量均衡。

二是政府制定指导性的中、长期发展规划和计划，引导市场经济发展，克服市场的盲目性、滞后性、短期性等消极因素。

三是制定产业政策，对市场实施产业政策导向，扶植新兴产业和瓶颈产业的发展。

从实践来看，凯恩斯的国家干预使西方世界走出了20世纪30年代“大萧条”的梦魇。1998年以来，我国政府的积极财政政策和稳健的货币政策支撑我国经济顺利走过了亚洲金融危机的岁月，并且使GDP一直保持7%以上的增长率，成为世界经济的“一枝独秀”。

制定财政政策和货币政策要以国家的宏观目标和总体要求为主要依据，发挥财政政策的功能，促进经济增长、优化结构、调节收入，发挥货币政策的作用，保持币值稳定、货币供求总量的平衡。

## 四、促进转型国家市场制度的建立

转型国家中市场制度的建立不是一个自发的过程，需要政府积极培育和强制推行。政府介入的目的是为了避免转型过程中市场机制自发形成时造成的巨大社会代价，使市场机制得以顺利建立。政府的作用在这里主要体现为促进市场发育、建立统一市场、实现公平竞争等几个方面。

转型国家面临的现实首先是各类市场发育均不太好，商品市场、金融市场、劳动力市场、技术市场和信息市场等几种基本的市场成分需要政府积极培育。其次是打破地区和行业间的壁垒，促进生产要素的自由流动，形成统一的国内市场，在条件成熟的时候积极推进国内市场与国际市场的连接。最后是规范经济行为，确保公平的竞争环境。这需要取消非市场体制下的差别性政策，在地区之间、行业之间、企业之间实行同等待遇；强制推行公平交易和平等竞争，建立起规范的市场秩序；逐步放松对价格的控制，加速生产要素价格的市场化，建立起具有调节功能的价格机制。有效的政府可以通过提供良好的经济制度使市场繁荣、人民幸福。

政府发挥作用的另一个领域是道德规范。市场不仅是一种制度，还渗透在道德规范中。市场伦理不会自动生成，需要由国家把市场的逻辑强行灌输到民众的观念中。伦理经济的惯性使得人们的思想在转型过程中，存在许多与市场经济不一致的观念，需要政府在思想观念上为市场制度开辟道路。同时，政府还必须努力维护社会稳定。“为了实现较为人道的市场机制，也为了使转型过程相对平稳，政府应采取种种措施来缓解必然出现的紧张状态，包括建立新的社会保障系统、补偿那些利益在市场改革中受到损害的社会集团等”①。这些任务仅靠市场无法完成，市场自愿交易原则无法保护弱势群体，也无法保障社会的稳定。

在总结了发展中国家的历史经验以后，世界银行专家主张政府的作用应与其能力相符。政府应承担五项职责：建立法律基础；保证非扭曲性的政策环境，包括宏观经济的稳定；投资于基本的社会服务与基础设施；保护承受力差的阶层；保护环境。发展中国家的政府责任重大，需要加强政府的职能。政府应该在功能上“有进有退”。该退的地方一定要“退够”，政府应尽量退出市场领域，比如放松对企业的管制，给企业充分的自主权；该进的方面要“进足”，政府要加强对某些经济活动的监管，比如对金融业，加强监管是防范金融风险的主要手段。

## 第三节　地方政府的角色及其经济职能

尽管地方政府与中央政府在许多方面有共性，比如都要提供公共产品、都要维护市场秩序等，但由于所处的层级不同，管理和服务的范围、对象不同，地方政府有着与中央政府不同的利益。在经济行为方面，地方政府也是理性“经济人”，与市场中的理性“经济人”一样，追求自身利益最大化。地方政府不仅充当市场的“守夜人”，执行维护市场秩序、提供公共产品的职能，地方政府也会基于自身局部利益的考虑，积极介入经济发展，通过实施各种经济行为，实现自身的利益。

① 世界银行：1997 年世界发展报告。

## 一、地方政府的角色

### （一）“经济人”与“公共人”

1. “经济人”。“经济人”假设是现代经济学的理论基石之一，是西方经济学理论研究和发展的出发点和基础。它最早来源于亚当·斯密在《国富论》中的表述。斯密提出，在社会交易活动中，每个个人和经济主体都是自利的，追求自身利益的动机是驱动社会经济活动的根本动力。人们在追求自身利益的同时，会无意识地、自动地促进社会利益。经济学家帕累托最先将经济人的概念引入经济学。传统经济学的“经济人”假设的含义是指：第一，人是自利的，追求自身利益；第二，人是理性的，具备一定的知识和计算能力，能实现自身利益最大化。按照这个假设，个体可以获得足够充分的信息，并根据所获得的信息进行计算和分析，按照利益最大化原则选择决策方案。在“经济人”的假设下，新古典经济学家借助边际分析等数学工具，构建起逻辑严谨的现代经济学理论框架，全面论证了亚当·斯密的“无形之手”原理。“经济人”假设克服了困扰经济学研究的不确定性和复杂性两大困难，使得建立完整的经济学理论成为可能。更为重要的是，它为研究经济学提供了一种有用的视角。

2. “公共人”。“公共人”是政治学对政府及其官员的统称。由于政府及其官员是受公众委托，或由社会公众选举产生，代表公众掌握和行使公共权力，其行为目标自然是为了公共利益最大化，而绝不是个人利益最大化。“公共人”强调的是政府行为的公共性取向。古希腊哲学家亚里士多德提出“城邦以正义为原则”①，城邦正义应“以公共利益为依归”。洛克提出，所有政治权利的设立“都只是为了公众福利”②。“公共人”的含义包括以下几个方面：

（1）“公共人”是社会公众的代理人，在行使代理职能时，必须摒弃自身的利益，完全维护社会公众的利益。

（2）“公共人”掌握的资源和权力来自社会公众，必须用来为社会公众服务。

（3）“公共人”的行为目标是社会利益最大化，当自身利益与公众利益相冲突的时候，必须服从公众利益。

---

① 亚里士多德．政治学［M］．北京：商务印书馆，1997.

② 洛克．政府论［M］．北京：商务印书馆，1996.

（4）“公共人”必须接受公众监督，接受公众批评，让权力在阳光下运行。

3. 地方政府“经济人”角色。从“经济人”和“公共人”的含义上可以看出，“经济人”主观追求个人利益，“公共人”主观追求公共利益，“经济人”利己是其行动的动机，“公共人”利他是社会的要求。两者会因所处的条件、环境的不同而会有所变化，甚至是走向相反面。“经济人”在追求个人利益的同时，也可能会促进社会利益，而“公共人”在满足社会公共需要的同时，也可能追逐自身的利益。地方政府更趋向于扮演“经济人”的角色。原因如下：

（1）地方政府具有双重代理身份。地方政府处于双重委托—代理链条中，一条是上级政府与地方政府的纵向委托—代理链，另一条是辖区公众与地方政府的横向委托—代理链。两个方向的委托人的关注点有所不同，甚至是冲突。比如，纵向委托人更多关注长远、整体的利益，横向委托人更多关注局部、眼前的利益。当二者利益冲突时，处于代理人位置的地方政府会面临两难选择，“公共人”的角色无法有效履行，地方政府就会按照“经济人”的角色来权衡利弊，采取“两利相比取其重、两害相权取其轻”的做法。

（2）地方政府的权力空间较大。由于缺乏对地方政府的职权、责任约束的相关法律法规，地方政府会在行使职权时呈现出权力无限大的倾向。一方面，地方政府作为上级政府和辖区公众的代理人，代理的任务非常繁杂，授权的范围比较大，除了法定的权力外，还有许多非法定的权力，即只要法律法规没有禁止的，地方政府都可以干预。另一方面，缺乏对地方政府的有效监督。上级政府的监督成本太高，地方人大及其他部门的监督力度不够，社会公众更是缺少监督的手段和途径，而地方政府凭借其地位，垄断各种信息，致使上级政府、地方人大、辖区公众无法对其实施有效的监督。在缺乏有效监督的条件下，地方政府要履行“公共人”角色的话，就只能全凭其自觉性了。而相反，地方政府谋取自身利益的“经济人”角色却大大增强了。

（3）政府官员是“经济人”。地方政府是由各级官员组成的，这些官员都是人，具备市场经济条件下“经济人”的特征。而每个人的行为都与其利益密切相关。地方政府官员的个人利益是符合人的正常需要的，这一点必须承认。政府官员的利益包括增加薪水、职务职级晋升、扩大个人权力等。为满足这些利益需求，地方政府官员会表现出很强的“经济人”行为。比如，为了获得上级政府的满意，片面追求本地区经济发展速度、实施形象工程等，这些行为都是“经济人”的行为，而不是“公共人”的行为。正是这些官员的“经济人”行为，塑造了地方政府的“经济人”角色。

（二）地方政府的角色及其决定因素

1. 地方政府角色。地方政府角色是地方政府行为的人格化体现。政府角色内在地包含了相应的权力责任，同时也规定了与政府权力责任相适应的手段、方法和能力。在通常情况下，政府角色牵涉了具有客观性的政府行为、政府职能、政府权力、政府责任、政府模式以及主观性较强的政府作用、政府影响和政府形象等众多概念。政府角色与它们之间既存在交集，也存在一定的差异。

政府角色是特定环境下的政府在运用权力履行责任中所表现的行为及其结果的总和。政府角色的内涵应当包含三个方面：一是角色内容，即对政府所拥有权力和应履行责任的原则性规定；二是角色关系，即政府在履行权责过程中与其他主体所形成的各种关系；三是角色影响，是指政府行为所带来的社会影响。

政府的实际角色并不总是同法律的规定或者设计者的初衷保持一致，甚至在某些情况下，它们相去甚远。这就引出了“应然角色”和“实然角色”的这一对矛盾。“应然角色”是指法律规定的或者制度设计者所预期的政府角色，“实然角色”是指实际运行中的政府所表现出来的角色。

2. 地方政府角色的决定因素。

（1）社会公共需求是地方政府应然角色的决定因素。近代社会以来，主权在民的宪政思想击碎了君权神授的历史谎言，政府的合法性不是来自天意的授予，而是来自于公意的表达。政府存在的本质是满足公众对公共事务的需求，政府的权力来源于公众的授予。公众的满意成为政府合法性基础的唯一来源。尽管现代政府的具体架构方式千差万别，但以社会需求为中心成为其存在的应然逻辑和价值导向。以社会需求为本位就是要求地方政府顺应特定时代的要求，遵循经济和社会发展的基本规律，确定合适的政府职能、政策目标和政策体系，采取符合社会需要的运行模式和行为方式，以满足公众的需求为主旨，也即形成合理地方政府角色。社会公共需求总是随着时代而不断发展的，这就要求地方政府必须根据一定的社会发展适时调整政府职能、公共政策和行为方式，用动态的思维和观念担当自己的应然角色。

（2）制度环境是地方政府实然角色的决定因素。新制度主义学派强调行动与制度的互动，其核心观点包括两个方面：一方面，制度的产生有其特定的背景，而行动者的文化与认知传统、行动者在制度设计与制度运行中的意图和理念、行动者的能动性等，都对制度的产生、运行与变迁产生重要影响；

另一方面，制度作为一种相对稳定和固化下来的行为规范与规则系统，对行动者的影响既体现在解释人们的行动上，还体现在为人们的行动提供模板、范畴和模式上，行动者根据这些模板来评判自己的行动是否合乎制度。制度是行动者行为的塑造机制。它会塑造行动者的理性偏好，影响利益判断，进而影响其行为选择。地方政府是特定制度环境下的行动者，它在特定时期内的行为模式都是基于对外在制度的认知和判断，并根据这些认知和判断作出的反应。地方政府正是在同外在制度的相互作用中彼此塑型，并促进相互变迁。制度环境对地方政府行为的影响主要体现在以下三个方面：

第一，制度环境决定了地方政府的职能定位。宪法、法律法规和中央出台的方针政策直接规定了地方政府的职能，明确了地方政府的行为定位。在现行制度环境下，推动经济发展是地方政府的主要职能。

第二，制度环境形成了地方政府的激励机制。制度很重要的一个功能就是提供激励机制。道格拉斯·诺斯指出："有效率的经济组织是增长的关键因素；西方世界兴起的原因就在于发展出一种有效率的经济组织。有效率的组织需要建立制度化的设施，并确立财产所有权，将个人的经济努力不断引向一种社会性的活动，使个人的收益不断接近社会收益。"① 制度的作用在于向人们展示提倡什么、鼓励什么、反对什么、限制什么，理性的经济人都会根据制度来确定自己的行为。作为"经济人"的地方政府，当然会在制度环境下按照利益最大化原则来选择自己的经济行为。

第三，制度环境构建了地方政府行为的约束和边界。任何制度都要对各类行为主体的行为作出限制，为行为主体划定一个选择范围和空间。对地方政府而言，尽管它的行为自主性在不断增强，行为空间在增大，但必须在法律规定的范围内，不能超越中央划定的"红线"。

地方政府的制度环境来源于两个方面：一是历史中已有的制度；二是设计者设计的制度。历史形态和社会生活中早已布满了各种制度，它们都在有意无意间对行动者的行为产生影响。如果没有新的制度替代它们，它们都将持续发挥作用，直到行动者意识到制度环境发生了变化并改变为止。地方政府在充满历史轨迹和社会规范的制度环境中，会依从历史的惯性和社会规范行事。这种制度在约束地方政府行为的制度总量中占了绝大多数。此外，设计者会根据形势的发展不断构造各种制度，试图引导地方政府按照他们所期待的那样改变某些行动中不合理的成分。但是这种改变是否能够实现，取决

① 道格拉斯·诺斯．西方世界的兴起［M］．北京：学苑出版社，1989：1.

于新旧制度之间能否达成有效的转换。地方政府的行为并不是由设计者主观意愿所决定的，历史形态和社会规范所拥有的力量远比人们想象的大。现实生活中大量“有令不行，有禁不止”的现象都是制度设计失效的生动案例。

制度设计失效是地方政府角色错位的关键因素。一般情况下，制度设计者从满足地方公众的需求出发来构造地方政府的制度环境，调节地方政府的行为，期待实然角色与应然角色保持一致。但设计者占有的知识有限，信息不完全。他们或者难以综合评判已有制度对地方政府行为的作用机制和影响能力，或者不能准确把握新制度的时机选择、方式策略和实施路径等。由于缺乏制度设计的技巧和能力，他们常常不得不面对制度设计的失效，而制度设计失效又造成地方政府角色错位。

（三）影响地方政府角色演变的因素

利益导向是地方政府角色演变的内在驱动。政府是人们为了实现自己更好的生存状态而让渡的权力的集合，政府应当是公共秩序的维护者和公平正义的裁判者。公共属性是政府的本质属性和价值追求。个体的利益导向是组织利益导向的基础和前提。正是在个体逐利动机的驱使下，一大批作为个体逐利工具的组织应运而生，而公共组织也在个体追逐利益的过程中发生了“异化”。从应然的角度来看，作为公共组织的政府是为公共利益而生。因此，地方公共利益是地方政府角色演变的内在驱动力。

政治体制和行政管理模式是地方政府角色演变的外在压力。从现实的情形来看，不同的政治体制和行政管理模式下，地方政府的角色存在明显区别。仅以国家结构为例，在联邦制国家中（如美国），地方政府的权力责任大都是本地公众直接赋予的，地方政府的职能更多地体现了地方公众的意愿和要求，纵向政府之间更容易结成“伙伴关系”；而在单一制国家中，地方政府的权力责任几乎都来自上级政府，纵向政府“职责同构”，纵向政府间隶属关系明显。同样，政治体制和行政管理模式的变迁会重塑地方政府的制度环境，构成了地方政府角色演变的外在压力。这种影响究竟能否转变为地方政府角色的实质性变化，还取决于多重因素，尤其是地方政府能否在这种变化中获得变迁收益。因而，它对地方政府角色的影响只是引导、示范和施压的方式。

微观主体是地方政府角色演变的诱导因素。微观主体从优化各自的生存环境、追求个体利益最大化的目的出发，展开与其他主体的对话和合作，寻找那些能够响应他们要求的“共谋者”和“庇护人”。地方政权代理人就是他们最重要的利益相关者之一，也是他们试图争取的重要对象。作为与市场关联最直接、最频繁的公共机构，地方政府无疑最能感受市场秩序变化带来的影响，并不得不作出相应的回应。

## 二、地方政府经济行为的特征

### （一）目标多元

地方政府和政府官员在社会活动和市场交易过程中作为经济人也要追求自身利益最大化。我国地方政府的自身利益是一个复杂的复合目标函数：既有与中央政府保持一致的公共利益，又有与中央利益相悖的地方部门利益和地方利益集团的利益等，地方利益既包括部门经济利益，又包括官员的政治利益，同时还包括辖区居民的社会福利。地方政府作为国家序列中的组织，必须执行中央的调控指令，对上级负责，服从国家经济利益最大化的目标；地方经济的经营者为实现经济增长，扩大就业，增加地方公共物品，必须努力吸取生产要素，提升优势，增强竞争力，促进经济发展，追求辖区内财政收入最大化，是实现地方政府活动的直接目标；地方政府的主要领导官员通过显示辖区内的经济绩效来实现个人仕途升迁，追求个人利益最大化，是政府行为的隐含目标。

地方政府的首要目标在于发展经济。增进经济发展是各级政府的重要职责，中央政府如此，地方政府也是如此，中国政府如此，国外的政府也是如此。因此，对于发展中国家来讲，政府介入到经济发展中去具有必然性。但在促进发展的动机的强烈程度上，各国政府之间、各级政府之间是不一样的。一般来讲，发展中国家政府促进发展的动机较发达国家更为强烈，不同层级政府则要根据各国情况的不同而有所差别。对于中国来讲，尽管中央政府在促进经济发展中也具有强烈动机，但地方政府促进经济发展的动机比中央政府还要强烈。这是由地方政府所处的体制环境和约束条件决定的。地方政府通过发展经济可以获得很多“利益”，比如地方经济实力的增强、地方民众的支持、获得上级政府的好评、官员的提拔重用等。改革开放30多年来，中国的宏观经济运行历经几次大起大落，反思其中的一个共同特点是，经济过热始终是中国宏观经济的主流，重复建设始终是中国经济挥之不去的顽疾。经济过热、重复建设的一个很重要原因就是地方政府强烈的“发展饥渴症”。

### （二）拥有较强的行政垄断权

地方政府在分权改革中获得较大的财权，也获得充分的事权，宪法赋予地方政府在财政收支、补贴等方面较为充分的自主权，在工商、税务、城市经营与管理等方面拥有审批权。同时，中国的行政垄断，目前在较大程度上缺乏体制外的约束。出于对本位经济利益保护，地方政府可排斥自由竞争，在公共物品经营重大投资决策方面实施行政垄断，并常以地方人大决议的形式取得合法性。

（三）经济行为缺乏风险约束

地方政府是既定约束条件下追求利益最大化的理性经济人，其行为选择来自对众多约束条件的权衡。在多重利益目标的驱动下，不同的地方政府主体甚至是不同时间段的同一地方政府主体都可能表现出不同的行为选择。地方政府行为选择的基本前提则是面临的约束条件，具体有以下几方面。

1. 政治法律前提。不同的政治制度包括国体和政体，以及中央和地方的分权模式、法律体系等是地方政府行为选择的制度前提，会对地方政府的经济行为产生深远影响。

2. 经济体制因素。经济体制规定了有关政府的经济权力，也包含了对政府主体的经济利益保护。因此，地方政府行使各种经济行为的权重系数表现为相应的权力和利益安排的函数。

3. 文化与意识形态。不论是整体的、地域的还是民族的，文化与意识形态通过潜在和隐蔽的方式都会对政府行为的选择产生长远和普遍性的影响。

4. 任期约束。地方政府官员客观上都面临着任职年限及在同一岗位上任职不超过两届的任职周期，这会使其倾向于作出有利于短期效应的经济决策。地方政府主体的经济行为选择是内外因综合作用的结果。

上述的约束条件即特定的政治法律前提、经济体制、文化意识形态和任期约束等共同构成了政府行为的外部条件，形成了地方政府应该做什么或倾向于做什么的范围和边界。但是，在现实中地方政府在管理地方政府的行为过程中，往往不计成本，缺乏足够的内外部风险约束。

（四）注重显性的短期绩效

与西方地方自治政府主要官员由辖区选民选举产生不同，我国地方政府主要官员的产生尽管与地方百姓有联系，但主要还是取决于上级或中央政府，而上级政府对下级官员的考察评价又是以显性的政绩作为基本依据的。因此，依照经济学“经济人”的假定，地方政府的经济行为就会表现出强烈的表面化、指标化、形式化倾向，每一届政府都会有很强的“表现欲望”，都想“为官一任，造福一方”，在任期内改变本地面貌，留下让人记忆或称颂的建设工程和项目。一是重“显绩”，轻“潜绩”。只干锦上添花的事，拖着雪中送炭的活，把精力、人力、财力、物力用于可以“显山露水”“表面风光”的形象工程，对百姓疾苦、群众困难却避而远之。二是重当前，轻长远。热衷于“短平快”项目，喜欢上“速效”工程，对于涉及长远的基础工作停留在口头上，落实在报告中。三是重典型，轻推广。工作的出发点不是为了百姓，而是“做秀”给上级领导看，千方百计揣摩上层意思，集中力量搞一些“新”“大”的形象工作。四是重形式，轻内容。明明谈好的项目，马上可以签约，非得留到上级或到外地的招商洽谈会上去签。明明几个项目应该分期竣工，为了显示政绩，非得捆在一起庆贺。五是重数字，轻实干。违背经济规律，按长官意志确定发展指标，倒推分解任务，造成统计数据失真、经济信息失灵。总之，在当前的任期制下，地方政府高度关注的是近期收益、当前效果，由于资源有限、任期有限，谁也不愿意将自己行为的“溢出效应”无偿地留给下届政府“搭便车”，而是尽可能地将“溢出效应”内在化，工作目标和措施更是着眼于近期与显性。

### （五）相对地代表社会公共利益

传统的经济学分析首先是建立在对经济主体行为的假定基础之上。一个理想中的政府建立在如下的假定之上：①政府官员具有公正无私的品质和为人民服务的精神，他们的唯一行为目标是实现人民群众总体利益的最大化；②政府组织是社会公共利益的集中代表者，除人民利益和全社会利益外，政府没有自己独立的利益目标；③政府有完全的理性来执掌公共权力，能够从全社会的长远利益出发来管理和组织经济，从而实现国民经济的持续发展。理想中的政府在各国中央集权的计划经济体制实践中遭遇了困境，理想中的政府的假定不完全符合客观实际。现实中政府是由有自利本能的现实中的人组成，客观存在着政府部门、官员追求自身目标、利益而非公共利益的倾向，因此政府组织、个人利益很可能支配公共政策的制定，成为一只为自身利益锱铢必较甚至蛊惑利用民众、达到自身目的的“掠夺之手”。

## 三、地方政府间的竞争

### （一）地方政府间竞争的含义

关于地方政府竞争的定义，不同的学者给出了不同的定义。西方学者往往从制度的角度来定义政府竞争。德国学者阿波尔特认为，政府竞争就是制度竞争。德国学者柯武刚和史漫飞认为，“制度竞争概念突出了内在规则和外在规则体系对于一个国家的成本水平从而对于国际竞争力的重要性”。[①] 哈耶克从经济秩序的角度对地方政府竞争作了论述，他提出，“地方政府之间的竞争或一个允许自由迁徙的地方政府内部较大单位间的竞争，在很大程度上能

---

① 邓大才．论政府竞争［J］．江苏社会科学，2004（4）：124－128．

够提供对各种替代方法进行实验的机会，而这能确保自由发展所具有的大多数优点。”[①] 刘汉屏、刘锡田提出，地方政府竞争通常是指一个国家内部不同行政区域地方政府之间提供公共物品、资本、技术等生产要素时，在投资环境、法律制度、政府效率等方面开展的跨区域政府间竞争。

纵观这些定义，都有一个共同特点，就是把地方政府作为一个“公共人”来对待，地方政府竞争的目的是为了向社会提供更好的公共产品和公共服务，而没有考虑地方政府理性“经济人”的角色。因此，这些定义存在一定片面性，地方政府的理性不仅是一个“公共人”，而且是一个“经济人”。因此，地方政府竞争是指地方政府为实现自身利益最大化而在经济发展上展开的横向竞争。这个定义包括以下三方面内涵：

一是指出了地方政府竞争的目的。地方政府竞争的目的是为实现自身利益最大化，这些利益包括地方经济快速发展、地方收入快速增加、获取上级政府的优惠政策、地方官员获得上级提拔重用等，这都是地方政府竞争的目标。

二是地方政府竞争的范围。地方政府竞争的范围主要限于经济发展上，这是目前地方政府竞争的现状，主要是围绕经济发展方面相互竞争。

三是指出了地方政府竞争的对象主体。政府竞争包括横向竞争和纵向竞争，横向竞争就是处于平等地位两个不同地方政府之间的竞争，纵向竞争是指上下级政府之间的竞争。从中国的实际看，尽管上下级政府之间也存在一定的竞争，但不是主要的，更多是服从。地方政府竞争更多地表现为平级政府之间的横向竞争，而且主要是处于同一区域内的同级政府之间的竞争，比如，省级政府之间、同一省内市级政府之间、同一市内县级政府之间由于存在利益争夺，就会产生竞争。不同区域的同级政府之间尽管也可能会有竞争，但由于相距较远，没有直接的利益冲突，一般不会产生竞争，比如两个省的不同县级政府之间一般不会有竞争。

### （二）地方政府间竞争的内容和方式

市场经济下的微观主体为了在竞争中取得优势地位，都要采取一定策略和手段，如企业采取的价格策略、营销策略等。同样，地方政府在竞争中也要采取策略，通过一定手段来实施竞争。地方政府竞争策略的实施主体是地方政府，策略的对象是企业，实施策略的目的是提高本地竞争力。光有策略还不够，必须要有实施策略的手段，这些手段实际就是地方政府掌握的资源

① 哈耶克. 自由秩序原理［M］. 下卷. 北京：生活·读书·新知三联书店，1997：16.

配置权。在行政放权过程中，地方政府截留了大量资源配置权，可以调配和使用的资源很多，这就为地方政府实施竞争提供了有力的工具。

地方政府竞争的内容和方式主要有以下三个方面：

1. 降低要素成本。我国的市场体系还处于不断完善过程中，要素的价格机制还没有完全理顺，地方政府掌握着很多要素的定价权，并以此作为招商引资、吸引企业投资的工具。主要形式有：

（1）压低劳动力价格。人口众多是我国的基本国情，劳动力资源丰富、价格低廉一直是我国的比较优势。丰富、低廉的劳动力为发展劳动密集型产业提供了保证。发展劳动密集型产业成为地方政府经济发展初期的普遍选择。

（2）提供低价土地。按照现行法律，土地资源配置权掌握在地方政府手中。土地是企业生产经营必不可少的要素。地方政府把土地价格作为竞争的重要工具，通过提供廉价土地来吸引企业投资办厂。一般来讲，地方政府在招商引资中提供给企业的土地价格都要低于市场价格。在房地产市场土地价格节节攀升的情况下，地方政府却不断降低企业用地价格。这反映了地方政府的“理性”行为。地方政府认为，通过提供低价格土地，引来企业投资生产后，为当地经济发展、财政收入、人口就业等带来的收益大于出让土地的收益，而且这种收益是长期的。同时，招商引资规模的扩大，还可以作为地方政府官员的政绩。

（3）实施税收减免。税收减免是政府按照有关规定给予企业应纳税收一定程度的减少或免收。按照现行法律法规，税收减免的权力在中央，地方政府没有税收减免的权力，只能是按照中央政府的统一规定对有关企业实施税收减免。但在实际工作中，地方政府基于招商引资的考虑，把税收减免作为竞争的工具。在内外资企业所得税合并之前，按照《中华人民共和国外商投资企业和外国企业所得税法》的规定，外资企业可享受基本税 15% 及“两免三减半”的优惠政策，但地方政府都突破了这一规定。上海市“173 计划”规定，对试点园区的耕地占用税、土地出让税返还 50%；浙江省宁波市江东区规定，生产型外资企业除享受国家规定的优惠政策外，纳税后对所得税中的区里所得部分，经企业申请和区政府批准，区财政可将余额返还。

2. 提升经济定位。如果说降低要素成本属于低水平竞争策略的话，提升地方经济定位，在全国经济和区域经济格局中找准自己的位置，无疑是地方政府高水平的竞争策略。随着地方经济实力的不断增强和经济发展水平的提高，经济发达地区的地方政府已经不再局限于在要素方面竞争了，转而在经济定位方面展开竞争。所谓经济定位，就是地方政府为提升本地竞争力，努力在全国和区域经济格局中占据有利位置。经常听到某某地方政府要把本地区建设成某某中心、打造成某某基地。当多个地方都要成为同种类型的中心或基地时，地方政府之间就会形成激烈竞争。

同要素竞争相比，经济定位竞争更加激烈、更加全面，是全方位的竞争，而且这种竞争是长期的，不是在短期内就能分出高低和胜负的。但一旦在经济定位竞争中胜出，它给地方经济发展将带来巨大优势，其吸引和聚集资源的能力明显增强，经济发展的后劲也将大大提高。地方政府提高经济定位的形式一般有以下几种：

（1）增强产业集聚。各地区依托本地优势产业，努力提升优势产业的集中程度，努力把产业做大做强，通过产业聚集度的提高来提升本地区在全国经济中的分量和地位，增强经济发展的竞争力和对资源的吸引力。这种战略也称之为“产业集群”战略。各地方政府都把发展产业集群、增强产业集中度作为竞争策略。主要做法有：一是在地方发展规划中把某项产业作为主导产业重点发展。基于经济发展政绩的考虑，地方政府一般都把投资规模大、产值大、带动效应大的产业作为本地区的主导产业予以重要发展，努力使本地区建成该产业的基地。比如，在各地区的“十一五”规划中，有 18 个省（区、市）把石油化工作为主导产业，10 个省（区、市）把装备制造作为主导产业，9 个省（区、市）把汽车制造作为主导产业。二是发展园区经济。地方政府建设的各类园区是聚集产业的重要载体和平台，在园区内围绕某个核心产业，发展配套产业，既降低了企业的交易成本，又增强了产业的集中度。北京亦庄经济技术开发区就围绕诺基亚公司，建设了一系列制造手机的配套产业，使诺基亚生产手机所需要的所有配件都可以在园区内找到，手机生产的效率大大提高，成本大大降低，该园区的手机制造产业不仅在全国，而且在全球都很有竞争力。

（2）提升影响力。地方政府努力提升本地经济对全国和区域经济的影响力，增强经济话语权，以此来提高本地区的经济地位。提升影响力可以分成以下两个层面：

一个是在全国层面竞争。对于地方经济实力比较强、掌握资源比较多的地方政府来讲，通过竞争在全国经济中的地位，增强本地区对全国经济的影响力和辐射力。典型的例子是北京和上海为争夺金融中心地位展开的竞争。上海是中央政府确定建设的国际金融中心，拥有证券交易所、期货交易所、黄金交易所等多家金融交易机构。国际主要金融机构都在上海设立了分支机构。北京尽管不是中央政府确定的金融中心，但在北京地区设立的金融机构，无论在数量还是规模上都在全国居首位，央行总行、银监会、证监会、保监会、四大国有银行总行、主要的保险公司总部全部在北京，截至2010年，北京金融街地区金融资产的规模已经达到了49.5万亿，占全国金融资产的52%，控制着全国95%的信贷资金和65%的保费资金；人民币清算业务占全国的38%，外汇清算业务占全国50%，金融服务占全国的23%。

另一个是在区域层面的竞争。位于同一区域的不同地方经济有时不是互补的，而是互相竞争的，为了取得发展的有利地位，地方政府之间就要展开竞争。典型的例子是大连、天津、青岛这三个北方港口城市之间的竞争，三个城市都希望成为北方的航运中心，但由于三个城市港口相距比较近，业务差别不大，相互之间竞争非常激烈。三地地方政府都在竞相扩大港口规模，改善港口基础设施，出台优惠政策，吸引知名航运企业来本地投资经营。比如，当今世界上最为庞大的航运集团马士基就将它的北方区总部从天津迁移到青岛，这是地方政府相互竞争的一个缩影。

3. 提高政府发展能力。政府发展能力是指政府推动经济发展的能力。地方政府在竞争中都意识到，要增强政府的竞争力，就必须提高政府的发展能力和管理水平，地方政府引领发展的能力越强，地方经济发展就越快，地方政府的政绩就越显著。因此，地方政府都十分重视自身能力特别是发展能力的提高。从实践看，主要方法有以下几种：

（1）改进服务。主要是指地方政府为发展经济而改进对企业的各项服务。主要表现在：加强基础设施建设，改善地区内交通、通信等设施，为企业提供良好条件；简化审批流程，对引进的投资项目，地方政府在规划、用地、环保、工商、税务等各个方面都给予优先办理，很多地方实施“一站式”办理、“绿色通道”等，为企业节省大量时间和精力；为企业提供保障条件，有的地方政府出台优惠政策，为企业引进高端人才落实户口、安家费用、子女入学等问题。

（2）相互学习。地方政府之间开展相互学习的活动，开阔视野，学习别的地方好的经验和做法。近年来，很多地方政府都派出代表团到其他地方学习、考察，与其他地方政府座谈交流，相互学习发展经济的做法。但从实践看，也导致了地方政府发展经济的做法都十分相似甚至完全雷同的现象。

（3）配强领导。地方政府不是抽象的，而是由具体的官员组成。地方政府官员的视野、能力、水平对地方经济发展具有重要影响，地方官员能力的有机组合就是地方政府能力，直接决定地方竞争力。因此，地方政府都很重视选拔任用能力强的领导，把一些发展能力强、开拓能力强的干部选配到领导岗位和重要的经济部门。为引进高素质的官员，近年来，地方政府都纷纷开展了公开选拔领导干部的各种活动，拿出很多重要职位吸引其他地方甚至是全世界的优秀人才到本地担任领导，切实增强政府的竞争力。

（三）地方政府间竞争的动态演变

地方政府竞争随着经济发展和制度环境的变化而不断演进。从实践看，地方政府竞争演进主要表现在竞争内容、竞争方式和竞争关系三个方面，每个方面演进都经历了不同的阶段。

1. 在竞争内容上的演变。地方政府在竞争内容上的演进经历了三个阶段，即从要素竞争到政策竞争再到制度竞争。

（1）要素竞争。要素竞争的经济背景是市场机制尚未建立起来、市场在资源配置中的作用还很微弱、政府在资源配置中发挥主导作用。为推动经济发展，调动地方政府发展经济的积极性，中央政府赋予了地方政府发展经济的责任和一定的资源配置权力。面对中央政府对地方政府经济发展业绩的考核压力，在地方省级官员仍由中央任命的干部管理体制下，地方政府自然把发展经济作为工作的重中之重。在经济发展的初始阶段，发展经济必须投入大量生产要素，而生产要素是非常稀缺的。在成熟的市场机制下，要素会自动流向生产效率最高的地方。但在经济转型初期，市场体系很不完善，要素流动受到很大限制，为了获取更多生产要素，地方政府参与到要素竞争中来，充当起要素竞争的主角，直接出面从要素所有者或掌握要素分配权的权力中心（上级政府）那里争取要素资源。突出的表现就是，地方政府利用行政权力来获取资源，阻止本地资源外流。

（2）政策竞争。在激烈的要素竞争中，地方政府逐渐认识到，要吸引和留住要素，必须依靠优惠的政策。于是，地方政府就从依靠行政权力直接争取要素发展到通过优惠政策吸引要素，地方政府纷纷制定出台吸引要素的各种优惠政策，包括土地、税收、财政补贴等各个方面。当地方政府都实行优惠政策时，相互之间就形成了政策竞争。地方政府实施政策竞争的一个重要背景就是权力下放。随着体制改革的深入，中央政府逐渐下放权力，很多本应下放给市场的权力被地方政府截留，地方政府的权力扩张，自主性增强，能够根据本地实际制定推动经济发展的政策措施。

（3）制度竞争。在经历了政策竞争之后，各地优惠政策的功效已基本发挥完毕，优惠政策从经济上讲已达到了“帕累托最优”，谁也不可能再出台更加优惠的政策。同时，随着政策竞争带来的负面效应，中央政府加大了对地方政府出台优惠政策的监督和审查力度，限制地方政府擅自出台有违中央精神的“地方土政策”。同时，政策竞争针对的是企业内部成本，优惠政策如税收、土地价格等方面的优惠可以降低企业内部生产经营成本，但企业外部的交易成本可能依然很高，比如企业在人才引进上可能受到户籍制度的限制导致成本很高。在这种情况下，地方政府认识到，要推动经济持续发展，必须依靠制度创新，通过制度创新来降低企业外部交易成本，增强地方经济的竞争力。相比出台优惠政策，制度创新带有根本性，而且制度创新能够为地方政府带来更大的自主权力，地方政府发展经济的自由度将进一步增大。因此，地方政府都开始重视制度创新，展开制度竞争。地方政府制度竞争表现在两个层面：第一个层面是竞争制度创新的进入权。在渐进式改革的背景下，中央政府基于稳妥的考虑，不可能赋予所有地方政府制度创新权，而只有少数地方政府能够获得这一权力。因此，地方政府为获取中央政府的制度创新优先权和试点权而展开竞争。第二个层面是制度创新内容上的竞争。即获取制度创新进入权的地方政府也相互竞争，比谁的制度更加有效、谁能够更加吸引资源、能够在推动经济发展上取得更大政绩，以获取中央政府的认可。

2. 竞争参与方式的演变。地方政府参与竞争的方式由直接参与竞争演进到间接参与竞争。在我国经济体制改革初期，地方政府和企业相互之间利益攸关、关系密切。为了做大做强本地企业，地方政府直接出面帮助企业竞争各类要素资源，帮助企业占领本地市场。在20世纪80年代至90年代，各地基本都有自己的酒厂，生产本地品牌的白酒。为帮助企业销售白酒，很多地方政府利用行政命令要求本地区机关、企事业单位必须购买本地的白酒用于单位接待，更有的地方政府向机关工作人员摊派。在这种情况下，地方政府成了市场竞争的主要参与者。地方政府直接参与竞争的另一种主要形式是招商引资竞争。面对经济发展的巨大压力，政府直接出面招商引资，引入大企业、大项目。由于各地方政府都在争取，竞争就十分激烈。

随着经济发展，一些发达地区的地方政府逐渐从直接竞争演进到间接竞争，政府不再直接参与到资源竞争中，资源竞争主要由企业承担，政府的主要职责是改善经济发展环境，为企业发展提供良好条件。地方政府不再直接竞争要素，而是通过良好的基础设施条件、优美的环境、创新的制度来吸引资源，这是一种间接的要素竞争方式。

3. 竞争关系类型的演进。地方政府竞争关系类型经历了从同质化竞争到错位竞争再到有合作的竞争三个阶段的演进。

同质化竞争是指地方政府为获取资源而采取相同或相类似的竞争方式、策略。在市场机制不完善、各地市场相互分割的情况下，地方政府为推动本地经济快速发展，盲目学习其他地方发展经济的办法，简单地移植其他地方经验，重复建设，重复投资；随着市场体系的不断建立和完善，同质化竞争造成的负面影响越来越多，很多地方企业由于竞争力不强、规模小而亏损甚至破产。

政府逐渐认识到同质化竞争的严重后果，这种竞争的后果是两败俱伤，对双方都没有好处。地方政府开始注重发挥本地优势，发展具有本地优势和特色的产业，尽可能避开同其他地方经济的同质化竞争，由此形成错位竞争，即地方政府在经济发展上尽可能避开针锋相对的同质化竞争。错位竞争有利于两地发挥各自优势，有利于把本地优势产业做大、做强。

随着区域经济一体化的发展，各地方政府认识到，尽管相互之间存在竞争，但加强合作越来越必要，在经济发展上，相互之间的依赖程度在不断加深，特别是位于同一区域的地方政府之间这种感觉日益强烈。地方政府在发展上注意加强合作，做到互利共赢，由此形成有合作的竞争关系。这种情况在经济相对发达的区域如长三角地区、珠三角地区和京津冀地区已经出现。

## 思考题

1. 政府的经济职能主要表现在哪些方面？
2. 政府为了建立正常的市场秩序，通常采取的措施有哪些？
3. 如何克服公共物品供给过程中的“搭便车”现象？
4. 地方政府的角色如何定位？受哪些因素的影响？
5. 地方政府竞争的内容和方式有哪些？如何评价我国地方政府间竞争的效应？

# 第五章

# 政府经济管理行为

政府经济管理行为是政府经济管理职能的具体运作。政府作为经济管理的重要主体，其行为不仅受特定社会政治、经济、文化基础的深刻影响，同时，也受政府经济管理者自身素质和能力的制约。通过对政府经济管理行为影响因素的分析和研究，探寻其内在规律性，以促进政府行为的优化。

## 第一节　政府经济管理行为分析的基本方法

政府经济管理行为牵涉到的影响因素是多层面的，其中，管理制度和人的行为最为根本。相应地，制度分析与行为分析成为研究管理体系如何运行的最常用的两种基本方法。

### 一、制度分析法

制度分析是通过研究形成管理体系的法律条文、规则制度以及它们产生的条件和环境，从而揭示出管理体系运行规律性的一种研究方法。它强调制度安排对各个经济变量具有制约和影响作用。按照此方法来分析，经济运行的问题最终是一个制度安排的问题，研究人员可以通过研究影响经济运行的法律条文、规则、制度条件及环境，来揭示出经济体系的某种条件的规律性。

制度分析侧重于以下几个方面的分析：

（1）法理性。法律是管理体系运行的前提，法学是制度分析的重要理论基础，制度分析依据成文的法律以及正式的管理规章制度去分析研究管理体系运行中的各种变量因素，探索在法律条件下这些规章制度与管理体系运行之间的关系。

（2）制约性。制度分析特别强调和注意管理规章对个体行为的约束，侧重研究制度对行为约束的宽严程度，侧重分析制度对行为约束的合理性与合法性。

(3) 严明性。制度分析注重研究各项管理规章之间逻辑是否严谨、制度安排是否科学、赏罚是整洁分明、管理制度有无漏洞。

(4) 公平性。制度分析强调管理规章制度对于被管理者和管理者来说都应是一视同仁的，制度面前人人平等，批判超越制度的特权行为，找出管理体系所存在的不公平、不平等制度产生的原因。

(5) 公开性。制度分析强调管理规章制定过程的民主程度、规章制度执行过程和结果的公开透明程度，研究如何通过公开性以保证公平性的关系。

制度分析的作用是多方面的，主要表现在三方面：一是通过对现行管理体系中的各种规章制度进行比较，择优去劣，从而建立起更科学、合理的规章制度系统。二是通过对管理中出现的个体行为与制度关系的分析，找出制度与行为之间需要磨合、协调之处，从而提出新的解决方案；还可以发现制度对管理过程覆盖时遗漏的环节和真空地带，对管理现象进行理论抽象和概括，从而提出新的管理制度。三是制度分析研究的结果揭示管理制度中的成功与失误之处，往往更能引起管理者与被管理者对制度的高度重视，这种制度意识的提高更有利于制度建设的完善。四是有利于发挥制度管理的威力，使制度意识渗透到管理的全过程，有利于大家对制度达成共识，自觉遵守制度管理，有效抑制或减少非规范行为的发生。

## 二、行为分析法

行为分析是依据管理主体的心理、思想意识及其引发的行为活动，揭示出管理主体的行为与管理体系运行之间关系的一种研究方法。这一方法认为人的行为是形成制度的关键要素，任何一种制度都是由制度中的主体去操作的，无论是好的制度还是坏的制度，都可能由于主体的操作而发生变化。因此，除了要揭示经济体系运行的制度规律性外，还应当揭示经济体系运行当事人的行为规律性。并且制度是由人设计和制作的，如果不研究经济行为主体本身，对制度运行的解释就显得不完整。

行为分析侧重于从以下几个方面进行分析：

(1) 心理性。管理体系运行效果的好坏取决于人的行为，而行为又是受心理影响的。所以，行为分析特别注重对人的心理分析，注重对影响人的心理的相关因素如物质需求、事业心、工作环境、生活环境、管理环境等进行分析。心理学是行为分析的重要理论基础。

(2) 思想性。管理目标能否实现与人的工作能力、思想态度相关。在能力与态度二者中，能力是相对稳定的定量，而思想态度是活跃的变量，人的行为完全有可能因为思想态度而发生质的变化。所以，行为分析非常注重对人的思想态度的研究。

（3）情感性。制度产生以后，更多的是给人以约束、规范，每个人对制度并非完全认同，有的甚至会产生抗拒感，所以，制度与情感之间的关系也是行为分析研究的重点。

（4）个体性。行为分析强调个体行为在管理体系运行中的作用，群体行为的作用也是受个体行为决定的，个体与个体、个体与群体、群体与群体之间的行为关系也是行为分析关注的重点。

（5）社会性。在管理体系的运行中，人与人之间的行为无法回避竞争与合作这两种关系。竞争与合作的关系处理得好，则成为进步的动力，否则会产生阻力。竞争与合作最终反映的是不同类型群体的社会关系。所以，行为分析也注意从社会性的角度研究管理主体的行为。

行为分析有着不同于制度分析的作用：一是它以管理主体行为本身作为对象，通过对人的心理、情感、思想、行为的研究，揭示出管理体系运行过程中人的行为特征的复杂性和普遍性，从而寻找管理行为的规律性。二是揭示出当一个经过精心设计的管理运行制度在实际的运行中成功或失败时，人的行为因素所起的作用，从而探索出管理制度运行成功或失败的主要原因。三是揭示管理行为事件与管理制度之间的逻辑联系及相互影响的关系，有助于在错综复杂的管理行为中寻找行为与制度的内在联系，有利于管理制度的调整和完善。四是通过行为分析的研究，预测到未来新的管理体系运行下所需要的各种条件，为新的管理体系运行提供对策性的意见。

## 三、制度分析法和行为分析法的区别与联系

制度分析法与行为分析法两者的区别非常鲜明，主要体现在：其一，制度分析侧重于解释一个经济体系从整体上是依照什么规则运行的；而行为分析则是侧重于解释一个经济体系内部的主体是如何行动的。其二，制度分析依据成文法律以及正式的规章制度，探求这些制度规定与体系运行之间的关系；而行为分析则依据主体的心理活动及其派生活动，探求这些主体与体系运行之间的关系。其三，制度分析是以法学作为其理论分析的重要基础；行为分析则是以心理学作为其理论分析的重要基础，当然它们各自还有其他不同的学科作为支持系统。

制度分析与行为分析两者又是紧密联系的，主要表现在：其一，两者

的终极目标是提出如何协调制度与行为之间的关系，从而更好地促进社会经济体系的运行。制度分析是在主体行为既定的前提下讨论制度的调整问题，而行为分析则是在制度既定的前提下讨论行为调整适应问题。其二，两种分析方法是互为基础的。当对制度变迁进行说明时，需要有以合乎实际的行为分析为基础，因为人是制度变迁的发动者与受动者。而当对行为变化进行说明时需要以制度条件为前提，因为人是在既定的制度条件下开始行动的。

长期以来，在我国经济体制改革过程中往往注重制度因素的分析，不去深入研究人的行为因素，甚至用制度分析完全代替行为分析。而在实践中，经济运行除了体制问题以外，大量的问题还有制度设计者的行为问题，包括他们的心理、素质、能力等因素。因此，需要重视政府经济管理行为的分析，以更好地促进社会经济运行。

## 第二节　政府经济管理行为及其基本规范

### 一、政府经济管理行为

行为是指特定主体为了满足自身需要所进行的确定目标及实现目标的活动过程。一般有个体行为与群体行为之分。前者是指个别行为，后者则是指一个阶层、一个集团、一种类型的人们所具有的共同特征的行为。虽然群体行为是个体行为的集中表现，但却滤去个体行为的差异性而保存了个体行为的共同性，反映了这个群体的共同目标以及实现这个目标而进行的共同活动过程。

政府行为属于一种特定的群体行为，在一般意义上它是指国家行政机关及其工作人员实施行政管理活动的总称。政府行为可进行不同划分：从过程角度，可分为决策行为、计划行为、指挥行为、监督行为等；从权力运用角度，可分为行政命令、行政处分、行政裁量等行为；从行为性质角度，又可分为经济行为、政治行为、社会行为、文化行为等。相应地，当我们把政府视作国家公共事务管理主体时，政府行为主要分为行政管理行为、经济管理行为、社会及文化管理行为等。

政府经济管理行为又称政府经济干预行为，是指政府作为经济管理主体，为实现社会经济总体的稳定、协调、发展而实施的经济调节行为。从行为学角度说，政府作为经济管理主体时所产生的行为主要包括行为目标、行为模式和行为后果三个部分。

（一）行为目标

从一般意义上讲，任何社会主体，在一定的环境条件下都具有多层次需要，需要产生动机，再根据动机与自身的基础确定各种目标，形成适合自己需要的且满足各种约束条件的目标体系，最后由目标来引导社会主体的行为。政府经济管理行为同样是由目标引导的。由于社会经济制度不同，发展水平不一，以及其他原因，各国政府经济管理目标各异，但基本目标是共同的。经济增长、稳定物价、充分就业、国际收支平衡是政府经济管理的主要目标。

（二）行为模式

行为模式是指特定的国家或地区政府在确定其经济管理行为目标后，为实现目标所制定的战略、方针、政策以及包括政府强制、参与、督导在内的特定行为方式，是追求的目标与各种手段、方法的组合。不管经济条件是否相同，政府主体选择经济管理行为方式的原则和标准总是追求社会经济总体利益的最大化。经济制度改革、经济关系变化会促使政府经济管理行为模式不断变革。

（三）行为结果

行为结果是指政府经济管理行为目标实现的程度及状况，它形成一定的经济关系及经济秩序。具体来说，行为结果既可以形成各种政策、法律、法规、制度等抽象的秩序规范，对经济活动产生各种约束性影响；又可以表现为反映经济运行状况的各种指标的量的增减，如一定时期的 GDP 增长速度、通货膨胀率、就业率、储蓄率、国内外贸易增长率、外汇储备变动率、人均收入增长率等，而这些变量对此后政府经济管理行为目标、方式的选择会产生直接影响。

## 二、社会主义市场经济条件下政府经济管理行为的基本规范

政府经济管理行为规范依赖于特定的社会政治、经济条件。我国确立了社会主义市场经济体制建设的目标后，政府经济管理行为被赋予新的时代内涵和使命。客观上说，建立与完善社会主义市场经济体制是一个渐进过程，同时，影响和制约我国政府经济管理行为的内外环境也充满不确定性，社会主义市场经济条件下政府经济管理行为的内涵也是不断变化的，但是，其基本规范和内容则是相对确定的，主要有以下几方面。

（一）政府依法治理行为以及对自身不规范行为的纠正

萨缪尔森认为现代混合经济中政府第一经济职能是为市场经济确立法律框架。同样，在我国，一方面政府作为国家最高权力执行机关，它有依据宪法和法律制定以经济类为主的相关行政措施、行政法规，发布相应决定和命令的权利与行为，同时，通过政府各部门的具体运作，依法规范社会经济主体的经济行为和社会经济的环境。另一方面，当政府各级组织出现不符合制度要求的经济管理行为时，政府应采取深化政府管理体制改革等综合措施加以纠正。

（二）影响资源配置以提高经济效率的管理行为

在社会主义市场经济体制下，各种资源都要经由市场来配置以实现配置的优化，但现实中存在的市场不完全竞争与垄断行为直接影响资源配置与经济效率，这就要求政府采取以下两方面的经济管理行为：

一方面是反垄断行为。目前，在我国市场运行中仍然存在权力垄断、人为垄断、政策性垄断与自然垄断。作为政府，为了促使市场趋向完全竞争，首先应采取相应的管理措施，最大限度地弱化权力垄断与人为垄断，因为这两种垄断所带来的直接结果是助长不正之风，滋生腐败。其次，逐步取消各种不适宜的优惠政策，如地区性优惠政策，更应采取措施打破政策性垄断。最后，引入竞争，采取竭力缩小自然垄断影响的管理行为。西方国家政府一般对自然垄断性的公用事业采取管制，遏制垄断者过度的价格增长行为。我国目前与美国 20 世纪 70 年代中期类似，政府管制远远超出地方自然垄断的范围，包括海陆空运输、电力、石油、燃气等，应根据经济发展的阶段、程度与水平分类管理，有些需放开管制，有些需改善管制办法。

另一方面是政府提供公共物品的管理行为。众所周知，现代市场经济是由政府组织供应公共物品的一种经济运行机制，我国也不例外，关键是如何提高政府供给公共物品的效率。首先要提高决策的科学化水平。从我国实际出发，可以借鉴西方公共决策理论中关于集体决策规则建立健全公共决策系统，遵循科学的决策原则，提高决策参与者的素质。有资料显示，我国政府经济管理者的管理决策风格是以分析型风格为主，指示型风格为辅。随着经济管理模式的转型，这种风格已明显不适应，应培养政府经济管理者的概念型风格，以科学理念指引管理。其次，竭力使公共部门的权力分散化、社会化，并使私人生产者有可能承包或承担部分公共物品的供给。同时，引入竞争，提高公共物品供给的效率。

（三）促进经济稳定与经济发展的管理行为

经济稳定与发展均属于经济运行问题，而经济运行状态如何则直接取决于经济运行机制与体制。

首先，政府的重要任务之一是建立适应经济增长的经济管理体制。改革开放以来，我国政府一直朝着建立比较完善的社会主义市场经济体制目标努力，不断扩大市场调节的作用和相应改变政府对经济的管理方式。

其次，政府的反周期管理行为是促进经济持续增长、保持经济稳定的重要内容。政府运用财政、货币等经济杠杆对宏观经济活动的总量进行宏观调控，尤其是通货膨胀、通货紧缩与失业。这些现象都是经济周期中突出的经济现象，通货膨胀与通货紧缩均属货币现象，往往由于政府货币政策失误所致。为此，采取适宜的货币、财政、消费等政策，反通胀、反通缩，正是政府经济管理行为的重要内容。同时，随着经济结构的调整，劳动力周期性转移不可避免，尤其在相当长一段时间里，我国农村剩余劳动力转移任务繁重。为此，政府采取各种有效政策措施，强化导向，促进充分就业，也是我国政府经济管理行为的重要内容之一。不仅如此，政府支出政策的变更或采取影响社会投资的政策的实施都会影响经济波动。如当投资下降时，政府会采取增加公共工程支出、社会福利转移支出或减税、降低利率及银行准备金等，使现期投资不变或上升，以保持经济、稳定、持续发展。

再次，政府制定经济社会发展战略、规划与计划以及产业政策，并督促其落实的管理行为。促进经济发展乃是发展中国家政府重要管理行为之一。

最后，政府应采取促进经济可持续发展的经济管理行为。政府需要制定与实施各项控制人口增长、保护自然资源和生态环境的政策措施，促进经济可持续发展。同时，为促进潜在比较优势的发挥，政府通过实施一定产业、投资政策，促进基础设施建设，尤其是西部地区基础设施建设，改善其投资环境，或对具有动态比较优势的部门，在最初阶段给予税收、信贷等扶持，这是促进地区经济协调发展不可缺少的部分。

（四）促进市场发育，规范市场发展，建立市场竞争秩序的管理行为

我国市场发育程度不高，无论是市场主体与客体还是空间与时间结构都很不完善。为此，导向与推进市场体系发育与完善乃是政府重要的经济管理行为，同时，应改革市场管理体制，设定既适应社会主义市场经济运行要求又符合国际市场规则的市场规范，整顿市场秩序，并加强对全国统一市场的管理。此外，随着社会主义市场经济的发展，市场中介组织必然会出现，政府应积极推动市场中介组织的发展，并赋予相应的职权，为市场主体和市场

运行提供公平、有效的服务。

（五）维护社会公平的管理行为

维护社会公平是政府十分重要的管理行为。在发展社会主义市场经济过程中，依然存在分配不公平现象，为了保证社会分配相对公平，政府应采取相应的管理行为：一是健全与完善分配制度。按劳分配和按生产要素分配相结合有利于当前我国经济效率的提高和维护最广大人民的利益，形成收入与财产公平分配机制。二是健全市场关系，贯彻等价交换，消除特权与垄断，消除机会不平等带来的分配不公平。政府通过开征不同种类的税目以及完善市场关系的行为，抑制特权与垄断。三是健全社会保障制度，我国政府应着力引导深化医疗、退休、失业保险等社会保障体系的改革，以完善分配机制。

（六）管理国有资产行为

在我国，政府代表全体人民行使国有资产所有者职能，故对国有资产的管理成为政府经济管理的特有行为。但是，管理国有资产的方法因时而异。过去政府代表国家直接经营国有企业，不符合市场经济要求，故首先要实行政资分开，即把政府作为国有资产所有者的职能同作为社会经济管理者的政权职能分开。其次，实行政企分开。政府部门作为出资人代表行使所有者职能，按出资额享有资产受益、重大决策和选择经营管理者等权利。具体说，政府对国有资产的管理，一方面对国有资产行使行政管理职能权，即行使国有资产管理的立法权、监督权、重大人事任免和重大的投资决策权；另一方面界定国有资产，使之产权明晰，并保证其保值、增值，不得流失。应按照国家所有、分级管理、授权经营、分工监督的原则，逐步建立国有资产管理、监督、运营体系和机制。

（七）对外执行代表主权国家经济利益的管理行为

在我国，政府作为国家权力的执行机构，首先要认真遵守国家对外开放基本国策，以及独立自主、自力更生的方针和一系列对外经济贸易活动的原则，以维护国家的主权与经贸利益。其次，在国与国、地区间的往来中，代表国家协调经贸关系，解决经贸争端。再次，代表国家参加国际经贸组织，参与签订一系列双边、多边经贸条约与协定。最后，制定与规划我国对外经贸发展战略与计划，统一协调对外经贸活动，采取有效措施，促进国家对外经贸目标的实现。

上述各方面构成我国政府经济管理行为体系。根据管理的权变原理，没有一成不变的管理理论与方法，需要根据组织所处的内外部环境随机应变，及时调整，以真正形成有中国特色的政府经济管理行为模式。

# 第三节　政府经济管理行为的影响因素

政府实施经济管理行为总是在特定的时空之中进行的，一定社会的政治、经济、文化等因素综合性地构成其行为发生的外部条件，影响或制约政府经济管理行为的目标、方式和功效。

## 一、政府经济管理行为的政治法律条件

政治法律条件即国家的性质、政治制度、法律制度等因素，是决定或制约着一国政府经济管理行为的目标及其基本路径的根本因素。

中国的国家制度不同于西方国家制度，是共产党领导下的人民代表大会制。在这种制度下，国家的最高政治经济决策由全国人民代表大会作出，按照我国国家机构的分工，国务院作为中央人民政府，是国家最高权力机关的执行机关，它的行为在法律上说只是国家意志的执行人，而不是国家意志的表述人。宪法只是赋予国务院拥有其他国家机关所没有的各种手段。它通过运用这些手段进行具体的组织和管理活动，把国家权力机关制定的法律和通过的决议付诸实施，从而实现最高国家行政机关的职能。

因此，政府经济管理行为不等于国家经济管理行为。国家的经济管理行为包含了经济立法、经济护法与经济执法等在内的全部活动，而政府经济管理只是国家行为中的一个重要组成部分。政府经济管理首先必须合法，其行为不能越出国家经济法律规范。一切违反法律的政府行为，都将得到纠正直至受到惩罚。

## 二、政府经济管理行为的经济基础

政府是建立在一定物质与经济基础之上的上层建筑，政府行为受制于物质与经济基础两个基本方面，即社会生产力与社会生产关系的影响。就社会生产力而言，政府行为受到生产力的发展水平及其发展阶段的影响；就社会生产关系而言，政府行为主要受到社会基本的生产资料所有形式的制约。

### （一）生产力发展水平

受整个社会生产力发展趋势的影响，国家及其政府的经济管理行为有加强的趋势。在人类社会生产力不发达的时期，由于生产的分工与技术联系比较单纯，生产者的生产、分配、交换与消费处于较为狭隘的区域，因而依赖生产者、经营者与消费者的自我联系，社会的再生产活动才能进行下去。直

到自由竞争资本主义阶段，相对简单化的社会再生产依靠内部的活动主体就能够顺利地运转下去。但是，在此之后，由于数次技术革命，生产力的发展一再突破原来的极限，社会再生产朝着复杂化、精密化、跨地区和国家化等方向发展，原来的经济运作模式无法适应这种趋势。随着社会生产力的高度发展，各个独立的生产者、经营者和消费者在利益冲突下越来越无法达成共同遵守的社会契约，国家干预从而成为重要的平衡因素。

（二）生产力不同发展阶段

就社会生产力的不同发展阶段而言，政府行为有所差异。受整个社会生产力发展趋势的影响，国家及其政府的经济管理行为有加强的趋势。这是总的趋势，但不排斥在不同的社会生产力发展阶段上的强弱差异以及形式转化。在生产力水平尚未达到较高水平时，政府经济干预行为表现出直接的特点，而在生产力水平已经到达相当高的阶段之后，政府经济行为呈现出间接的特点。政府经济管理以外在直接干预为主转向以内在间接控制为主，其行为更加灵活和巧妙。然而，到了经济成熟阶段，企业和消费者的成熟，使得他们能够处理好自己的事务，过去必要的政府直接干预措施就没有必要了。政府行为的重点由扶持企业和消费者、直接投资以创造经济增长的条件，转向了监督经济主体的行为、维护市场秩序、为整个社会的未来提供发展框架等。从第二次世界大战后多数国家的发展历程中可以看出，政府经济管理大致经历了一个从经济发展的低水平到高水平的过程，政府对经济活动的影响和干预，无论在数量上还是在质量上都发生较大的变化。这种变化应当说是符合社会经济发展规律的。

（三）生产关系

就生产关系而言，政府行为受到生产资料所有制关系的制约。在生产资料归国家所有的条件下，政府作为国家权力的执行机关，负责对国有资产进行保护、经营与管理。政府作为上层建筑中最重要的组成部分，有权力和义务对国有资产承担充分的责任。在社会主义制度下，生产资料公有制是基本的经济关系，政府乃至整个国家机器都要巩固并捍卫这个经济基础，这决定了政府经济管理行为的出发点和归宿点。在资本主义制度下，少数生产资料归国家所有，政府对这部分生产资料承担了比对私有财产更多的责任与义务。

因此，某些政府行为的客观依据是生产资料所有制。这无论在资本主义还是在社会主义都是行得通的。社会主义国家以公有制为主体，国有企业必须在国民经济中起主导控制作用，由于国有企业的存在，使得政府必须对经济体系中最重要的部分加强影响力。

## 三、政府经济管理行为的文化背景

文化因素包括物质文化因素和精神文化因素。其中，对政府经济管理行为影响最大的是蕴含于这两个因素之中的经济思想理论和传统文化。

首先是经济思想理论，它决定着政府经济管理行为的具体手段、方法、措施组合的选择。如，长期受自由放任思想影响较深的英、美等国家，就选择了政府规制型的政府经济管理行为模式；德、法等欧洲国家，由于受到自由主义、空想社会主义、社会民主主义、马克思主义、凯恩斯主义等各种文化思潮的综合影响，产生了“社会市场经济”思想，在经济管理行为方式上选择了政府引导型的行为模式；东亚国家由于长期受中国儒家文化思想影响，并融进了一些西方的现代文化观念，形成了东西合璧的文化特色，其政府经济管理行为模式也逐渐形成了政府主导型的特色。

其次是传统文化因素的影响。观察可知，不同的传统文化背景中的政府行为是存在着差异的。在进行东西方政府经济管理行为比较分析时，根据政府与民间、集体与个人等不同主体的态度，人们注意到了一个基本文化差异：在以渗透着古罗马精神和基督教及其文艺复兴文化为背景的西方文化氛围中，个人利益受到推崇，民间利益具优先地位。受这种历史文化传统的影响，早期的西方政府经济管理只限于维护个人利益，政府扮演社会的“守夜人”角色。到了凯恩斯主义流行时期，虽然政府的角色已不局限于守夜人，但受长期历史文化的浸染，政府经济管理行为依然以充分尊重和保障个人的经济权益为基调。反之，在以儒家和释家教义为背景的东亚文化氛围中，以社会、国家、集体及家庭为优先，个人的利益不允许超越于社会和集体的利益之上。政府管理行为首先依据的是社会及集体的利益，即所谓施仁政，政府的经济管理自然地具有合法性和合理性。只有当政府行为超出了社会及集体的利益后，即施暴政时，政府才具有被推翻的理由。在西方人的眼里，政府对个人如果不是一种限制，至少也是一种不可缺少的恶。而在东方人的眼中，政府对个人至少是一种公正和青天，政府经济管理者是老百姓的依靠。从这个意义上可以有根据地说，两种文化观念产生了有差异的政府行为，同时也进一步成为政府的行为规范指南。因此，只有理解了这些文化背景，才能更好地理解这些背景下的政府行为。

传统文化对政府经济管理行为是有重大影响的，其影响又是复杂的。但不能过分夸大这种影响。政府作为社会的上层建筑，与传统文化作为社会的意识形态，共同受制于经济基础的作用。经济基础起着决定性作用。在这个基础之上，传统文化对政府行为才能够表现出其不同质的文化差异。日本与中国具有相似的文化传统背景，但是在许多方面，日本社会与中国社会表现出了差异。所有这些，都会具体反映到不同的政府经济管理行为上。关键的问题是要理解在每个文化背景下产生出来的政府经济管理行为的特征，估计这种行为在现有条件下的价值，以及预测这种行为对今后社会经济发展的可能影响。

### 四、政府经济管理行为的心理分析

经济活动是由人去推动的，人的因素不可忽视。因此，要揭示和理解政府经济管理行为，就必须解释政府经济管理者的内心世界。这就注定了研究必须要以政府经济管理者的心理为基础。虽然，政府经济管理者的心理由生理和环境两个方面的条件所决定，心理因素需要由造成心理因素的前提条件进一步说明，但是，当一定的假设条件不变时，心理基础是支配政府经济管理者行为的重要原因。

同时，政府行为不仅仅是单独个人的行为，而是一个社会群体的集体行为为，因此，构成这个社会群体的心理，是社会的心理，而不是个别的心理。解释政府经济管理者的心理基础时，除了要注意具体管理场合具体管理者的心理因素外，更多的是要注意政府经济管理者群体的心理因素。在我国现实经济生活中，我们可以观察到这样一个较为普遍的现象，即政府经济管理行为与“关键人”的世界观、人生观、政治理念、管理风格乃至个性特征密切相关。但是，从根本上说，政府经济管理者无论是个体还是群体，其心理活动只有与社会的价值取向吻合，符合社会的心理需要，才能赢得民心，才能赢得社会拥戴。

## 第四节　政府经济管理者的素质

政府经济管理行为不仅受特定社会政治、经济、文化等外部条件的影响，还与经济行为主体自身的条件即管理者的素质、角色密切相关。现代经济建设对我国政府经济管理者的素质提出了更高的要求。

### 一、管理者的素质要求

素质是决定一个人为谁干、为何干和能干得怎么样的内在基础。人的基本素质由品德、知识和能力三个方面构成。品德是推动个人行为的主观力量，决定着一个人工作的愿望和努力程度；知识体现了一个人的智能水平和状况；能力反映一个人干好本职工作的本领，它包括完成一定工作的具体方式以及顺利完成一定活动所必需的心理特征。

一个优秀的管理者，除了要具备品德、知识和能力三个方面的基本素质外，还要有良好的心理素质、身体素质和个人气质。

（一）品德

品德指导着人们对现实的态度和行为方式，很多组织对管理者的要求是“德才兼备，以德为先”，把品德作为管理者最根本的素质。品德综合体现了一个人的世界观、人生观、价值观、道德观和法制观念。

具体来讲，对一个管理者品德方面的要求有：强烈的事业心和高度的责任感；公道正派，与人为善；谦虚谨慎，作风民主；以身作则，清正廉洁。

（二）知识

知识是提高管理水平和管理艺术的基础和源泉。由于管理是一门综合性的科学，涉及的学科知识很广，优秀的管理者应该是所谓的通才，其应该具备的知识包括：

1. 管理者要有经营环境的知识，特别是政治、法律方面的知识，如社会、文化、政治、伦理等，掌握所在国家执政党的路线、方针、政策，国家的有关法令、条例和规定，以便把握组织发展方向。

2. 管理者要有一定的所从事行业的基础知识，了解本行业科研及技术发展情况等。

3. 管理者必须具有经济学和管理学知识，懂得按经济规律办事。

4. 管理者要了解心理学、社会学方面的知识，积极并善于协调人与人之间的关系。

（三）能力

能力是指管理者把各种管理理论与业务知识应用于实践、进行具体管理、解决实际问题的本领。能力与知识是相互联系、互相依赖的，基本理论和专业知识的不断积累与丰富，有助于潜能的开发和实际才能的提高；而实际能力的增长与发展，又能促进管理者对基本理论知识的学习消化和具体应用。

一般说来，管理者应该具有以下基本能力：

1. 创新能力，要求管理者对新事物敏感，思路开阔，富有想象力；善于发现新问题、总结新经验；善于提出新设想、新方案；善于探索和创新。

2. 决策能力，主要表现为分析问题的能力、逻辑判断能力和果敢决断能力等。

3. 应变能力，管理者面对复杂多变的环境，能审时度势，作出新决策，采取新措施。

4. 社会交往能力，管理者要善于处理组织内外关系，包括与周围环境建立广泛联系和对外界信息的吸收、转化能力以及正确处理上下左右级关系的能力。

（四）心理素质

由于组织时常要面对外部环境巨大的竞争压力，同时，组织内部也常常出现异常复杂的状况，因此，要协调好组织内外的各种资源要素关系，这对管理者的心理素质也提出了相当高的要求。一般认为，一个好的管理者，应具备的心理素质是：热情、开朗、情绪稳定；胸怀宽广，豁达大度；克服冷漠、粗暴、狭隘、嫉妒等不良心理，胜不骄，败不馁。

（五）身体素质

“身体是革命的本钱”，很多管理者为了制订一项科学的计划或者决策，要连续工作很长的时间。因此，健康的身体是管理者实施管理活动的基本保证。身体健康的人不仅精力充沛，而且心胸宽广、态度乐观。

（六）个人气质

气质是个人的心理特征，主要表现在性格、情绪、意志和爱好追求等方面。对于一个优秀的管理者来说，如果具有成熟的性格、稳定的情绪、坚强的意志、广泛的爱好、美好的追求，他就能以自身的魅力来影响组织的发展。

## 二、管理者角色

管理者角色的概念是加拿大管理学家亨利·明兹伯格（Henry Minzberg）提出的。20 世纪 60 年代末期，明茨伯格挑选了 5 位总经理，对他们的工作进行了仔细的研究，并得到一些发现，他的发现对传统观点提出了挑战。例如，传统观点认为管理者是深思熟虑的思考者，在做决策之前，他们总是仔细地和系统地处理信息。而明茨伯格发现，他所观察的经理们常陷入大量变化的、无一定模式的和短期的活动中，他们几乎没有时间静下心来思考，因为他们的工作经常被打断。有半数的管理者活动持续时间少于 9 分钟。在大量观察的基础上，明茨伯格提了一个管理者究竟在做什么的分类纲要。通过研究，明茨伯格得出的结论是：管理者扮演着 10 种不同的但却是高度相关的角色。他把管理者分成 3 大类 10 种角色。

（一）人际角色

人际角色是指管理者所要履行的礼仪性和象征性的例行义务，直接来自于管理者正式的权力基础。这类角色具体包含 3 种：代表人角色、领导者角色和联络者角色。

1. 代表人角色。作为所在组织的最高职权者，管理者必须履行许多法律性的或社会性的例行义务，如迎接来访者、签署文件、颁发奖品，行使某种象征性的或者礼仪性的职能。

2。领导者角色。由于管理者对所在组织的成败负有重要责任，所以他必须扮演领导者角色，通过激励和动员下属、配备人员、培训等工作，带领大家朝着目标前进，通过员工的努力来确保组织目标的实现。

3. 联络者角色。管理者与信息提供者接触，这些信息提供者可能是组织内部或外部的个人或团体。管理者是组织内部与外部沟通的桥梁，这就要求管理者必须对重要的组织问题有敏锐的洞察力，在外部建立一个良好的关系网，在内部能协调上下左右级的关系，确保组织内部信息渠道的高效畅通。

（二）信息角色

信息角色是指所有的管理者在某种程度上都能从外部的组织或机构接收和收集信息。在信息角色中，管理者负责确保和其一起工作的人具有足够的信息，从而能够顺利完成工作。管理者既是信息传递中心，也是组织内其他工作小组的信息传递渠道，整个组织依赖于管理结构和管理者进行必要的内外信息沟通。这类角色包含 3 种：监听者角色、传播者角色和发言人角色。

1. 监听者角色。管理者通过阅读期刊和报告、保持私人接触等方式，持续地寻求和收集组织内、外部变化的信息，以便透彻地了解组织与环境，监督组织的过程，识别机会和威胁，调整方向、方式和途径。典型的情况是，管理人员通过外界媒体了解公众的变化、竞争对手的状况。

2. 传播者角色。管理者要将从外部人员和组织内其他人员那里获得的大量信息发布出去，传递给各部门和单位，确保它们能有效完成工作。有时这种传播是面向每一个组织成员的，这时就要采取公开的方法；有时它的传播对象是特定的，就要采取很多限制条件，比如限定范围和层次等。

3. 发言人角色。管理者代表组织把某些信息传递给组织以外的单位和个人，如向外界发布有关组织的计划、政策、行动、结果等信息。例如，外交部发言人定期向公众提供政府的信息和立场；董事会秘书要向股东说明企业的财务状况和战略方向；企业相关部门必须向消费者说明产品的品质和保证、向利益相关者报告企业进展情况、接受舆论的监督等。

（三）决策角色

决策角色是指管理者会在其工作岗位上参与组织决策的工作。在决策角色中，管理者通过处理信息得出结论，然后以此作为依据决定组织的方向。决策角色有4种：企业家角色、干扰对付者角色、资源分配者角色和谈判者角色。

1. 企业家角色。企业家是具有创新思维、战略头脑的一类人物，他们在组织中常常起到寻找机会、促进变革、带领组织不断发展的重要作用。如，开发新产品、提供新服务或发明新工艺等就是企业家角色的体现。

2. 干扰对付者角色。一个组织在运行过程中总会遇到各种冲突和矛盾，管理者为了防止组织内部出现重大问题，需要采取不同的控制活动，包括平衡好各方面的利益关系，协调部门、员工间的各种争端，保证组织沿着正常轨道运转，如调解员工之间的争端、与不合作的供应商谈判、解决客户的产品或服务问题等。

3. 资源分配者角色。组织的资源包括人、财、物、信息和时间等，管理者对这些资源能否作出合理分配决定了资源的利用效率。

4. 谈判者角色。管理者每天在会见人和与之谈判方面消耗了大量时间和精力，这些人有组织内部员工，也有利益相关者的团体、股东，还有整个产业链上游的供应商、批发商，以及公众、新闻媒体记者等。

需要说明的是，管理者在组织中所扮演的角色，与管理者在组织中所处的层次有关。对于高层管理者来讲，他所担负的传播者、代表人、谈判者、联络者和发言人角色会更多；对于基层管理者来讲，他所担负的领导者的角色则会更多。

## 三、现代经济条件下我国政府经济管理者应当具备的素质

现代政府经济管理是一项高度复杂的工作，政府管理者要胜任工作，应当具备以下素质。

### （一）符合现代社会特征的行为价值观

行为价值观主要是指人们对生活、工作、任务的基本看法和态度。行为价值观比世界观对人们生活、工作和任务具有更加直接的影响力。管理者的行为价值观是否符合时代的要求，直接决定着管理者投入经济管理的热情程度和努力程度。不同社会经济制度下的人们，都十分重视政府经济管理者行为价值观的培养和造就。

我国社会正处于转型时期，经济管理体制正处于转轨阶段，这对已经担负政府经济管理者角色多年的人来说，需要随着情况的变化而有所改变。这主要体现在对市场经济观念的认同和接受方面，例如服务意识、竞争观念、

时间观念、平等观念、效率观念和赢利观念等。过去的体制把政府经济管理者对企业的直接干预视为是天经地义的事情，如果今天政府经济管理者继续抱有这样的观念对待企业就必然要与企业发生冲突。因此，作为社会主义制度当前阶段的政府经济管理者，应当具备的价值观是：社会主义市场经济观念，集体主义的思想，为社会履行职责和义务的观念，为人民服务的动机，以及严格按照法律履行经济管理职责的观念等。

（二）较高水准的符合工作需要的理论修养

政府经济管理者的理论修养是其素质高低的一个重要标志。当然，不同的管理岗位，理论修养的要求有其不同的侧重，比如从事财政管理工作的管理者的理论修养，就不同于从事外贸管理工作的管理者。作为一名合格的政府经济管理者，其理论修养应当包括以下基本内容：

1. 掌握马克思主义哲学的基本理论。尤其是在分析错综复杂的经济现象时，人云亦云者甚多，如果没有基本的辩证唯物主义哲学的指导，就会把握不准经济发展的基本形势。

2. 坚定地信仰并能根据客观实际情况运用马克思主义经济理论。社会主义经济运行的许多理论依据和原理，都来自马克思主义的经济学说，以及从马克思主义经典作家们那里发展出来的现代社会主义经济理论。

3. 了解一定的现代西方市场经济理论。现代西方经济理论不完全等同于古典或近代的西方经济理论，它在对市场经济缺陷的认识和宏观经济管理的政策操作方面都有许多比较切合实际的经验概括，如市场信息不完备、竞争性垄断、外部效应、宏观经济政策效应、宏观经济运行的一般过程和特点等。学习和掌握这些理论，有助于提高政府经济管理者对宏观经济调控的自觉性和能动性，从而更好地履行政府经济管理行为。

（三）具备系统性和连续性的思维方式

对于政府经济管理者而言，必须具备系统性思维与连续性思维方式。系统性思维是把一个事物或一个问题放置在一个联结着的整体中去看待，把它看成是与这个整体有机联系并具有一定功能的局部和个体，从而努力寻找全局与局部、整体与个体之间的内在联系，以求得问题的解。连续性思维是把一个事物或问题放置在一个时间的长河中间，把它看成既是现实的产物，又是历史的产物，更预示着未来。实际上，由系统性思维与连续性思维构成了一个纵横交织的思维模式，是有关客观经济世界的空间与时间的联系在政府经济管理者思维上的综合表现。

（四）拥有高于现阶段社会平均水平的科学文化知识

政府经济管理者的知识水平一般受制于整个国家的社会经济发展水平，尤其是全民教育平均水平。但是，政府经济管理者作为一个特殊社会群体应当属于具有较高学历和智商的群体，其平均水平应高于社会总体平均水平，这样才会保证高质量的政府经济管理行为。除了政府经济管理者要具有高于全社会的文化知识水平外，知识结构也是不容忽视的一个方面。因为是从事经济管理工作，在知识结构方面有一些特殊要求，与其他政府工作人员的知识结构应有所区别。这些特殊要求包括：宏观经济理论知识；经济管理技术和方法知识；主管业务部门或行业的知识；中国经济发展的历史知识；国际经济发展的一般经验和教训的知识。

（五）较强的社交公关能力

政府经济管理者具有良好的社交公关能力，不仅是一个单纯的经济管理技能问题，同时也是一个政治能力问题。在社会主义国家里，政府经济管理者所处的角色地位决定了他们必须同社会各界保持最密切的关系。这对于巩固政府在社会的地位和影响，保护人民群众的切身利益有着直接的联系。作为一个特定的社会群体，政府经济管理者比其他多数社会成员的素质必然要高一些。但是，较高的学历和文化知识水平、较高的待遇、较高的管理经验、较高的智力水平，并不一定能使政府经济管理者最终获得管理成功。在那些条件之外，还必须具备良好的社交能力。没有这一条，再有能力的政府经济管理者也难以有所作为。虽然政府经济管理部门是按照金字塔型的行政组织原则建立的，但是它仍然有别于等级森严的军事组织。在政府经济管理组织内部，尽管也有级别、职务、地位和待遇的差别，但是这些都不与学识、学历、管理经验、资历、智力的差别成正比。因此，如果上级政府经济管理者不以民主态度对待下级，不认真吸收下级人员的正确建议，其作出的管理决策就不一定可行。同时，政府经济管理牵涉到社会各个方面，政府经济管理者往往处于各种社会经济矛盾的交汇点，社会各界形形色色的人士都会主动与政府经济管理者交往。这就要求各级政府经济管理者，无论是担负了一定职务的人员，还是普普通通的一般管理人员，都要学会与人打交道，都要学会与各种各样的人交往。

（六）丰富的工作实践经历

政府经济管理者的工作经验，是政府经济管理工作的一项宝贵财富。一般而言，要取得学识性的管理知识是不难的，通过正规的教育培训就能够做到。但是，要想获得经验性的管理知识则不是一件容易的事。通常一个政府经济管理者要想从一个部门的实际工作中获得在该部门的全面经验，最起码需要5年左右的时间。在实际政府经济管理工作中，也应力图避免政府经济管理者因经验少而影响管理质量，每一个政府经济管理者都必须要有与本角色有关的工作经历。合理的设想是，一个政府经济管理者至少应当取得两种工作经历：第一，对于从事综合性管理工作的人员，在此以前至少要有一种在本系统内从事专业性管理工作的经历；第二，对于从事专业性管理工作的人员，在此以前至少要有一种在本系统外同类专业的管理工作经历。

## 思考题

1. 简要说说政府经济管理行为分析的两种基本方法及其启示？
2. 政府管理经济行为产生的条件和基础有哪些？
3. 如何评价东西方不同的传统文化背景对政府经济管理行为的影响？
4. 管理者应当具备的基本素质包括哪些方面？
5. 现代经济条件下政府经济管理者应当具备哪些素质？

# 第六章

# 政府经济管理绩效

政府管理绩效是在明确政府定位和政府职能的基础上，衡量和评判政府治理水平和运作效率的重要依据。政府绩效评估作为一种行之有效的政府管理工具，在提高政府的管理效能和公共服务能力方面具有重要促进作用。政府经济管理是政府管理的重要内容之一。随着社会政治、经济发展环境的变化，政府经济管理的主题与目标需要动态调整，绩效评估的侧重点与目标也需相应地变化。改进政府管理绩效评估，有利于引导和优化政府行为，促进经济健康发展。

## 第一节　政府管理绩效及其分析要素

绩效（Performance）指行为的表现、结果或成效。绩效分析最初运用于企业管理中的项目投资和人力资源管理分析，通过系统的方法评定、测量员工的工作行为和结果，作为薪酬调整、奖金发放、职位升迁的依据。自 20 世纪 80 年代以来，政府部门引入绩效分析，其目的在于客观评判政府的活动，并提供今后工作努力的方向。

### 一、政府管理绩效

政府管理绩效是指政府在经济、社会、政治、文化、环境等管理活动中的结果、效益及其管理工作效率及效能，是政府在行使其职能、实现其目标的过程中表现出的管理能力。它包含政府活动的“绩”与“效”两方面内容，即“政府部门及其工作人员的投入取得了什么成绩”与“社会各方从中真正获得了哪些效用”。

政府定位明确的是“政府是什么”，政府管理明确的是“想干什么、要干什么”，政府管理绩效明确的则是“政府干了什么、干好了什么”。很显然，政府管理绩效与政府的定位和政府职能三者之间存在着密不可分的联系。

政府管理绩效是一个系统性概念。从行政主体的角度分析，政府管理的层次构成了一个纵向体系，既有中央、省市级行政机关的宏观方面的管理，又有各级政府组成部门的中观管理，也有针对某个科室和公务员的微观管理。

从行政活动的结果分析，政府管理绩效就是政府活动的实际效果，政府绩效体现在经济、社会、政治等多个领域。具体而言表现在如下几方面：

经济绩效表现在经济持续发展上，国民经济不仅有量上扩张，而且在结构合理的前提下有质的提升，经济增长率、通货膨胀率、就业率是政府经济绩效的重要衡量指标，良好的经济绩效还包括经济可持续发展的程度。

社会绩效表现在经济发展基础上的社会全面进步，包括人们生活水平和生活质量的普遍改善和提高，社会公共产品供应及时到位，社会治安状态良好，社会群体、民族之间和谐相处，没有明显的对抗和尖锐的冲突等。

政治绩效主要表现为政府的制度安排和制度创新，以及政府的廉洁高效、依法行政。政治绩效是政府绩效的集中表现。

总之，政府管理绩效是多方面的综合。其中，经济绩效是政府绩效的核心，在整个体系中发挥着基础性的作用。维持经济持续发展，使社会财富稳定增长，是政府绩效的首要指标。社会绩效是政府绩效体系中的价值目标。实现经济绩效的目的，就是为了实现社会绩效，保持国家安全、社会稳定、居民安居乐业。政治绩效是整个政府绩效的中枢。实现经济绩效和社会绩效需要政治绩效作为法律和制度的保证和保障。当然，政府绩效每个方面的重要性，取决于不同时期社会的价值取向以及公众的心理偏好。

## 二、政府管理绩效的分析要素

国外对政府绩效分析要素的研究已开展多年，归纳出的结论不尽一致，与之有关的术语和概念也繁多，如投入/产出（Input/Output）、结果（Outcome）、影响（Impact）、价值（Value）、目的（Aims）、目标（Objectives）、对象（Targets）、金钱的价值（Value for Money）等。经过实践的检验，“3E”指标，即经济（Economy）、效率（Efficiency）与效果（Effectiveness）成为绩效分析的最好出发点，被西方学者认为是绩效分析的“新正统学说”。此外，公平、责任、回应等指标，也逐渐成为近年来建构绩效分析体系的基本要素。

### （一）“3E”要素结构

1. 经济。在评估一个组织的绩效时，首要的一个问题便是：该组织在既定的时间内，究竟花费了多少钱？是不是按照法定的程序花费金钱？这是经济指标首先要回答的问题。经济指标一般指组织投入到管理项目中的资源水准，它关心的是“投入”的项目，即如何对投入的项目做最经济的利用。换言之，经济指标要求以尽可能低的投入或成本，提供与维持既定数量和质量的公共产品或服务。

2. 效率。效率指标回答的首要问题是机关或组织在既定的时间内，预算投入究竟产生了什么样的结果。它通常包括：服务水准的提供、活动的执行、服务与产品的数量、每项服务的单位成本等。如，医院可以计算病人的求诊人数；图书馆可以衡量借书册数；政府可以衡量提供公共物品的范围及数量。因此，效率简单地可以理解为投入与产出之间的比例关系。作为一种评估手段，效率经常可用货币方式加以表达和比较。

效率一般分为两种类型：一类是生产效率（Productive Efficiency），它指生产或提供服务的平均成本；另一类是配置效率（Allocation Efficiency），指组织所提供的产品或服务是否能够满足利益相关人的不同偏好。也就是说，政府部门所提供的种种项目如国防、社会福利、教育、健康等，其预算配置比例是否符合人民的偏好顺序，能否接近帕累托最优（Pareto Optimality），即资源的配置能否满足大多数人的最大利益。

3. 效果。以效率作为衡量指标，仅适用于那些可以量化的或货币化的公共产品或服务，而许多公共产品或服务在性质上很难界定，更难量化。在此情况下，效果便成为衡量政府公共服务的一个重要指标。效果关心的问题在于“情况是否得到改善”，它通常是指公共服务实现目标的程度，如福利状况的改变程度、使用者满意程度、政策目标的成就程度等，以考核公共服务符合政策目标的程度，通常可以用产出结果与政策目标的要求相比较进行判断，效果关心的是“目标或结果”。

效果可以分为两类：一类为现状的改变程度，例如国民健康状态、水质的净化程度、道路的耐用程度；另一类为行为的改变幅度，例如以犯罪行为的改善幅度来衡量刑事政策的效果，用接受辅导的心理改善状况来衡量社会工作的效果等。

英国财政部对“3E”的界定如下：经济——指输入成本的降低程度。在实践中，它通常以低成本投入而获得的金钱节省为量度。效率——一种活动或一个组织的产出及其投入之间的关系。最常用的效率测定的概念是劳动生产率及单位成本。效果——指产出对最终目标所作贡献的大小。

根据学者塔尔伯特的分析，目前，美国的行政机关运用3E指标进行管理绩效分析的情形相当普遍，其中，政府机关中，至少有68%使用“效果”指标，有14%使用“经济”指标，有8%使用“效率”指标。在实际的政府绩效衡量过程中，通常都以3E指标作为关键性的思考主轴。

（二）“3E”+质量要素结构

在对公共管理行为的节约和效率方面关注多年之后，公众、政界、管理界和专业界人士开始关注公共服务质量所产生的结果。用“质量”这一概念比用“效果”更容易表达这种关注。如今，“全面质量管理”“质量周期”“质量保证”“质量控制”“竞争求质量”等术语以及“公民宪章”等持续性质量改进运动在公共部门和公众中备受青睐和欢迎。“服务质量”作为考核绩效问题的基础得到广泛的认同，并在现实中成为改进绩效的主要推动力。

（三）“3E”+公平、责任、回应等要素结构

传统上，公共行政与管理重视效率、效果，而不大关心公平问题。自新公共行政运动兴起以来，公平问题日益受到广泛的重视，并成为衡量政府绩效的重要指标。公平作为衡量绩效的指标，它关心的主要问题是接受服务的团体或个人是否都受到公平的对待，需要特别照顾的弱势群体是否能够享受到更多的服务。因此，公平指标通常针对接受公共服务的团体或个人所质疑的公正性而言，一般情况下，它无法通过市场机制加以界定，衡量难度较大。

美国学者埃莉诺·奥斯特罗姆、拉里·施罗德和苏珊·温在其合著的《制度激励与可持续发展》一书中就把经济效率、通过财政平衡实现公平、再分配公平、责任和适应性五个要素作为绩效评估的总体标准。美国学者詹姆斯·威尔逊也认为政府的绩效评估应包括责任、公平、回应、效率和成本五个类指标。美国政府生产力研究中心出版《地方政府绩效评估简要指南》，概括性地提出了评估的生产力、效果、质量和及时四大类指标标准。

总之，政府绩效分析要素组成越来越成为一个包括“3E”、质量、公平、责任、回应等在内的综合性的要素结构。而从服务型政府构建的角度说，政府活动的公平、责任、回应的要素分析意义更为凸显。

此外，政府管理绩效的分析和测度应重在关注结果，而不应是对政府活动的关注，也不应是对投入的关注。绩效如果以政府活动与投入为度量，就可能导致政府劳民、扰民与资源的浪费。以“结果”作为政府绩效的度量，可以改进公共资源配置效率，同时提醒政府官员，其活动与投入不得偏离为民造福这一根本目标。

## 三、政府经济管理绩效的分析要素

政府经济管理绩效是政府在经济领域管理行为的成效或结果。作为政府

管理的重要组成部分，政府经济管理绩效分析需要考虑以下主要因素。

第一，政府经济管理对社会所要求的管理目标实现状况。社会的要求是动态变化的，当民众的基本温饱都不能满足时，社会对政府经济管理的要求较多的是物质财富生产的量；而当人们的生活达到一定水平时，社会的利益需求就转向物质以外的领域，人们所关注的开始向经济以外的更多领域延伸，不仅关注个人的生存与发展，也关注社会的公平与正义，关注社会道德、生态环境、生活质量等，因而政府经济管理的目标也应随之变化。

第二，政府经济管理部门为社会经济活动提供的服务数量和质量。在经济全球化的今天，人们往往以人类文明为标尺来评价本国社会发展，评价政府公共服务的质和量，从而对政府经济管理提出更高的要求。

第三，政府经济管理行为所占用和耗费的资源及其程度。在市场经济条件下，政府作为社会中的一个组织成员，其活动也需要占用和消耗各种社会经济资源。只有占用和消耗这些社会经济资源，政府各部门才能正常运转，才能提供各种管理服务，之中的个人才能有物质条件和经济基础扮演好公仆角色。实际上，从经济管理学角度看，这便是政府行为的成本。

第四，在方法论上，政府的经济管理绩效不能以政府组织活动是否赢利来衡量。社会需要政府组织，是基于维护社会经济发展环境、条件及公众利益的愿望，换言之，政府经济管理的目的，是使社会赢利，而不是使政府组织自身赢利。社会不仅需要一个有管理能力和高效率的政府，同时也需要一个廉洁的政府。

## 第二节　政府绩效管理的原则和价值取向

### 一、政府绩效管理的原则

#### （一）实效性

政府是公共产品及公共服务的提供者，具有一定的垄断性，在缺乏激烈竞争的环境中，行使公共权力的过程很容易出现拖沓、推诿、浪费等问题。构建政府绩效管理机制，就是要以经济、效率、效益、服务质量的提高和公民满意为目标，树立正确的价值取向，着力提升管理的效能，妥善应对管理过程中出现的各种积极因素和消极因素，强化各级政府部门领导及其工作人员的公仆意识，改善政府形象，塑造人民满意的高效政府。

（二）创新性

这一原则要求政府在绩效管理机制运行过程中做到三点：①理念创新。即政府部门必须以新的理论、价值观、文化思想指导绩效管理机制的构建和运行。政府管理机制不仅仅是一种体制问题，还体现了一种观念和文化，而观念、文化的创新是管理机制创新的必要前提。②手段创新。政府管理机制要有效地发挥作用，离不开科学、合理的手段。手段创新是绩效管理机制发挥作用的有力保障。③具体体制与规则的创新。管理机制是由一些体制、规则和程序构建的，这些构成要素必须符合现实发展、时代进步的要求及政府绩效管理的具体要求，这样的机制才富有时代感和生命力。这也是政府管理机制创新的内在基础。

（三）协调性

政府管理机制是一个由管理评估、问责、激励及预算管理等众多子环节构成的有机整体。其有效运转的重要前提就是保证内部各环节分工负责、相互配合、协调一致，避免彼此孤立、推诿，从而体现出它们的整体效应和集合优势。具体表现为：绩效评估为绩效问责、绩效激励及绩效预算管理提供明确且具体的参考结果，使这些管理环节更加具有针对性；绩效问责、绩效激励及绩效预算管理的扎实推进，对于绩效评估的广泛、深入开展无疑会起到极大的推动作用，使评估指标更加全面，评估程序更加顺畅，评估体系更加完整，评估结果更加具有权威性。

## 二、政府绩效管理的价值取向

任何一项管理都需要考虑价值取向问题，也就是西蒙所说的“价值前提”。需要通过正确的价值取向来把握与规范政府管理。

（一）以人为本

政府的权力来自人民，政府管理的根本宗旨就是要为人民服务。践行“以人为本”的价值取向，需要各级政府在绩效管理中充分考虑到民生问题，以此作为管理绩效评估的出发点和落脚点，关注人民群众的诉求，实现人民群众的利益，特别重视解决经济和社会发展中民众普遍关心的热点和难点问题；同时，还要发挥民众在政治生活中的积极性、主动性和创造性，尊重民众的主体地位。

（二）社会效应

社会效应是指政府合理收缩职能管理范围，将一部分职能交由社会组织、民间团体来承担。这在一定程度上有利于打破政府对于公共服务的垄断，缩小政府缺陷的影响范围，形成多元服务主体展开竞争的局面，从而构建一种健康的竞争机制。

在职能转换后，政府作为公共服务提供者的身份没有改变，只是不再作为直接的提供者。政府也能够成为公共服务的需求者，从而拥有了选择与购买的主动权，使其可以提出规范的质量标准，制定严格的监督细则，可以对提供公共服务的非政府组织提出要求，敦促他们在横向之间展开竞争，使得政府和人民群众可以获得更广阔的选择空间和更丰富的选择对象。在服务成本没有增加的情况下，优化了服务结构，提升了服务水平，充分体现了政府管理的意义，并有助于政府更好地履行公共职能，从而提高了公众对政府的认同感和满意度。

（三）结果导向

结果导向是以面向结果、强调结果的实现程度为目标的管理理念，它是对“以投入为本”“以程序与规则为本”的旧有管理理念的否定。传统政府管理理念的最大弊端是行政官员不求管理结果如何，而只求遵守管理的规则，导致“工具价值变成了终极价值”，“规则本身取代了组织效率，变成了力求达到的目标，而不再是达到组织目标的手段”①。结果导向是对传统行政管理的重大超越，是管理主义思想在行政管理活动中的反映，对于提高政府绩效具有十分重要的意义。它一扫传统管理理念华而不实的风气，强调管理的实际效果，追求管理效能的提升，从而将管理手段和目标复位，并进而实现政府绩效这一根本目标。以结果为导向的政府绩效管理理念就是要设计一种“公务员对结果负责，而不是仅仅对过程负责的新体制”②，转变政府工作人员唯规则是从的消极型理念，逐步建立对结果负责的主动型理念，创造性地开展工作。

## 第三节　优化政府经济管理绩效

### 一、优化政府管理绩效的主要机制

影响政府管理绩效的因素是多方面的，开展科学的政府绩效评估、建立有效的政府管理问责制度、公众参与制度及法制保障是优化政府行为的必要条件。

---

① ［澳］欧文·E 休斯．公共管理导论［M］．2 版．北京：中国人民大学出版社，2001：50.
② 刘旭涛．政府绩效管理：制度、战略与方法［M］．北京：机械工业出版社，2003：148.

（一）政府绩效评估

政府绩效评估是政府自身或社会其他组织通过多种方式对政府的决策和管理行为所产生的政治、经济、文化、环境等短期和长远的影响和效果进行分析、比较、评价和测量的过程及其结果。政府绩效评估是优化政府行为、提高政府管理效能的一项重要制度和方法，具体包含以下内容：

1. 建立全面的政府绩效评估指标体系。政府绩效评估的关键是构建一套系统、完整的指标体系来确定和规范政府绩效评估的内容和目标，从而起到应有的导向功能和激励作用。

一般而言，评估政府绩效的指标大体上分为硬性指标与软性指标。硬性指标是指能够量化的指标，反映客观事实，有确定的数量属性，主要事实清楚，原始数据真实完整，指标统计结果具有客观上的准确性和可比性。软性指标是指难以量化的指标，反映公众对受评对象的意见、看法、期望值和满意度，具有模糊性、不确定性和非可比性。

与此同时，对政府管理绩效指标的设计要力图建立包含经济性指标、程序性指标和公众满意度的复合指标体系。

经济性指标是指在计算经济增长时，需考虑生产对资源环境的消耗，即通过对环境经济核算即绿色 GDP 核算的方式，将资源环境成本从经济产出价值中予以扣除。运用经济性指标评估政府绩效，可以衡量生产力的发展水平，同时也可以评估公共资源的使用效率和环境资源的节约程度，从而反映政府管理的短期和长远的影响与效果。

程序性指标是考核政府为公众提供服务的有效性和时限性，明确政府提供公共产品和公共服务的数量和质量。

公众满意度指标是通过民意调查等方式来了解公众对于政府行为的态度，是衡量政府行为的社会效益指标。

2. 构建多重主体参与的绩效评估体制。具体讲包含以下三方面要求：

首先，各级政府在推行政府部门内部自我评估的同时，注重为社会公众和相关领域的专家、学者提供参与绩效评估的渠道和途径，充分发挥他们在评估中的主体作用，可以有效地避免绩效评估中存在的主观性、片面性等弊端，有利于实现绩效评估的客观性、公正性。

其次，需要充分发挥公众在政府绩效评估中的作用。这是因为公众是公共产品和公共服务的主要使用者，并且作为绩效评估的第三方，它们对于政府部门做出的绩效评估是比较客观、公正的。另一方面，公众参与绩效评估能够增强政府的使命感与责任感，迫使政府机关在对上级负责之外，更要对公众负责，有助于形成上级监督与公众监督相结合的良性机制。

最后，需要提高专家、学者在绩效评估中的地位。政府绩效评估是一项专业性很强的技术工作。因此，除了由政府部门自身和公众对政府进行绩效评估之外，还应当成立包括绩效理论专家在内的绩效评估机构。如，成立由专家组成的咨询委员会，制定并推行科学的绩效标准和指标体系。或者由大学和研究机构的专家、学者对政府绩效进行评估，以充分发挥他们的技术特长。这种评估既可以是对单个的项目、部门或政府整体的评估，也可以是对项目间、部门间或政府间的比较绩效评估。

（二）政府管理绩效问责

问责机制是在管理权责统一、责任主体明确的基础上，通过完善的绩效管理监督和绩效管理评估制度，对因绩效管理权限不明确、目标定位不科学、程序不规范、结果不适用等造成失误或损失的管理活动追究其责任主体的政治责任、行政责任、法律责任的制度和机制。

各级政府构建绩效管理的问责机制，首先，要明确责任追究的主体、责任追究的途径和惩戒方式。其次，要建立与之相配套的制度，包括政府绩效管理公开制度、报告制度、审查制度、监督制度、评估制度和奖惩制度等。最后，要严格追究政府绩效管理问题责任人或单位的责任。这是制度建设的关键，因为有制度或法律而不严格执行，比没有制度或法律带来的危害更严重。

（三）政府管理的公众参与

民主、高效的政府绩效管理机制应当是公众参与、专家论证和政府决定相结合的管理机制。完善公众参与机制的措施具体包括完善以下三个制度：

1. 公众评论制度。政府实施绩效管理的事项涉及人民的重大利益时，应主动将绩效管理的方案、计划公之于众，并积极征求社会各界的意见。公告的方式应多种多样，如在政府网站发布、在官方报纸上刊载，或者通过召开记者招待会或与社会组织、行业协会及其他有关公民组织直接沟通。公告的内容应详细明确，以便公众了解情况，提高参与的质量。政府机关应设置相应机构，负责答复公众对公开信息的质疑，对公众的批评建议作出回应。

2. 公开听证制度。听证制度是民主决策与民主监督的一种重要制度，主要由利益各方代表参加，在听证会上阐述自己的立场、观点，表达自己的利益诉求，进而保证制定的决策科学、公正。

听证会应确保社会各方利益普遍参与，代表名额的分配应公正合理，社会各方应平等得到必要的信息，获得平等的发言权，利益应受到平等的考虑，权利应得到切实的维护。公开听证制度有利于社会各界监督政府工作人员；另一方面，听证会提出的意见、建议有利于促使政府部门创新行政理念、改进政府行为。

3. 专家论证制度。随着社会的发展，政府绩效管理逐步向专业化、技术化方向发展。政府部门为避免管理的盲目性，克服“自肥”“自保”倾向，其管理制度须经过专家进行深入的调查研究和充分论证，为管理提供基本依据。为此，政府要建立专家论证制度，建立专家库，确定专家论证的规则和程序，并注重专家论证结果的实际运用。

### （四）政府绩效管理的法制保障

立法保障是开展政府绩效管理的前提和基础。政府绩效管理在西方发达国家的实施日渐成熟，这些国家的普遍做法和重要经验就是“法律先行”，积极推进政府绩效管理的法制化进程。例如：1993 年美国政府颁布了《政府绩效与结果法》，规定“每个机构应提交年度绩效规划和报告”，财政预算与政府部门绩效挂钩；英国 1997 年颁布的《地方政府法》规定，地方政府必须实行最佳绩效评价制度，各部门每年都要进行绩效评估工作，要有专门的机构和人员及固定的程序。我们需要借鉴发达国家的有益经验，以法律的形式确立政府部门进行绩效管理的权威地位，对绩效管理的运行加以规范和约束，推进政府绩效管理的强制性与公正性。

## 二、国外政府绩效评估的基本趋向

政府绩效评估作为当代政府改革的一项重要内容，自 20 世纪 80 年代以来在西方国家的政府公共管理实践中得到广泛运用，开创了公共部门吸收和借鉴私人部门管理方法的先例，并在西方国家政府管理效率的提高和管理能力的增强方面取得显著实效。国外政府绩效评估呈现以下基本趋向。

### （一）政府绩效评估的基准随着公共行政体制改革的演进不断延展调整

西方发达国家和地区公共行政改革主要经历以下三个阶段，政府绩效评估的基准随之拓宽、延展：

第一阶段，20 世纪 80 年代前为规制型的官僚制控制阶段（亦可称为传统公共行政管理阶段）。在此阶段，西方发达国家和地区的政府基本上是在倾力构造一个通过建立各种规章制度的中央控制系统来实现有序、合理、非主观行政、高效并拥有政治责任感的官僚制体系。该体系以制度为基础、以权威为动力、以惩罚为后盾，不折不扣地遵循规程被推崇为行为的目的。与此相适应，追求经济性、效率性是此时期政府绩效评估的重点。

第二阶段，20 世纪 80 年代后到 2000 年，为企业化改革阶段（也可称为新公共管理阶段）。20 世纪 80 年代之后，尤其是在 90 年代，几乎在所有的工业化国家都显示出，公民对于公共机构的信心在下降。为了改变这种状况，西方各国政府纷纷致力于一场变革自身运作管理的运动，即新公共管理运动，其最显著的特征是将市场机制引入政治领域。具体而言，这意味着：①在僵化的、缺乏回应的官僚体制中引入竞争，提高效率；②在政治和行政关系中引入经济学的市场分析模式，即公共选择、协议契约、交易成本以及委托—代理理论；③引入并广泛运用竞争、基于绩效的合同承包、公共服务供给、顾客满意、市场激励和放松规制等概念。与此相适应，在追求经济性与效率性的同时，质量、结果、效益、顾客满意等企业化、市场化指标成为此时期政府绩效评估的重点，但公共组织长久生命力之所依存的民主、公正等重要价值并未得到根本体现。

第三阶段，21 世纪以来，为服务型的共同治理阶段（也可称为新公共服务阶段）。由于新公共管理理论指导下的政府企业化改革没能将民主、公正等价值关怀放在足够重要的位置上，过分强调成本、效率、客户等概念，有可能偏离民主社会中政府只是社会公众的服务者、协调者的规范性基础。正是在此背景下，美国行政学家登哈特教授提出了新公共服务理论，将公共利益的民主价值观、公民权以及服务重新肯定为公共行政领域的规范性基础。与此相适应，除了追求经济、效率、效益之外，平等、公平等价值目标进一步扩展成为政府绩效评估的重点。

当然，现实中，国外政府绩效评估的基准延展并不是在上述三个阶段间生硬转换的。交叉、过渡才符合事物的发展规律。不过，纵使存在过渡、交叉，其规律性的演变也非常显著，即国外政府绩效评估的基准随着政府公共行政体制改革重心的变化而相应延展、调整。

### （二）政府绩效评估的理念方法随着企业管理理论的演进发展不断被引进实施

新公共管理运动兴起后，倡导者们认为政府部门通过利用私人部门的管理技术和激励手段，能够以较少的施政成本缔造一个运作良好的政府。一段时期内，拥有这种思想的人不仅不是个别人，而且迅速成为一种潮流，并引导着各国政府将各种企业化改革方案广泛地付诸实施。因为大多数追随这种思潮的人早已从观念层面认定：私人部门的管理方法几乎可以说是与生俱来地优越于传统的公共部门的管理方法。

正是在这种主流的管理主义改革思潮影响下，大量在企业管理中行之有效的管理理论及管理手段经过适当的修正后被陆续引入政府的行政体制改革中，比如目标管理、全面质量管理、平衡计分卡等。美国政府的改革实践中就曾在不同时期分别引入过目标管理、全面质量管理等管理理论。在这众多被引进的管理理论及管理手段中，绩效评估作为企业管理中至关重要的管理环节与管理技术当然得到格外青睐。事实上，企业强大的生命力及竞争力在很大程度上来自企业结果导向的管理理念和满足市场需求的顾客服务意识。这点极大地启发了研究政府管理的学者们以及一大批的政治家。他们认识到，关于公共产品或公共服务提供的低效、高成本、低质量问题民众意见极大，而这一问题的产生主要是因为政府是一个缺失竞争的垄断性组织，而且在政府内部广泛应用着建立于投入性控制基础上的管理机制。正是这种立足投入端而忽视产出端的管理控制机制，引发了民众日甚一日的不满。

由此研究者们得出的逻辑结论就是：提升公众对政府的信任度及满意度，必须要在政府部门大力引入合适的基于结果及顾客满意导向的政府绩效评估。而在政府绩效评估理论的构建中，企业再造理论、高绩效组织理论、标杆管理理论及顾客关系管理理论等作为主要理论基础都发挥了重要的作用。正是在这些管理理论的综合影响下，政府绩效评估的理念与评估重心都发生了极大的变化，由效率优先演化到质量优先，由过程控制转变为结果控制。与这种理念相适应，大量基于结果及顾客满意导向的绩效评估指标体系及测评模型经过修正后也被广泛应用于政府的绩效评估工作中。

### （三）政府绩效评估机制随着公众民主诉求的高涨走向法制化的刚性轨道

1978 年美国加州民众发动了一场抗税运动，迫使州政府将财产税减少一半以上的提议在全州进行公民投票表决，结果以 65% 的赞成票通过。该州抗税的成功又促使 37 个州纷纷举行减税全民投票。事实上，纳税人的抗议、公共服务私有化的压力、以控制失控的支出为目的的立法呼声以及把权责下放到基层政府的分权运动，客观上产生了这样一种需求：即政府机构应该对立法机关和公众负责，政府有责任公开自己的财政支出情况以及这些支出所产生的结果。毫无疑问，若想做到这点，政府必须对自身的绩效进行评估并向公众公布评估结果。但现实的情况是，客观的要求和主观的愿望并不会完全合拍。一般说来，作为官僚机构的政府自身并不会自觉自愿地接受绩效评估，哪怕是基于投入端的评估。因为无论基于投入端还是产出端，更不必提那种对政府全方位要求的评估，都会对政府机构的行为构成约束，从而给其工作带来压力。为此，西方国家政府的改革比如美国、英国、新西兰等国家基本都是由位居高位的政治家基于社会公众的民主呼声自上而下地推动。

而为了确保政府能够真正履行其对公众的责任，保证政府绩效评估工作的持续有效，用刚性的法律、规章及各种制度加以固化便成为西方国家的一个基本做法。例如：1993 年美国国会通过了《政府绩效与结果法案》，首次以立法的形式确立了对政府管理进行绩效评估，从而使得绩效评估制度成为美国政府的常规工作；澳大利亚 1994 年修订的《公共服务法》和 1997 年颁布的《财务管理与责任法案》等法律，使以结果为导向的政府部门绩效评估机制不断规范化和制度化；而韩国也于 2000 年颁布实施了《政府绩效评估框架法案》，对政府绩效评估的定义、目的、原则、程序、评估机构以及评估结果的运用等都做了明确详尽的规定。

总之，刚性的立法手段使政府绩效评估不再是政府自身可以随意选择做或不做或自由决定做到什么程度的高度自主性的内部工作。实际上，正是公众民主意识的不断强大使得体现政府公共责任的政府绩效评估渐次走向法制化的刚性轨道。实践中，这种刚性的法制化制度安排也确实成效显著。美国会计标准协会和国家行政科学院 1996 年联合进行的政府绩效状况调查结果显示，美国通过立法或行政政策促使 50 个州中的 47 个建立了绩效评估和绩效管理制度，83% 的州政府部门和 44% 的城市政府已经建立了各种形式的绩效评估制度，65% 的州政府部门和 31% 的城市政府建立了评估产出或结果的绩效指标。在很大程度上可以说，国外政府绩效评估的广泛应用及其刚性的法制化制度安排正是政府对社会公众民主诉求的积极回应。

值得一提的是，社会公众民主诉求的高涨不仅推动了政府自身绩效评估工作的广泛开展和不断走向法制化，而且还催生了大量民间的政府绩效评估机构。民间机构由于其非营利性、专业性及利益的非相关性，在从事政府绩效评估方面具备显著的专业客观优势。比如，美国的坎贝尔研究所就是一个名扬欧美的民间政府绩效评估组织，它在 1998 和 2000 年两次展开对美国 50 个州政府的绩效评估，并公布绩效排名，该活动曾引起轰动。但也应当看到，民间机构在从事政府绩效评估工作中也存在着较为明显的信息劣势，因为在大多数情况下，政府机构在允许公众参与绩效评估及向他们提供绩效信息等方面的积极性并不大。

### （四）政府绩效评估的范围、效率以及公众的参与度随着信息化技术的广泛运用而不断扩展提升

国外政府在政府绩效评估发展进程中，对政府的信息化建设投入了大量人力、物力和财力，特别是美国以自己先进的信息技术为支撑，运用现代化

的信息设备，大大提高了其信息技术应用和信息传递网络化的快捷程度，使绩效评估中信息反馈和信息处理的及时性大为改善。

1. 借助信息技术，政府绩效评估的范围不断扩大、效率不断提高。原本政府绩效评估工作只能局限于政府留存翔实档案的部分业务。信息化技术广泛运用之后，无纸化办公成为可能。政府内部几乎所有业务都通过计算机操作，相应地，所有的业务记录也就能够保存在计算机的数据库中。在此情形下，通过一定的计算机程序及各种数据设备，信息的收集、传输、分析、处理等都实现了计算机化。这不仅扩展了政府绩效评估的范围，而且提高了绩效评估数据处理的效率。

2. 借助信息技术，社会公众参与政府绩效评估的现实可能性大为提高。一方面，政府机构通过信息网络可以将大量的政府信息传输给社会公众；另一方面，社会公众也可以将自己所了解掌握的有关政府部门的信息与其他公众分享。信息的充分占有是绩效评估展开的前提。当社会公众占有政府的相关信息不再是难事时，对政府的绩效实施评估也就具备了现实可行性。而且，信息网络的存在使各种民意的调查成本更低、速度更快，这也使社会公众由于参与成本大为降低从而提高了参与的愿望，增多了参与的行动。

总之，国外政府绩效评估在发展的进程中，呈现出评估基准不断延展、评估理念不断调整、评估行为不断具有刚性及评估实施日益仰仗信息化技术保障等趋势特征。

## 三、优化我国政府经济管理绩效的评估

### （一）我国政府管理绩效评估中存在的主要问题

1. 公民参与的渠道不畅、组织单一。目前我国公民参与政府管理的正规渠道包括两类：一类是人民代表大会和政治协商会议；另一类是各级党组织和政府设立的来信来访、领导接待日、政府热线及相关问题的听证会等。前者为主要渠道，具有普遍性、代表性，但对于普通公民来说真正能够直接参与并表达诉求的机会毕竟太少，公众参与的广度和深度都存在极大的局限性；后者为辅助渠道，具有实际性、具体性，但也存在着公民的合理化建议与要求得不到相关部门回应的问题。我国公众参与政府管理的主要组织是社会团体，社会团体成为实现公众参与的主要载体。虽然目前我国拥有众多的各类社会组织和团体，但其正常运作对政府的依赖性依然很大，不具备应有的独立性和自主性，自身的制度化基础十分薄弱，党和政府主导的、自上而下的社会组织形态依旧存在，并未得到根本改观，各类社会团体、群众组织没有

起到实现公民参与的桥梁和纽带作用。在一定程度上，公民参与政府绩效管理的具体操作还有待落实，真正能够吸纳公众参与公共事务管理与决策的渠道和组织还需要进一步顺畅和扩充。

2. 公民参与的制度不规范、参与作用有限。制度化是公民参与政府绩效管理的重中之重，制度是否健全直接关系到公民参与能否得到顺利实现。我国特别重视公众参与国家的公共政治生活，公众参与的基本制度框架已初步建立，但是对于公民参与公共事务管理的形式、渠道和组织等却没有明确的规定，公民参与机制还有待完善，公民参与往往处于随意、无序状态，公民参与没有真正实现，也无法得到实效。而对于公民参与这一政治行为，由于没有相关制度规定，政府往往不予考虑和重视，依旧按照自己的意图实施管理，这不仅严重挫伤了公民参与的积极性，而且有可能引起公民对政府的不满，导致政府的信任危机，甚至威胁社会安定。

3. 绩效评估主体单一化。我国政府部门的绩效评估活动正日益演变成政府内部的自评行为，政府在评估过程中担负着评估者与被评估对象的“双重角色”。究其根源，还是由于政府对于自身角色的定位出现偏差。不可否认，目前我国有部分政府部门已经着手实施了一些措施，力图把政府外的相关群体纳入政府绩效评估的主体。然而，我国各级政府进行的各类绩效评估活动仍停留在自我内部评估的阶段，政府在其中的主导地位不可动摇。从绩效评估指标体系的设计到具体评估活动的执行以及评估结果的运用，无不处于政府的“密切关注之下”，其他机关、社会团体及广大民众难免陷入“局外人”的尴尬境地。即使是20世纪90年代以来，地方上轰轰烈烈的“万人评议政府”“企业评价政府”“第三方评价政府”等带有鲜明改革色彩的举措，也仍然没有构成对这一体制的根本变革。可以说，政府主导是当前我国政府绩效评估的根本特征。

在公众参与方面，由于参政渠道的限制，加上公民参政意识薄弱、参政能力有限、参政成本较高而参政效益又不显著等原因，包括政府绩效评估在内的各种公民政治权利在当前并未得到很好的实现。总之，在评价政府的问题上，公众及其代表机关的同时缺位，是我国政府绩效评估长期以来为政府所主导的根本原因。政府主导的评估体制，无论它具有何种优势，都难以克服自我评价的天然缺陷，“既当运动员，又当裁判员”的评估形式很难令人对评估结果的可靠性给予信任。

4. 绩效评估方法落后。没有科学的绩效评估方法，就谈不到客观、公正的绩效评估。然而，目前我国很多地方政府开展的绩效评估活动所采取的评估方法还存在着片面性、随意性和主观性的弊端。具体表现为：片面地将经济业绩等同于政绩，将经济指标等同于政府绩效的评估指标；评估程序不规范，存在很大的随意性；评估方法多为定性方法，较少采取定量方法，导致评估结果不科学。这些问题使得政府绩效评估很难做到科学、有效，不仅不能够实现准确的评估，甚至会带来一些严重的危害。比如：有的地区只重视经济指标的考核，结果经济搞上去了，却出现了各种社会问题；很多部门在评估时玩弄数字游戏，数字中的水分太多，搞"泡沫"政绩；由于评估内容不规范，投机取巧现象客观存在。

由于政府绩效评估是一个公认的国际性难题，很多内容难以量化，有的甚至不能量化，而对需要量化并可以量化的内容进行研究，要求研究者有较扎实的数学、统计学、运筹学等自然科学功底。我国至今尚未建立和健全遵循国际惯例、适合中国特殊国情的包括评估原则、评估指标体系、评估模型、评估依据、评估技术与方法、评估程序等在内的完整有序、切实可行的政府绩效评估的理论、方法和实践体系。因此，借鉴国际先进经验，探讨和建立适合我国国情的政府绩效评估理论框架、指标体系、操作程序及技术方法，实现我国政府绩效评估的制度化、规范化、科学化，已成为我国行政管理现代化的必然选择。

（二）优化我国政府经济管理绩效评估的基本思路

1. 积极构建政府经济管理绩效评估的公众参与机制，实现评估主体多元化。公民参与是指一个国家的公民个体以及由其组成的社会组织、团体在法定范围内从事公共事务管理与决策的政治行为，使政府切实反映民众关心的问题，加强政府与民众的沟通与合作，提升政府行为和公共政策的合法性和合理性，进而实现政府行政效能的最大化。

美国学者约翰·托马斯指出："公民参与是信息科技时代政治社会生活不可或缺的一部分，是政府和公共管理者必须面对的环境和情形。"① 为此，需要积极构建政府管理绩效评估的公众参与机制。

公民参与机制，从静态方面说，是指在政府与公民及社会组织、团体之间围绕公共事务的管理、公共政策的制定而设计和安排的制度体系，具体涉及公民参与的范围、手段、渠道及其效果，还包括政府的反馈情况；从动态方面说，它是指公民围绕公共事务管理和公共政策制定，通过合法、有序的

① ［美］约翰·克莱顿·托马斯. 公共决策中的公民参与：公共管理者的新技能和新策略［M］. 孙柏瑛，等，译. 北京：中国人民大学出版社，2005：155.

渠道与政府进行协商、沟通，从而影响政府的公共管理和决策的机制。

构建多元化的政府绩效评估体制的重要内涵之一是包括国家权力机关、各级政府部门、独立的社会团体与研究机构及人民群众等都应成为政府经济管理绩效评估的主体。为此，需要落实好以下环节的工作：

（1）强化权力机关的评估权。落实各级人大及其常委会评估政府绩效的权力，主要是人大的预算权以及对政府工作报告的审查权。基于人大的预算权，各级权力机关可以对政府预算资金的使用绩效加以评估，为了达到评估的目的，未来应当着眼于将我国当前的行政型审计体制逐步转变为立法型审计体制，权力机关通过支持绩效审计，实现对政府绩效的评价。基于人大对政府工作报告的审查权，各级权力机关有权全面评价同级政府的工作绩效，而人大代表对行政机关的质询和评议制度可以看做是这一权力的延伸，关键在于赋予质询或评议的结果以何种法律效力。

（2）推动社会评价政府的制度化。作为公共产品的直接消费者，公众参与政府绩效评估既能极大地增进评估实效，也符合现代行政民主化的潮流，是实现政府绩效评估主体多元化的重要方向。在发动机制上摆脱政府主导，从法律层面至少是地方性法规的层面确立公众评价的发动机制，能改变政府自我发动的现状，将评价结果落实为政府机构的法律责任。因此，可以考虑将评价结果与预算手段结合起来，将预算的增减作为对被评价者的奖惩。

（3）完善政府内部的绩效评估。从我国政府内部的组织体系来看，可能承担这一职能的机构包括财政部门、人事部门、审计部门、监察部门，此外还包括作为内部办事机构的“纠风办”，某些地方则专门成立了负责评价工作的临时性机构或议事协调机构。因此，理清各类评价机构的职权，消除其交叉、混乱现象是完善政府绩效内部评估的当务之急。

2. 在政府经济管理绩效评估的内容上要突出“绿色 GDP”的导向作用，推行官员环境保护问责制。人类经济的发展、社会的进步，不仅依赖 GDP 的增长，还依赖自然资源环境和谐统一度的提高。绿色 GDP 概念的提出，是由于从单纯的 GDP 中，只能看出经济产出总量或经济总收入的情况，却看不出这背后的环境污染和生态破坏的情况，甚至环境污染和生态破坏的行为也能增加 GDP。因此，应该从 GDP 中扣除那些降低国民环境福利水平的因素，建立绿色 GDP。

自20世纪中叶开始，随着环境保护运动的发展和可持续发展理念的兴起，一些经济学家和统计学家开始尝试将环境要素纳入国民经济核算体系，以发展新的国民经济核算体系，这便是绿色 GDP，即绿色国内生产总值，它是对 GDP 指标的一种调整。公式表示如下：

绿色 GDP = GDP 总量 -（环境资源成本 + 环境资源保护服务费用）

绿色 GDP 实质上代表了国民经济增长的净正效应。绿色 GDP 占 GDP 的比重越高，表明国民经济增长的正面效应越高，负面效应越低；反之亦然。

国内外许多专家多年来致力于此项研究，虽取得了重大进展，却也存在着不少争论，主要是统计操作层面存在不少实际困难。尽管目前还没有一套公认的绿色 GDP 核算模式，也没有一个国家以政府的名义发布绿色 GDP 结果。但是，作为一种科学理念和政府责任的体现与要求，绿色 GDP 考核指标已在欧美一些发达国家实施。

绿色 GDP 综合性地反映国民的真实净福利，实施绿色 GDP 核算，发展的内涵和衡量标准就改变了，扣除了环境成本，一些地区的经济发展数据就会大大下降，这就要使人们的观念逐步有一个转变。尽管这是一个艰难的过程，但一定要转变观念。其重要意义在于：

第一，绿色 GDP 有利于科学和全面地评价经济的综合发展水平。通过对环境污染和生态破坏的准确计量，我们就能知道为了取得一定的经济发展成就，我们付出了多大的环境代价，从而可以使我们客观和冷静地看待所取得的成就，及时采取措施降低环境损失。

第二，绿色 GDP 可以为干部政绩考核提供新的评价标准。我们对各级干部进行环境保护绩效考核，是为了促使各级政府更加重视经济与环境的协调发展。目前环保考核主要是利用若干环境保护指标，以后绿色 GDP 研究成熟并作为干部考核指标后，可以使干部环保考核更具有科学性。

第三，绿色 GDP 有利于促进公众参与环境保护。绿色 GDP 是一套公开的指标，通过发布绿色 GDP，可以更好地保护公众的环境知情权。同时，公众通过绿色 GDP，能直接判断一个地区环境状况的变化，可对政府环境保护工作进行监督，并积极参与环境保护事业。

第四，绿色 GDP 有利于促进政府转变职能。政府的重要职能是向人民提供公共服务和公共管理。绿色 GDP 作为关系到一个地区综合发展水平的公共信息，必将促进政府更加关注本地的宏观发展战略，使政府从热衷于具体项目管理转向做好发展规划和创造更好的发展环境上来。

服务型政府的定位不应仅仅是热衷于管企业、促经济增长，而应将主要精力放到对公共事物的管理上来。环境保护是公共事物中的重要组成部分，关系着全社会千家万户的身心健康。人民有权知道、有权监督、有权参与那些关系自己切身利益的环境信息与公共项目，人民有权评价、有权监督、有权了解那些执行公共项目的各级管理者。

环境权益是人民生存权的重要部分，我国已将环境保护列为基本国策，保护环境已成为地方党政领导的职责所在。而且，考核官员的环保责任正成为国际趋势，2002 年的南非可持续发展世界首脑会议强调建立各级政府的“环境保护问责制”。从长远看，要使经济增长与环境保护得以统一，就要加大力量研究并采用绿色 GDP 的衡量指标，并形成我们衡量、选择政府官员更全面的标准；将公众环境质量评价、空气质量变化、饮用水质量变化、森林覆盖增长率、环保投资增减率、群众性环境诉求事件发生数量等指标，以及当地政府对中央各项环保法规政策的落实情况纳入政府官员考核标准。总之，环保政绩一定要与政府官员任免密切挂钩，尤其是各地各部门的主要管理者要成为环保考核的对象和环保责任的承担人。

3. 在政府经济管理绩效的评估方法上要积极引入“顾客导向”，加强政府回应体系建设。“顾客导向”原指企业根据顾客的需要组织生产、提供服务，以优质、高效的产品和服务赢得客户的一种企业经营战略。政府管理引入“顾客满意”原则后，将视线聚焦在公共服务的质量问题上，视政府的服务对象为“顾客”，提出了公共部门中的“顾客至上”原则，强调公共产品和服务应该令“顾客”满意。它要求政府部门面向公众，积极观察、寻求、体验公共服务使用者的要求和期望，并在管理活动中，与其进行良好的沟通与合作，从而通过提供各个公共服务机构绩效方面的信息，引导公众对公共产品和服务做出正确的判断。同时政府主动接受公民的申诉和服务质量监督，通过一系列回应措施来体现“顾客导向”原则。它强调以公民为中心，以公民满意为政府绩效的终极标准，评价过程有公民及第三方的参与，要求增强政府管理的回应性。“顾客导向”顺应了建设服务型政府的时代要求，反映了世界各国政府绩效评价发展的共同趋势，越来越得到社会各界的共同认可。

“顾客导向”的政府绩效评价扭转了政府管理过程中的主体中心主义，确立了管理客体中心主义原则，公众的满意度进入公共行政的中心，原来那种行政体系自我评价、自我判断变成了公众的评价和判断。在此基础上，应从切实为人民负责、积极解决问题的角度出发，积极加强政府的回应体系建设。因为政府绩效评价是对政府前一个阶段工作的反馈，反馈的结果又会成为政府下一阶段工作的“前车之辙”，政府部门对这些反馈出来的问题采取什么样的态度，怎样去解决和改进以及结果如何会直接影响到评价的成败。重视反馈的问题，科学、认真地分析并努力地解决或改进，就会推动政府自身行政能力建设的良性循环。否则形式主义的“走过场”、重评价而不重解决和改进就会陷入恶性循环。每次政府绩效评价都会反映和暴露出一些问题和矛盾，政府应当在吸收公众意见的基础上，及时将结果反馈到政府体制内部，增强政府回应力，保证绩效评价结果发挥积极作用。

应将评价的结果建立信息数据库，形成二次反馈机制，在留足充分的整改时间之后，组织专门的评价活动，反馈绩效评价中暴露出来的问题和矛盾是否得到了解决或改进、解决或改进的程度如何、百姓是否满意等。这样不仅可以促进问题的解决和工作的改进，而且能提高评价的效益，顺应了民意。

4. 在政府经济管理绩效评估改进的条件上要培育成熟、理性的“顾客”群体。要形成政府绩效评估的“顾客导向”，其重要前提是要存在成熟、理性的“顾客”群体。这要求深化政治、行政体制改革，推进中国社会的民主化进程，改变公民权利和义务的不对等状态。

我国的改革特征是政府主导型的自上而下式，而改革的最终成功必将伴随着公民和社会自下而上的觉醒。政府的服务态度、服务质量、服务水平如何？政府的绩效如何？政府的服务对象——社会公众有着最直接、最真切的感受，社会公众最有发言权。政府绩效评价是一种服务和顾客至上的机制，政府绩效评价要以社会公众为本位在政府自身进行绩效管理的同时，还应积极推动独立的社会评价组织的发展，加强外部监督。通过中介组织“第三方”评价，能使政府真正体会到“政权在民、责任政府”的内涵，促使其树立起科学的发展观和正确的政绩观，使政府及其官员把对上级负责、对人民负责和对历史负责统一起来，把眼前政绩与长远战略、行政行为与行政结果统一起来，把政府主导和公众参与统一起来，从而推动政府职能转变，由政府管理转向政府治理，最终转向广大公民和社会组织积极参与的公共治理，达到“善治”状态。

## 思考题

1. 政府管理绩效的分析要素是什么？
2. 什么是政府管理的价值趋向？
3. 优化政府绩效评估的主要实现机制是什么？
4. 什么是绿色 GDP？为什么在我国政府经济管理绩效评估中要突出“绿色 GDP”的导向作用？
5. 国外政府绩效评估的基本趋向及其对我国的启示是什么？

# 第七章
# 微观经济政策

微观经济是指个量经济活动，即单个经济单位的经济活动，包括企业的生产和营销、消费者的购买等。微观经济运行以价格和市场信号为诱导，通过竞争而自行进行调整与平衡。而在实际经济的运行中，存在许多市场机制作用不能达到的领域，需要政府从社会公共利益出发，运用各种手段，进行调节和控制。微观经济政策就是政府为提高资源配套效率、调节微观经济主体行为的有关政策，旨在纠正市场失灵或弥补市场缺陷。

## 第一节　微观经济政策概述

### 一、微观经济政策施行的依据

传统经济学认为，基于亚当·斯密“看不见的手”所建立起来的市场经济体系，能够使经济系统自动地趋于平衡。但是，在现实中，价格机制对经济的调节作用并非总是如理论上所描述的那么完美，原因在于完全竞争市场及其他一系列理想化假定条件并不存在。因此，很多经济学家认为，在现实经济环境中，“看不见的手”的原理一般来说不成立，市场机制在很多领域并不能导致资源充分有效配置，不得不由政府的某些活动来加以补救。

此外，从公民个人权利的角度出发，在现代社会经济生活中，政府的职能不仅仅是保护社会稳定和个人的安全，还负担了重大的经济责任，比如促进市场竞争、防止劳动过程中出现的就业歧视、生态环境的保护、促进收入均等、保障公民个人发展的权利等。对于市场经济中存在的缺陷，政府可以通过制定和实施各种相关的经济政策加以纠正。其中，主要作用于微观经济主体，对其行为加以引导、保护、限制或约束行为的被称之为微观经济政策。

## 二、微观经济政策的主要内容

微观经济政策的内容及其侧重点随不同国家社会经济发展的不同阶段而有所差异。在我国，改革开放早期的微观经济政策主要涉及以下内容：国有企业政策、私营经济和个体经济政策、农民经济政策、中外合资企业政策、中外合作企业政策、外商独资企业政策、对外投资企业政策、金融企业政策等。上述政策目标过于狭隘，手段比较单一。随着经济与社会的发展逐步衍生出一些新的问题，如信息不对称带来消费者权益受损，生产企业的污染行为对资源、环境造成破坏，垄断扭曲了竞争等现象，不同程度地阻碍了经济的可持续发展。相应地，我国的微观经济政策开始呈现出多样化的趋势，涉及消费者权益保护、环境保护、培育市场竞争机制、反对就业歧视等。这些政策功能的发挥有些是立竿见影的，比如价格政策；有些则需要一段相对较长的时间才可能产生效益，比如环境保护政策。

从全世界范围来看，微观经济政策是指政府制定的一些反对干扰市场正常运行的立法以及相关政策，主要涉及价格政策、收入政策、消费政策、就业政策、环境保护政策等。

# 第二节　反垄断政策

## 一、垄断及其危害

### （一）垄断的含义

竞争是市场机制的核心要素，垄断是对公平竞争原则的破坏。但是市场竞争具有产生垄断的自然倾向。垄断主要有以下两大类型：一是自然垄断，指产业本身的技术特点适合于独家生产类型；二是人为垄断，指为获取垄断利润而人为降低竞争程度的生产类型，如协议定价、定额等。

关于垄断的影响，经济学界的认识存在一些分歧，如美国著名经济学家熊彼特就曾将垄断厂商的作用归纳为三点：第一，垄断产生的超额利润是创新的源泉。第二，垄断没有消除竞争，只是改变了竞争的方式。熊彼特认为竞争的表现形式有很多种，除了价格竞争、质量竞争、推广方式外，还有新产品、新技术、新的生产资料来源、新型组织等，这些竞争在长期会产生与完全竞争十分类似的行为。第三，垄断有利于减轻萧条和经济波动。由于大型垄断企业相对于中小企业更为稳定，抗冲击的能力就比较强，具有技术和资本上的优势，所以能够对经济的波动起到很好的稳定作用，这是自由竞争市场做不到的。

（二）垄断的危害

尽管包括熊彼特在内的一批经济学家宣扬垄断的积极面，但从一般意义上来讲，垄断对于市场经济的有效运行的确产生了一定的危害，尤其是当垄断普遍存在的时候，几乎可以断送市场经济的前途。垄断的危害主要表现在以下方面：

1. 浪费资源。与充分竞争相比，垄断厂商往往不会把生产扩大到成本最低点。垄断厂商的长期均衡往往产生于长期边际成本等于边际收益，而不是以长期平均成本最低为均衡点。这会使得生产效率得不到最大限度发挥，资源利用不充分，造成产量少、价格高的市场局面。

2. 社会福利损失。从长期看，垄断厂商按照 MC = MR 来组织生产，在垄断时的价格较高，消费者的购买较少。由于价格较高，因此垄断价格下的消费者与完全竞争下的消费者（价格等于边际成本）相比，会损失掉一部分消费者剩余，并且导致那些在较高价格时没有购买而在降价后可能购买的消费者损失掉一部分消费者剩余。其中一部分消费者剩余由垄断厂商在卖高价的过程中获得，而另一部分完全是由垄断造成的无谓损失，即社会福利的净损失。

3. 增加社会成本。垄断缺乏降低成本和进行技术革新的动力，从而社会生产既定的产量要花费较多的成本。同时，由于垄断可以使厂商获得更多的利润，因而为了保持这种超额利润，垄断厂商往往会采取各种形式的维持垄断的措施。其中包括游说政府制定更有利于自身的政策。这种为了寻求额外的利润而进行的活动被称为寻租行为，寻租不仅要花费成本，而且会滋生政府腐败。

## 二、反垄断政策的主要内容

（一）反垄断法

反垄断法又称为反托拉斯法，是政府反对垄断及垄断行为的重要的法律手段，许多发达国家都颁布和施行了反垄断法。

早在 19 世纪末和 20 世纪初，美国企业界出现了第一次大规模兼并，形成了一大批经济实力雄厚的大企业，被称之为垄断厂商或托拉斯，涉及当时美国的汽车、钢铁、化工等行业，它们深刻地影响到美国社会各个阶层的利益分配。对此，美国国会通过一系列法案以反对垄断，包括《谢尔曼法》《克莱顿法》《联邦贸易委员会法》《罗宾逊—帕特曼法》等。这些反垄断法规定，贸易的共谋、垄断或企图垄断市场、兼并、排他性规定、价格歧视、不正当竞争或欺诈行为等都是非法的。为此，美国成立了专门的反托拉斯法的执行机构：联邦贸易委员会和司法部反托拉斯局。前者主要反对不正当的贸易行为，后者主要是反对垄断活动，对违法者由法院提出警告、罚款、改组公司甚至判刑。

我国自1994年开始研究反垄断法的立法工作，借鉴发达国家相关经验，同时尽力切合中国实际，历时近15年之久，终于在2008年8月1日正式颁布《反垄断法》。我国反垄断法实施后处理的首个案例是美国可口可乐公司对中国民族企业代表汇源果汁的收购事件，商务部对此并购案审查后未予批准，原因有三：①如果收购成功，可口可乐有能力把其在碳酸饮料行业的支配地位传导到果汁行业。②如果收购成功，可口可乐对果汁市场的控制力会明显增强，使其他企业没有能力再进入这个市场。③如果收购成功，会挤压国内中小企业的生存空间，抑制国内其他企业参与果汁市场的竞争。

（二）对自然垄断实行管制

反垄断法所反对的一般是由垄断产品供给、垄断原料来源、掠夺性定价等原因造成的垄断。这种垄断是抑制竞争、违反经济效率的，弊大于利。在经济生活中，还存在另外一种垄断，它是由技术条件和需求条件共同作用而形成的市场结构，比如铁路、航空、邮电、供水、供暖、供电、供气等部门的经营，常常由一个或少数几个公司从事垄断性经营。由于技术上要求有大规模生产才会有效率，需求上具有所有消费者共同使用的性质，因此对于上述部门来说，由很少的厂商来经营最为经济合理。我们把这种由技术条件和需求条件共同作用而形成的垄断，称之为自然垄断。自然垄断不属于反托拉斯的范围，但需要政府妥善管理，管理的一个核心问题便是这些产品的收费标准。一般来说，比如政府的公用事业管理机构应当把价格定在能够补偿平均成本水平即可，对于可能出现的边际成本则由政府的税收来弥补。

按照平均成本定价是对自然垄断管制的一个较好的办法，然而，它同样会产生一些问题：由于按照平均成本定价，厂商失去了为降低成本而进行创新的动力，因此有可能过多使用设备和人力，造成不必要的浪费。因此，一些国家曾一度将自然垄断行业国有化来加以限制，但事实证明，国有化企业经营效率往往比较低，因而这些国家在后来纷纷放弃了国有化的做法，仍旧让私人企业来经营，只是政府把对垄断行业管理的工作重点放在了价格管理上。

（三）行业重新组合

如果一个垄断的行业被重新组合成包含许多厂商的行业，那么，厂商之间的竞争就可以把市场价格降下来。被重新组合的行业竞争程度越高，市场价格就越接近于竞争性价格，政府采取的手段是分解原有的垄断厂商或扫除进入垄断行业的障碍，并为进入厂商提供优惠条件。

如果一个行业垄断是通过行业中的厂商兼并或者一家厂商依靠较大的规模设置进入障碍而形成的，那么，就可以依靠政府力量把行业中的垄断厂商分解为几个或多个较少的厂商，例如风靡全球的微软肢解案。以前也有类似例子，如 1983 年前，美国的电话电报公司是一家具有垄断力量的厂商，它在全国范围内提供 95% 以上的长话服务和 85% 的地方电话服务，并出售大部分电讯设备。为加强这一部门的竞争，美国政府迫使美国电报电话公司将地方电报电话公司卖掉，使其规模减少了 80%，从而降低了电讯市场的垄断程度，增强了竞争。

一般而言，对垄断行业的重新组合并不马上形成完全竞争的市场结构，即使大厂商被分解后形成的小厂商也具有一定程度的市场支配力。为配合把竞争因素引入垄断行业，让新加入一个垄断行业经营的厂商有能力与原有的厂商竞争，政府要对新厂商给予一定的优惠，减少进入障碍。

（四）对垄断行为的制止或预防

如果一个行业不存在进入障碍，那么，一般厂商不会在长期内获取超额利润。因此，已经取得垄断地位的厂商总是试图设置进入障碍，或者采取不正当竞争手段排挤竞争者，以维护自身市场的支配力，为此，政府可以利用各种处罚手段加以制止。对垄断行为的制止重点在于清除进入障碍，鼓励更多的厂商进行竞争。

## 第三节　环境保护政策

市场配置资源有效性的一个假定前提是经济主体承担自身行为带来的所有成本并享有其创造的所有收益，当这一条件不能满足时就会产生外部性问题，包括正外部性和负外部性，这里我们主要讨论由生产或消费的负外部性造成环境污染问题的政府应对之策。

### 一、环境污染行为及其危害

环境污染指自然地或人为地向环境中增加某种物质而超过环境的自净能

力而产生危害的行为。在人为的环境污染中不仅有企业的生产行为所带来的种种负面效应，也包括一些消费行为所产生的污染，如燃放烟花爆竹、随意丢弃的生活垃圾、家用汽车的普及化使用产生的可吸入颗粒剧增以及环境损害。

环境污染会给生态系统造成直接的破坏和影响，如沙漠化、森林破坏，也会给生态系统和人类社会造成间接的危害，有时这种间接的环境效应的危害比当时造成的直接危害更大，也更难消除。例如，温室效应、酸雨和臭氧层破坏就是由大气污染衍生出的环境效应。这种由环境污染衍生的环境效应具有滞后性，往往在污染发生的当时不易被察觉或预料到，然而一旦发生就表示环境污染已经发展到相当严重的地步。当然，环境污染的最直接、最容易被人们所感受的后果是使人类生存环境的质量下降，从而影响人类的生活质量、身体健康和生产活动。例如：城市的空气污染造成空气污浊，人们的发病率上升等；水污染使水环境质量恶化，饮用水源的质量普遍下降，威胁人的身体健康，引起胎儿早产或畸形等。严重的污染事件不仅带来健康问题，也造成社会问题。随着污染的加剧和人们环境意识的提高，由于污染引起的人群纠纷和冲突逐年增加。

## 二、政府遏制环境污染的主要政策手段

### （一）征收污染税

一般说来，只要有外部性，社会成本和私人成本之间就会有差值，社会收益与私人收益也会有差值。税收可以使边际私人成本与边际社会成本相等，也可以使私人边际收益等于社会边际收益，这种矫正性税收是由 20 世纪 30 年代英国经济学家庇古提出来的，所以也叫庇古税。

对污染者的单位产量征税，其税额正好等于污染者在效率产量水平上造成的边际损害。人们或许是想通过这些税收来弥补他们因此污染所受到的损失，这样，受污染行为的损害可能还存在，但比征税前小了很多。

庇古税是对于污染性生产企业实行按单位产量征税，还有一种做法是对于这些企业的每单位污染征税，这种税收也叫做“排污费”。庇古税与排污费的差别只是计税依据的不同而已。

### （二）实施污染补贴

通过对产生污染的生产企业给予补贴，使其减少污染排放，可以获得更符合效率要求的生产。初听起来，这种做法有点奇特，但其实际作用和征税是类似的。因为污染者获得政府的补贴后，会将这笔钱用于购买相关的减排

设备、技术更新或用于弥补减产导致的损失。

但是，也必须承认上述政府补贴行为存在一定的问题。首先，补贴很可能带来高利润，所以，长期而言会引起更多的企业“去水源旁边生产”，造成总污染实际增加。其次，补贴在道德上是站不住脚的。毕竟用于补贴的政府支出来自于从其他人那里获得的税收收入，这不公平。除非这种污染背后的生产行为是全社会所必需的产品，不可或缺，或者很难替代。因此，总体而言，此类补贴不能使资源配置符合帕累托最优，因为私人部门不会考虑政府控制污染津贴的额外成本。

（三）推行污染许可证交易制度

这是一种为了控制污染水平，政府向企业出售污染许可证，并允许排污权在企业间进行交易的制度。在这种制度下，政府实际创造出来一个新的市场，即排污权交易市场。这个市场受供求关系支配，价格机制将确保其有效地配置排污权。显然，那些只有以高成本才能减少污染的企业，愿意为污染许可证支付最高的价格，而那些用低成本就可以减少污染的企业，也愿意出卖他们所拥有的许可证。

可交易的污染许可证制度在美国被称为“总量控制与交易制度”。因为是用市场激励的方法促使污染者减少污染，所以，前面所述的几种污染治理都属于“激励型管制”。有时不同的几种方法也可以综合运用，比如交易许可制与排污费相结合。这种混合方法下，政府建立总量控制与交易制度，确定可允许的污染总量。可是，政府也知道它将以预先确立的价格，按需出售额外的许可证。这种规定得相当高的价格称为“安全阀价格”。因而，如果污染减少的成本比预期的高出许多，就只能用这种价格。如果污染减少的边际成本的增加超过决策者认可的水平，这个安全阀实际上是放宽了污染总量的控制水平。

（四）实施环境污染管制

那些激励型管制的每种方法实际上是增加污染的机会成本，促使污染者考虑其行为造成的边际外部损害。激励型管制让污染者考虑如何减排的灵活性比较大，政府以间接形式控制污染。与那些间接的方法相比，环境管制是一种直接控制。

一般而言，管制特别适合于那些足以造成严重后果的外部性领域。比如，汽车尾气排放总量水平等，政府可能直接加以限制，甚至禁止某些严重污染企业或产品的生产。近年来，我国由 PM2. 5 严重超标导致的雾霾问题引起全社会高度关注。PM2. 5 也称可入肺颗粒物，指环境空气中空气动力学当量直径小于等于2.5微米的颗粒物。它能较长时间悬浮于空气中，其在空气中含量（浓度）越高，空气污染越严重。PM2.5的形成可分为自然源和人为源。自然源包括土壤扬尘、植物花粉、孢子、细菌等。另外，自然界中的灾害事件，如火山爆发向大气中排放了大量的火山灰，森林大火或裸露的煤源大火及尘暴事件都会将大量细颗粒物输送到大气层中。人为源包括固定源和流动源。固定源包括各种燃料燃烧源，如发电、冶金、石油、化学、纺织印染等各种生产以及供热、烹调过程中燃煤与燃气或燃油排放的烟尘。流动源主要是各类交通工具在运行过程中使用燃料时向大气中排放的尾气。在发展中国家，煤炭燃烧是家庭取暖和能源供应的主要方式。没有先进废气处理装置的柴油汽车也是颗粒物的来源。燃烧柴油的卡车，排放物中的颗粒物较多。在室内，二手烟是颗粒物最主要的来源。PM2.5粒径小，活性强，易附带有毒、有害物质如重金属、微生物等，且在大气中的停留时间长、输送距离远，因而对人体健康和大气环境质量的影响巨大。

对于这类问题的处理，管制可能比激励方法更为有效。具体而言，管制包括两个情况：一是技术标准，要求污染者采用特定的技术，以减少排放；另一个是绩效标准，规定每个污染者的排放目标。污染者会选择合适的方法灵活地满足这种标准，所以，这种管制相比技术标准更具成本有效性。

## 第四节　价格政策

价格政策是国家为达到一定的经济目标，在商品价格上所采取的一系列方针、措施的总称。一般而言，在市场经济环境下，价格自发地由价值规律和市场供求决定。但在一定的社会历史条件下，国家也制定价格政策，对某些商品价格进行干预，以此参与国民收入的分配和再分配。政府对商品价格实施调控的主要政策手段按照力度强弱可以分为以下四大类。

### 一、管制性价格政策

管制性价格政策主要是针对一些关系国计民生的重要商品，如电力、石油、军需品等，以及一些存在明显市场“失灵”特征的公共产品和准公共产品，如邮电、交通、自来水等的价格。一方面，可以通过直接限定价格水平或价格的浮动幅度，如政府定价、政府指导价、保护价、最高限价、最低保护价，或通过控制差价率、利润率、价格补贴等控制重要商品的价格；另一方面可以通过调节供需间接达到调节价格的目的，如限产政策、重要商品的储备和投放等。由于这些商品主要是关系国计民生的重要商品，或者是关系人民基本生活的公共物品，对于这些价格的管理和调控可以直接起到抑制或鼓励消费的作用。另外，通过对产品提供者的补贴、保护限制价格，可以对投资及生产造成一系列影响，达到政策制定者的鼓励或限制的意图。

值得一提的是，西方国家区分了两种价格管制，即产品的市场价格管制政策和生产要素的市场价格管制政策。后者主要对工资、利润率、利息率等进行管制，与分配政策息息相关。价格政策的基本目标是影响收入分配。为改善低收入群体处境的一个重要方法就是采用最高限价，最高限价往往低于市场均衡价格。但是，价格管制可能会造成市场上供不应求的局面，结果黑市交易、票证、配给制等应运而生。

## 二、调节性价格政策

调节性价格政策是指通过特别收费政策，影响企业的市场准入条件、生产成本、利润空间，以达到鼓励和限制的作用，从而实现引导产业结构调整目的的政府行为。例如：减免税费的优惠政策，可以刺激民间投资、支持区域开发；清理涉及高新技术成果产业化的各种收费，可以促进工业化、信息化和现代化的发展。

差别化的商品税也能够对产品的产生和消费产生明显的调节作用。比如：消费税，客观上造成不同商品间的市场比价发生了改变，能够有效限制部分商品的消费；房产税可以有效调节房地产商品的价格，从而改变市场的供需状况。在实践中，税收作为一种调节性比较强的经济行为，不适宜根据市场波动频繁调整。

## 三、指导性价格政策

指导性价格政策是指政府通过发布成本调研报告、价格指数分析报告、重要商品和服务价格信息和价格走势报告，引导生产和消费活动；或对于社会反映强烈的突出价格矛盾，运用宣传、协商、警告、通报或查处等方式，引导和规范市场竞争，调节供求。如，过去几年中，我国一些省市陆续出现了板蓝根、白醋、食用盐等商品的涨价“抢购”风，当地价格主管部门通过新闻媒体正面宣传，对违规商家进行警告，并会同工商行政管理部门对情节严重的价格违法经营单位依法实施通报和重罚，使事态很快平息，价格趋于稳定。

### 四、服务性价格政策

除了对经济主体的行为进行鼓励或限制之外。价格政策还可以通过服务性的政策为经济活动提供更宽松有序的环境，促进市场准入的扩大和经济的搞活，减轻企业负担，增强投资和消费的信心，从而繁荣市场，实现经济政策的目标。价格主管部门还可以利用自己独特的资源和渠道，做好对价格形势的跟踪分析，认真分析影响价格走势的各种因素，深入研究价格变动对社会生产和生活带来的影响，及时反映重要的倾向性问题，做好价格预测和预警工作。

## 第五节　消费者权益保护政策

在市场经济中，一些劣质商品、走私行为、无资质经营、虚假广告等行为可能充斥市场，侵害了消费者的合法权益。这在西方国家早期的发展中以及我国改革开放的前些年间都屡见不鲜。上述现象造成的后果并不单单是当事人受损，也严重影响了经济发展的质量，造成社会道德水准下降。保护消费者的合法权益是一项全世界政府普遍关注的重点问题之一。

在西方国家，消费政策的基本内容包括两个方面：一是消费者保护政策；二是对消费外在不经济问题的干预，一般以前者为主。西方消费政策的理论基础是消费者主权理论。从亚当·斯密至帕累托，经济学都视消费者经济福利问题为一切经济制度的中心问题，实行消费者主权原则，使消费者经济福利达到最大化的经济制度乃是最佳经济制度。这些主张和认识也逐步被我国所接受，近年来提倡的各项民生工作都在一定程度上保障了消费者的权益和公众福利。

具体的消费者保护政策名目繁多，其主要内容至少包括以下几项：①规定某些商品的最高限价；②颁布部分商品的最低限度的质量标准；③规定商品的成分和效用不得保密[①]；④禁止出售枪支弹药和毒品；⑤通过各种媒介向公众传播商品知识；⑥对提供特种服务的人员，如对医生、教师的资历和素质作出规定；⑦对某些商品实行强制消费，如儿童教育、社会保险；⑧要求商业广告必须诚实可靠。

此外，提高消费者自身的权益意识也是十分重要的。公众比较熟悉的是

① 例如，云南白药在我国是“国家保密配方”，而出口到美国时，按规定是要公布药物成分的。

定于每年3月15日的“国际消费者权益日”。自1991年3月15日，中央电视台经济部首先推出现场直播“3·15国际消费者权益日消费者之友”专题晚会，并延续至今，通过媒体宣传的方法逐步树立消费者权益意识。再比如，美国联邦贸易委员会与其他机构联手，于2007年2月举办了第9届“全国消费者保护周”活动，其主题是“做一个见多识广的消费者”，鼓励消费者用知识武装自己，通过收集信息并与家人和朋友共享这些信息，使自己在市场中变得更加自信、更具智慧、更有安全意识。尽管美国已是一个成熟的市场经济社会，但在保护消费者权益方面，政府仍是主导者，发挥着不可替代的作用。美国的经验说明，一个完善、有效的消费者权益保护体系不但能为消费者提供保护，而且能维护经济秩序，促进社会和谐。

除了行政手段以外，政府还通过一些非官方组织保护消费者权益。比如，我国成立于1984年12月的消费者协会①等。

与此同时，现代经济政策学普遍认为，对消费者的保护政策要进行成本—效益分析。一般来说，消费者保护政策给消费者带来利益，但政府制定和实施这项政策要花费成本，这种成本必须适度，其最佳限度是各项措施的边际成本等于其边际社会效益。

## 思考题

1. 微观经济政策的作用对象及其目标是什么？
2. 反垄断政策包含哪些主要方面？
3. 政府遏制环境污染的主要政策措施是什么？
4. 政府保护消费者权益的措施主要体现在哪些方面？

① 截至2012年底，全国县以上消费者协会数已达3 270个。

# 第八章
# 宏观经济政策

宏观经济指总量经济活动，泛指整个国民经济或国民经济总体及其经济活动和运行状态，如总供给与总需求、国民经济的总值及其增长速度、国民经济中的主要比例关系、物价的总水平、劳动就业的总水平与失业率、货币发行的总规模与增长速度、进出口贸易的总规模及其变动等。宏观经济与微观经济是经济活动和经济运行的两个不同层次，他们之间存在着密切的联系：微观经济是宏观经济的基础，宏观经济的良好状况是微观经济活动得以顺利进行的必要条件。由“合成谬误”导致的宏观经济波动会给民众福利及社会稳定造成损害。宏观经济政策是政府对社会的总需求和总供给进行总量调控，以实现经济增长、物价稳定、充分就业、经济结构合理化、国际收支平衡等目的的手段。

## 第一节　宏观经济政策概述

### 一、宏观经济政策施行的依据

从古典经济学理论的诞生起，围绕着经济增长这个核心命题，经济学界从不同角度给出宏观经济指导思想和理论逻辑。客观上，古典经济学发挥了西方社会近一个世纪的经济发展理论指导的作用，在那段时期，社会生产规模空前壮大，产品日益丰富，在尊崇经济自由的思想引领下，焕发出市场本身的活力。但进入 20 世纪 30 年代，以美国为首的发达国家爆发经济危机，并波及欧洲和日本，严重影响整个资本主义社会的经济发展，造成大量失业，生产停滞不前，传统的自由放任的经济思想开始受到广泛质疑。经济学家开始意识到解决就业应该是政府及制度安排重点关心的现实问题，这是在出现经济萧条时市场无法自动解决的。以凯恩斯为代表的一批新兴经济学家对失业的产生作出系统性的理论阐释，并据此提出了一系列以充分就业为核心的经济主张，把政府宏观经济治理的目标首次限定为降低失业率。

20 世纪 30 年代以后，主要市场经济国家开始奉行凯恩斯的国家干预理论，这在很大程度上强化了政府在经济治理中的作用。直到 20 世纪 70 年代，美国爆发“滞涨”，即通货膨胀与高失业同时并存，而这在凯恩斯主义看来是不可能发生的事情。人们继而开始质疑多年以来的国家干预是否是造成“滞涨”的原因。尽管凯恩斯学派对“滞涨”的原因进行了解释：世界农业歉收导致美国农产品扩大；1971—1973 年美元大幅贬值造成进口成本上升；OPEC 组织大幅提高石油价格导致美国经济成本上升等。但是，其他学派的经济学家认为，造成当时经济问题的根本原因在于政府过多的经济干预。以弗里德曼为首的经济学家认为，在长期中，如果存在较高的失业，政府往往采取扩张的货币政策，导致厂商的名义利润上升，通货膨胀率随之上升，雇佣水平上升，但人们感觉得到这一过程中的实际工资下降了，工人会要求提高实际工资水平，这导致厂商的实际利润下降，生产萎缩，失业重新回到原有的水平。从这一过程来看，菲利普斯曲线所表述的通胀与失业的交替关系并不成立，进而言之，政府以充分就业和经济增长为核心的宏观经济治理模式并不能适应经济的长期持续发展。换言之，政府在宏观经济治理中要关注的问题应该体现在更多的方面。

第二次世界大战以后，随着日本、欧洲的经济复苏，以及亚非拉经济的崛起，世界经济格局发生重大转变，国际经济往来中，发达资本主义国家与后起的新兴发展中国家所扮演的角色也在悄然变化，他们在越来越多的国际贸易领域既相互协作又相互竞争，这使得政府的宏观经济治理越发复杂。

## 二、宏观经济政策的目标

一般认为，经济增长、物价稳定、充分就业、国际收支平衡是宏观经济政策的基本目标。

经济增长是指经济发展达到一个适度的增长率（通常以 GDP 为指标），这种增长率既能满足社会发展的需要，又是人口增长和技术进步所能达到的。当然，不同国家不同时期所追求的经济增长率的具体目标是不同的。

物价稳定是维持一个低而稳定的通货膨胀率，这种通货膨胀率能为社会持续发展所接受，对经济不会产生不利的影响。一般认为，通货膨胀率在 3% 以下被称为温和型通胀，对经济发展是有利的；而通胀率超过 5% 乃至 10% 以上，则被称为爬引型、奔腾型的通胀，一旦发生此类恶性通胀，就会极大地损害消费者的福利，影响投资环境乃至社会稳定。

充分就业并不是人人都有工作，而是维持一定的失业率，这个失业率要在社会可允许的范围内，能为全社会所接受。曾经在较长时间里，经济学界将失业率在4%以下定为自然失业率，即正常失业率。换言之，一个社会的失业率如果在4%以下，就可视为基本实现了充分就业。近十几年来，随着经济结构调整的加快、社会自动化水平的提高以及人口流动性的增强，社会失业率水平有所提高，相应地，学术界将自然失业率调高为6%。

国际收支平衡不是指绝对的收支相抵，而是以既无过大的国际收支赤字又无过多的国际收支盈余为目标，因为无论是国际收支赤字过大还是盈余过大，都会对国内经济发展带来不利影响。

此外，宏观经济政策的调控也要兼顾总量平衡及产业结构合理的目标。宏观经济中的总量包括总供给、总需求与总收入，我们把总需求与总供给相等时的国民收入称之为均衡的国民收入。社会生产的最终目标是满足社会需求，如果总供给过剩，虽然表面上造成名义经济的增长，但是会造成资源浪费，社会上存在多余的重复建设和商品积压。如果总供给不足，则会造成需求缺口，进而导致通货膨胀、社会流动性泛滥、人才结构失衡等。造成上述情况的原因是多方面的，总需求与总供给的不等，简单说来是由经济增长的模式决定的，具体表现为产业结构。比如，进入21世纪以来，我国房地产的投资需求剧增源于政府过度倚重房地产及相关产业的发展。而与此同时，存在一些行业的发展相对滞后，满足不了社会成员的全面需求，比如高新技术产业、医疗、食品卫生、环境保护等。显然，这样的经济增长方式不具可持续性。

需要进一步指出的是，上述经济目标之间存在一定矛盾，即两个目标之间要实现其中一个，另一个目标就可能会受到制约，或者说，一个问题解决后，可能会引发另一个问题。比如，充分就业与物价稳定可能会存在矛盾，因为，要实现充分就业，就必须运用扩张的财政政策或货币政策，而这些政策也会导致政府赤字增加及货币供应量增加，从而引起通货膨胀。充分就业与经济增长之间也存在一定的矛盾，比如，经济增长一方面会提供更多的就业机会；另一方面经济增长造成的技术进步也会增大资本对劳动力的替代性，从而造成就业结构失衡，那些知识、技术老化的工人由此面临失业。再如，充分就业与国际收支平衡也存在矛盾，充分就业会引起国民收入增加，国民收入的增加必然引起进口增加，迫于出口边际水平的限制，国际收支状况会因此恶化，导致贸易赤字大量增加。此外，经济增长必然带来物价的上涨，并且，过快的经济增长往往导致物价上涨随之增速，通货膨胀难以避免。

上述宏观经济政策目标之间的矛盾，势必要求决策者有所侧重并进行有效协调。一方面，决策者们要具备良好的经济理论基础；另一方面，又要能够有效把控不同时期的经济工作重点。此外，公众及经济学界的反馈也十分重要，要求决策者制定的政策能够为社会所广泛接受。

为了实现既定的经济政策目标，政府运用的各种政策手段必须相互配合与协调。如果财政当局与货币当局的政策手段和目标发生冲突，就达不到预期的经济效果，甚至可能偏离经济目标。政府在制定目标时，不能追求单一目标，应该综合考虑，否则可能带来经济与政治上的副作用。此外，还要考虑政策本身的可协调性以及时机的合理把握，不恰当的经济刺激可能给宏观经济的发展埋下重大隐患。

## 三、宏观经济的主要变量

由于宏观经济是个巨大而复杂的系统，需要运用变量指标直观地衡量其运行状况。通常，我们把衡量宏观经济发展水平的指标设定为以下几个变量。

### （一）国内生产总值（Gross of Domestic Product，GDP）

国内生产总值是一个国家（或地区）所有常住单位在一定时期内生产活动的最终成果。GDP 是国民经济核算的核心指标，也是衡量一个国家或地区经济状况和发展水平的重要指标。

GDP 核算有三种方法，即生产法、收入法和支出法，三种方法从不同的角度反映国民经济生产活动成果。

生产法是从生产的角度衡量常住单位在核算期内新创造价值的一种方法，即从国民经济各个部门在核算期内生产的总产品价值中，扣除生产过程中投入的中间产品价值，得到增加值。核算公式为：增加值 = 总产出 - 中间投入。

收入法是从生产过程创造收入的角度，根据生产要素在生产过程中应得的收入份额反映最终成果的一种核算方法。按照这种核算方法，增加值由劳动者报酬、生产税净额、固定资产折旧和营业盈余四部分相加得到。

支出法是从最终使用的角度衡量核算期内产品和服务的最终去向，包括最终消费支出、资本形成总额和货物与服务净出口三个部分。

理论上讲，三种统计口径下的国内生产总值应是相等的，不过在实际操作过程中，不同口径下的数据统计或有误差，因此有可能造成最终 GDP 数值不等。

我国采用 GDP 核算经济总量的历史并不长，20 世纪 80 年代初我国政府才开始研究联合国国民经济核算体系的国内生产总值（GDP）指标。1985年开始，我国开始尝试建立GDP核算制度，1993年，正式取消国民收入核算体系，进而使GDP成为国民经济核算的核心指标。2003年国家统计局宣布我国将改进GDP核算与数据发布制度，取消容易引起误解的预计数，建立定期修正和调整GDP数据的机制，在发布GDP数据的同时发布相关的重要数据，必要时还将公布核算方法。这是中国提高GDP数据的准确性和透明度，向国际通行办法迈进的重要一步。

我国GDP核算分为年度核算和季度核算，在年度GDP核算中，生产额和支出额同时测算，以生产额的数据为准。在计算GDP的生产额时，部分行业增加值是通过生产法从总产出中扣除中间消耗得出，也有部分行业是通过增加值的构成项目——劳动者报酬、生产税净额、固定资产折旧和营业盈余相加得到。支出额计算的GDP是从货物和服务的最终去向的角度来衡量核算期内新创造价值的使用，计算的资料来源主要是国家统计局的固定资产投资统计，社会消费品零售额统计，城乡居民收入和支出住户调查、价格统计，有关部委的企业年度会计决算，财政收入和支出，海关进出口统计，国际收支平衡统计等。在反映国民经济的规模及产业结构时，以按照现行市场价格测算的GDP来衡量。为观察GDP的实际变动，也就是说剔除价格因素的影响观察经济的增长变动，则按照不变价格计算GDP。

（二）通货膨胀（Inflation）

通货膨胀是指一段时间内物价持续而普遍上涨的现象。一般认为，社会总需求大于社会总供给是通货膨胀的主要引致因素。此外，纸币、含金量低的铸币、信用货币过度发行，使货币供给大于货币实际需求，导致货币贬值，引起通货膨胀。通货膨胀的形成也与成本推进、混合作用、预期和惯性等原因有关。不同类型的通货膨胀对于经济发展的影响是不一样的。一般而言，经济学家认为，温和而良性的通货膨胀有利于经济的发展，换言之，经济处于增长阶段时总会存在一定水平的通货膨胀，并且经济增长加快时，这种通货膨胀的水平可能略有提高。

从程度上来看，通货膨胀分为低通货膨胀（通胀率在3%以下）、急剧通货膨胀（通胀率为5%～10%）、恶性通货膨胀（通胀率在两位数以上）。一般而言，衡量通货膨胀的具体指标主要有以下几个：

1. 消费品物价指数（Consume Price Index，CPI）。消费品物价指数，是一个反映居民家庭一般所购买的消费商品和服务价格水平变动情况的宏观经济指标。它是度量一组代表性消费商品及服务项目的价格水平随时间而变动的相对数，用来反映居民家庭购买消费商品及服务的价格水平的变动情况。居民消费价格统计调查的是社会产品和服务项目的最终价格，同人民群众的生活密切相关，同时在整个国民经济价格体系中也占有重要的地位。它是进行经济分析和决策、价格总水平监测和调控及国民经济核算的重要指标。其变动率在很大程度上反映了通货膨胀或紧缩的程度。

2. 生产者价格指数（Producer Price Index，PPI）。生产者价格指数也叫工业品出产价格指数，是指一组出厂产品批发价格的变化幅度，用来衡量生产者在生产过程中所需采购品的物价状况，是反映某一时期生产领域价格变动情况的重要经济指标。

3. 零售物价指数（Retail Price Index，RPI）。零售物价指数反映一定时期内商品零售价格变动趋势和变动程度的相对数。这一指标主要用来观察研究零售物价变动对城乡居民生活的影响，为平衡市场供求、加强市场管理、控制货币发行量提供参考。

### （三）失业率（Unemployment Rate）

失业率是指失业人口占劳动人口的比率。这里的失业人口数限定为一定时期满足全部就业条件的就业人口中仍没有工作的劳动力数。这一指标旨在衡量闲置中的劳动产能，是反映一个国家或地区就业状况的主要指标。失业数据的月份变动可在一定程度上反应经济发展的状况，一般而言，失业率与经济增长率具有反向的对应变动关系。

经济学界认为失业有两大类型：自愿失业及非自愿失业。自愿失业是指劳动者虽然有工作机会，但因为不愿意接受目前的工作条件而产生的失业。它在任何社会的任何阶段都会存在。

非自愿失业是指劳动者虽然愿意接受目前的工作条件，但仍然找不到工作而产生的失业。非自愿失业由多种原因导致，主要有以下几种情况：

1. 摩擦性失业。摩擦性失业是指从一个工作转换到另一个工作的过渡中所产生的失业。如：跳槽的人面临的过渡期；大学毕业时暂时没有找到工作；岗位补缺过程中的新人技术不足；由于居住、交通、习惯等因素造成的暂时性失业。

摩擦性失业常常表现为一部分人想找工作却得不到理想的岗位，而另一些岗位由于技术要求较高或特殊原因却招不到人。

2. 结构性失业。结构性失业是指因为经济结构变化而发生的失业。比如，在技术革新过程中，传统部门排挤出来的工人不具备新知识或技术而找不到工作。

3. 季节性失业。季节性失业是指随着季节的变化而发生的失业。很多行业存在明显的季节性，比如农业、旅游、食品、建筑、造船等，当相关行业的淡季来临时，往往会出现劳动力过剩，从而造成季节性失业。一般而言，多数行业都存在一定程度的市场周期规律，其对于劳动力的需求在不同时期会有所不同。

4. 周期性失业。周期性失业又称为需求不足的失业，是指由于社会总需求不足而带来的失业。宏观经济的运行存在一定的周期性规律，当经济陷入萧条时，厂商会普遍减小生产规模，造成工人失业。

失业对经济有着重要影响。首先，失业造成了社会资源的浪费。其次，失业造成了劳动者的贫困。就业是劳动者取得收入的基本途径，一旦失业，劳动者将陷入相对贫困。此外，当失业严重时，还会造成社会动乱。

### （四）利率（Interest Rate）

利率是借款人需向放款人借入金钱时支付的代价，亦是放款人延迟其消费，借给借款人所获得的回报。利率通常以一年期利息与本金的百分比计算。就表现形式来说，是指一定时期内利息额同借贷资本总额的比率。利率是经济学中一个重要的金融变量，几乎所有的金融现象、金融资产均与利率有着或多或少的联系。影响利息率的因素，主要有资本的边际生产力或资本的供求关系，此外还有承诺交付货币的时间长度以及所承担风险的程度。

利息率政策是宏观货币政策的主要措施，政府为了干预经济，可通过变动利息率的办法来间接调节国内通货膨胀水平。通常的情况是：当经济过热、通货膨胀上升时，便提高利率、收紧信贷；当过热的经济和通货膨胀得到控制时，便会把利率适当地调低。因此，利率是重要的基本经济调控指标之一。当前，世界各国频繁运用利率杠杆实施宏观调控，利率政策已成为各国中央银行调控货币供求、进而调控宏观经济的主要手段。

### （五）汇率（Exchange Rate）

汇率（又称外汇利率、外汇汇率或外汇行市）是指两种货币之间对换的比率，亦可视为一个国家的货币对另一种货币的价值。

各国货币之所以可以进行对比，能够形成相互之间的比价关系，原因在于它们都代表着一定的价值量，这是汇率的决定基础。在金本位制度下，黄金为本位货币，两个实行金本位制度的国家的货币单位可以根据它们各自的含金量多少来确定它们之间的比价，即汇率。比如，在实行金币本位制度时，英国规定 1 英镑的重量为 123.274 47 格令，成色为 22K 金，即含金量为

113.0016 格令纯金；美国规定 1 美元的重量为 25.8 格令，成色为千分之九百，即含金量为 23.22 格令纯金。根据两种货币的含金量对比，1 英镑 = 4.866 5 美元，汇率就以此为基础上下波动。在纸币制度下，各国发行纸币作为金属货币的代表，并且参照过去的做法，以法令规定纸币的含金量，称为金平价，金平价的对比是两国汇率的决定基础。但是纸币不能兑换成黄金，因此，纸币的法定含金量往往形同虚设。所以在实行官方汇率的国家，由国家货币当局（财政部、中央银行或外汇管理当局）规定汇率，一切外汇交易都必须按照这一汇率进行。在实行市场汇率的国家，汇率随着外汇市场上货币的供求关系变化而变化。

汇率是各个国家为了达到其经济、政治目的的重要金融手段。汇率会因为利率、通货膨胀、国家的政治和国家的经济等原因而变动。汇率变化对一国进出口的影响十分显著。一般情况下，本币贬值有利于促进出口，抑制进口。例如，一件价值 40 元人民币的商品，如果人民币对美元的汇率为 5∶1，则这件商品在美国市场的价格就是 8 美元。如果人民币对美元汇率降到 8∶1，即美元升值，人民币贬值，这件商品在美国的价格就是 5 美元。它意味着本币贬值，本国商品在对方国家市场上的价格会变低，竞争力变高，便宜好卖。而在进口方面，1 美元的商品，原来只需 5 元人民币就可购买；而人民币贬值到 8∶1 时，此商品则需要用 8 元人民币购买，价格变贵，进口就会减少。

总之，汇率对国家贸易会产生直接影响，并进而影响国际收支。当今世界既是相互依存的开放经济体，又充满激烈的竞争关系。一国政府的首要服务对象是本国民众，为了维持本国在对外经济中的有利格局，汇率是一项重要的对外经济手段，而操控汇率往往被认为是恶意行为。当然，一国采用什么样的汇率制度不仅要考虑本国利益，也要考虑长期的对外经济关系。

## 四、宏观经济政策的主要内容

宏观经济政策是政府有意识、有计划地运用一定的政策工具对宏观经济总量进行调控，以达到一定目标而采取的措施。宏观经济政策工具主要包括财政政策、货币政策、产业政策、社会保障政策、就业促进政策等。前三者是政府宏观经济调控工具中涉及面广、影响深刻同时也是最为常用的政策，下面作详细介绍。

# 第二节 财政政策

## 一、财政政策的基本内涵

财政政策是指一个国家政府为实现一定时期的宏观经济目标，运用财政收入和支出政策来调节总需求和总供给，以实现宏观经济稳定发展目标的政策组合。它体现在收入、支出、预算平衡及公共债务等多个方面，是由支出政策、税收政策、预算平衡政策、国债政策等构成的政策体系。

支出政策主要是指政府购买和政府转移支付的变化。其中，政府购买支出是指政府对商品和劳务的购买。购买军需用品、购买机关公用品、政府雇员报酬、基础设施建设、公共工程建设等所需支出都属于政府购买支出。政府购买发生了商品和劳务的实际交易，因而直接形成了社会需求和购买力，是社会总需求和国民收入的一部分。政府购买支出的变动会直接影响社会总需求水平，对整个社会总需求水平具有十分重要的调节作用。当社会有效需求不足时，政府可以通过提高购买支出水平，如建设公共工程，来弥补消费需求和投资需求的不足，增加社会总需求水平，从而刺激经济；反之，当社会总需求水平过高时，政府可以通过减少购买支出水平，如减少军费开支，实行裁员等，降低社会总需求水平，以此来抑制通货膨胀。

政府转移支付是政府支出的另一组成部分。与政府购买支出不同，政府转移支付是政府在社会福利保险、贫困救济和补助等方面的支出。政府在支付时没有相应的商品和劳务的交换发生，因而不能算作国民收入的组成部分。它仅仅是政府将收入在不同社会成员之间的转移和重新分配，全社会的总收入没有变动。虽然政府转移支付不直接形成当期的社会购买力，但是由于它能改变不同人群的收入，从而间接地影响着人们的消费水平，所以它也是一项重要的财政政策工具。政府转移支付影响国民收入的效果大小取决于政府转移支付乘数，其乘数效应要小于政府购买支出乘数效应。一般来讲，当经济衰退时，由于社会有效需求不足，非自愿失业人数增加，这时政府增加转移支付水平，增加失业救济和养老金等社会福利支出，就能够提高人们的可支配收入水平和消费水平，社会有效需求会相应提高，促使经济回升；当经济过热时，由于社会总支出水平过高，通货膨胀率上升，这时政府降低转移支付水平，如减少失业救济和养老金等社会福利支出，会降低人们的可支配收入水平和消费水平，社会总有效需求会相应下降，使得通货膨胀相应回落。

同理，其他转移支付项目，如农产品价格补贴也应随经济风向而改变。

收入政策主要是政府通过调整税种和税率来实现对不同产业或消费的支持或限制，同时，也是政府实现收入分配调节的重要工具。

收支预算平衡曾经在很长时间内是政府财政运用的核心原则。自凯恩斯理论问世以来，这一原则被打破。凯恩斯提出，当经济衰退、有效需求不足时，政府可采取扩大公共支出和适当减税的方法刺激经济。这样可能产生财政赤字，政府可以通过发行国债的方式弥补赤字。当经济年份较好时，则要减少国债发行或偿还国债。

国债政策是指政府以国家信誉为担保向国内外发行债券筹集资金的措施。内债是政府向本国居民、企业和各种金融机构发行的债券。外债是向外国举借的债务，包括向外国借债和发行外币债券。同时还有中央政府债务和地方政府债务之分，中央政府的债务又称国债。现代西方经济学家认为，公债的发行既可以为政府筹集资金，弥补财政赤字，又能影响包括货币市场和资本市场在内的金融市场的货币流通，对金融市场的扩张和紧缩起重要作用，影响货币的供求关系，从而调节社会的总需求水平，对经济产生扩张或抑制性效应。尤其是在一个未实现充分就业的经济中，政府的举债支出，会扩大有效需求，并通过乘数作用扩大国民收入，提高居民的收入水平和消费水平。

在市场经济条件下财政功能的正常发挥，主要取决于财政政策的运用是否得当。政策得当，可以带来经济的持续、稳定、协调发展；反之，则可能造成经济波动与失衡，进而导致宏观经济停滞或衰退。

现代意义上的财政政策始于20世纪30年代的资本主义经济大萧条时期。当时的美国总统罗斯福实行“新政”，主要是运用财政政策刺激经济。凯恩斯则从理论上对此作出了精辟阐述。在凯恩斯的纯市场经济模式中，总供给等于消费加储蓄，即 $Y=C+S$；总需求等于投资加消费，即 $Y=C+I$。在政府参与的市场经济模式中，政府的商品和劳务购买支出（$G$）也是总需求的决定因素之一，税收（$T$）通过对民间部门的可支配收入的影响而在一定程度上影响消费、储蓄和投资。因此，在经济均衡状态下，总供求相等，即 $C+T+S=C+I+G$。政府通过改变财政政策来调节总需求与总供给，从而实现政府对于经济运行的全面调节，达到社会经济稳定、协调和健康发展的目标。

在我国，财政政策作为国家宏观经济调控的重要手段，在计划经济和市场经济两种不同的经济体制下，它的内容和作用过程是大不相同的。在计划体制下，国家财政基本上服从于一个国民收入的统配计划，财政政策对于经济的干预，采取直接调节的方式，内容单一。随着市场体制的实行，国民经济计划和国家财政已经不可能直接统揽国民收入的分配过程及整个国民经济活动，财政政策主要是通过各种政策手段间接地调节经济的运行。

从财政政策实施过程来看，政策的主体即政策的制定者和执行者，只能是各级政府。根据财政体制的不同，财政分权制国家地方政府的政策制定和实施权利相对比较大，具有相对独立的财政决策权；在财政集权制国家，政策的制定往往集中于中央政府，地方各级政府往往更多扮演着执行者的角色。因此，各级政策主体的行为是否规范，对于政策功能的发挥和政策效应的大小都起到关键作用。

一般地说，财政政策的目标主要是充分就业、物价水平相对稳定、收入分配合理、经济适度增长、国际收支平衡等。从现实角度看，所谓政策目标，其实是一个期望值。这是因为：

首先，它受到政策作用范围和作用强度的制约，一旦超出政策功能所能起作用的范围，目标就无法实现。

其次，这个期望值在时间上具有连续性要求。通常，基本财政政策是在一个较长的时期内发挥作用，也叫做长期财政政策；而一般性财政政策则是在一个特定时期内发挥作用，也叫做中短期财政政策。

再次，政策目标的设定受到社会、政治、经济、文化、习俗、公众偏好等诸多环境与条件的限制，存在一定程度的不确定性，需要一个科学、民主的选择和决策过程。

## 二、财政政策的运作机制

财政政策的实施存在着从政策工具到政策目标的转变过程，这一过程需要特定的传导媒介使政策系统与经济环境进行信息交流，并通过传导媒介的作用，把政策工具变量最终转化为政策目标变量。财政政策的运作机制，就是在政策发挥作用的过程中，各种政策工具通过某种媒介的相互作用形成有机联系的整体。财政政策主要有以下运作机制。

### （一）乘数原理（Multiplier Principle）

财政政策工具的变动在很大程度上影响着总需求和总产出，财政政策乘数可以帮助我们定量地描述其影响程度。乘数原理是指因变量的变化量是自变量变化量的多倍。具体而言，财政乘数概念定量地描述了财政政策变量（税收、政府购买、转移支付及相关组合）的变动引起经济产出或收入水平的更大变动，可以区分为简单财政乘数（不考虑所得税）和复杂乘数（考虑所得税）两大类。在两大类中，经济学家又根据乘数概念发展出了更多种类的具体乘数，主要有以下三种：

1. 购买乘数。政府购买支出乘数是指国民收入变化量与引起这种变化量的最初政府购买支出变化量的倍数关系，或者说是国民收入变化量与促成这种变化量的最初政府购买支出变化量的比例。当面临经济低迷或衰退的环境时，政府可能考虑增加购买性支出以刺激需求、弥补企业和个人的投资及消费的不足。问题在于，每增加 1 元的政府购买支出最终会增加多少产出呢？这个结果可以通过购买乘数公式计算得出：

$$K_g = 1/(1-c)$$

上式中的 $K_g$ 代表购买乘数，$c$ 代表边际支出倾向，即每增加 1 元收入所增加的商品与劳务的购买。显然，$c$ 的取值介于 0 和 1 之间。假设 $c$ 为 0.8，根据上式可以简单得出：政府每增加 1 元购买，可导致经济总产出最终增加 5 元，即购买乘数为 5。再比如，政府支出增加 10 000 亿，而支出乘数为 5，那么，最终导致产出的增加量为 50 000 亿。由此可见，如果不考虑其他因素的情况下，政府购买性支出对总需求的拉动效果是十分显著的。

$c$ 的数值大小是影响财政乘数大小的关键因素，而财政乘数的大小又是影响财政政策有效性的关键因素，两者之间存在正相关的关系。由此可以推断，一个国家平均的边际支出倾向越大，财政政策对于总需求的拉动效果越明显，而社会的支出倾向主要与国民对于未来前景的预期有关。显然，乐观的国民预期有助于形成较高的边际支出倾向，相反，如果公众对于前景的预期并不太乐观，比如对未来宏观经济走势不看好、对个人收入增长缺乏信心、社会福利（医疗、养老、就业保障等）不足、国民收入与财富分配差距悬殊等，都可能造成边际支出倾向走低，从而大大降低财政乘数，并致使政府意在拉动内需的财政政策效果大打折扣。

2. 转移乘数。政府在变动购买性支出规模的同时，也调整转移性支出的规模。与购买性支出不同的是，转移性支出并非直接用于商品或劳务的购买，而是政府转移给公众一部分收入以增加其总收入。因此，它不具有购买支出的首轮扩张效应。因此，转移乘数一般小于购买乘数。具体说来，与购买性支出相比，转移性支出对经济的影响力度相对比较小，以 $K_f$ 代表转移乘数，有：

$$K_f = c/(1-c)$$

同样假设 $c$ 为 0.8，可以得出，政府每增加 1 元的转移支付，最终引致国民收入的增长为 4，小于同样情况下的购买乘数。

3. 税收乘数。政府还可以通过调整税收的办法调控总需求，比如在经济低迷时期通过减税的方式扩大需求以刺激经济，或者在经济过热时通过增税抑制需求。由此税收的变化带来国民收入减少或增加的倍数效应，被称之为税收乘数，其公式为：

$$K_t = -c/(1-c)$$

与财政的购买乘数和转移乘数不同，税收乘数是负值，这是因为税收变化引起国民收入变化的方向是相反的，即减税导致国民的可支配收入增加，于是支出增加，进而导致国民收入增加；增加税收的效果则是完全相反的。

比较转移乘数和税收乘数，可以发现两者的绝对值是相同的，但方向相反。这就说明一个事实：政府对公民的转移支付，可以看做是负税收。比如，对低收入群体实施政府救济，而对高收入者征收所得税，恰好是一组完全相反的行为。因此，我们也可以把公众的纳税理解为是公众对政府的转移性支出。

### （二）自动稳定器（Automatic Stabilizers）

宏观经济系统中，存在某些能够根据经济波动的情况自动发生稳定作用的政策，它们无须借助外力就可以直接产生调控的效果。财政政策的这些内在的自动产生的稳定效果，可以随着社会经济的发展，自行发挥调节作用，不需要政府采取任何干预行为。这种自动稳定性主要表现以下两个方面。

1. 税收的自动稳定效应。在税收体系中，诸如法人所得税和累进制的个人所得税，这些直接税对于经济活动水平的变化反映十分敏感。在政府预算处于平衡状态、税率不变的情况下，经济出现不景气时，产出减少，国民收入下降，相应地税收收入会自动下降，进而会自动抑制国民产出的继续下滑；相反，当经济过热时，直接税会产生与上述相反的效果，从而自动给经济降温。从以上的过程可以看出，这些税收体系具有自动稳定经济的作用。

2. 政府支出的自动稳定效应。经济学家一致认为，对个人或家庭的转移支付是普遍的自动稳定器。转移支付是在个人收入下降时为维持其必要生活水平而向其提供的包括最低生活保障、失业救济等援助性福利计划。当国民经济陷入萧条时，申请政府救济的家庭会增加，政府会对符合资格的家庭和个人支付津贴或者救济金，从而增加他们的可支配收入，使总需求不致下降过多；同样，如果经济恢复繁荣，失业者会重新获得工作机会，在总需求接近充分就业时，政府的上述救济行为会大幅减少，从而使总需求不至于过大。

### （三）补偿性财政政策（Discretionary Fiscal Policy）

补偿性财政政策也被称为相机抉择的财政政策，是指政府改变已有的税收、税率或财政支出项目，以满足调节经济的需要。一般而言，相机抉择的财政政策包括公共工程与投资、税种的变化、税率的调整等。这种变化可以是短期的，也可以是中长期的，具体由当时的经济社会发展状况以及财政政策目标的实现情况和经济波动的周期决定。

从财政政策的作用机制来看，理论上所研究的财政政策更多的是指相机抉择的财政政策。因为只有当经济、社会环境发生较大的变化，导致宏观经济目标在原来的财政政策或手段的作用下难以奏效的时候，才需要政府通过改变收入和支出手段，来实现既定的宏观经济目标。由于自动稳定器不是人为地实现对经济的调节，因此，相机抉择的财政政策才是真正意义上的财政政策。

仅靠相机抉择的财政政策并不能够完全解决经济的周期波动，在现代经济中，相机抉择的货币政策更为经常地被用来调节宏观经济的波动，而财政政策一般用来应对单独靠货币政策难以解决的问题，比如严重的经济衰退、过高的通货膨胀率、基础投资严重不足等，以保持整个国民经济中投资和储蓄的平衡。

## 三、财政政策的效应

财政政策在实施过程中会受到各种因素的制约，从而使其作用打折扣或者产生额外效果，这就是财政政策的实施效应问题。它主要表现在以下方面。

### （一）时滞效应（Lag Effect）

一般来讲，任何经济政策都存在一定的时滞，即政策从制定到获得主要或全部效果都必须经历一段时间。时滞主要分为两种，即内部时滞和外部时滞，前者是指着手制定政策所需要的时间，后者是指政策对经济行为影响的时间。财政政策的外部时滞较短，而内部时滞较长，因为制定财政政策通常有一个较长的过程，包括收集信息、分析研判、制定批准等，使用起来一般比较谨慎。相比之下，货币政策的内部时滞很短，因此运用得较多，然而它的外部时滞较长，这是由于货币政策工具在影响有效需求时所经历的传导环节较多。

### （二）挤出效应（Crowding-out Effect）

挤出效应也叫做利率效应。在不考虑其他因素的情况下，财政扩张引起利率上升，从而会导致私人部门的消费和投资下降，其效果等同于财政扩张挤出了私人部门的消费和投资，由此可见，挤出效应削弱了财政政策的有效性。

挤出效应是如何引起利率上升的呢？为了说明这一问题，我们假设政府通过增加开支和赤字的方式来实施扩张性财政政策。其中，赤字以政府通过发行公债的方式融资，而不是以中央银行发行货币的方式。在政府没有对利率进行管制的情况下，政府作为金融市场的借款人，增加了金融市场的资金需求，由于货币的总供应量没有变化，而货币需求上升，必然引起货币的价格即利率上升，从而使私人资本的使用成本上升。从上述假设中可以发现，财政扩张一定会挤出一部分私人投资和消费，进而削弱了财政扩张政策的有效性。

各经济学派对于财政政策挤出效应的大小看法不同。比如，凯恩斯主义学派认为，财政政策的挤出效应并不大，所以，财政政策有刺激经济的作用。这是因为货币需求会对利率的变动及时作出反应。由于货币投机需求的存在，当利率上升的时候，货币需求就会减少，在货币供给不变的情况下，当财政政策引起利率上升，货币的需求是自然下降的，这会抑制利率的进一步上升，甚至会使利率有所下降，从而利率上升有了限度，挤出效应小。货币学派则认为，财政政策的挤出效应是很大的，在使用的过程中应该特别谨慎。他们认为，货币需求只取决于收入，而不是利率。这样，当利率上升的时候并不会使货币的需求减少，利率的上升自然会引发显著的挤出效应。

## 四、我国财政政策的实施情况

我国政府实施的财政政策主要包括财政支出和财政收入政策，它包含中央和地方两个层级：全国的财政收入与财政支出制度和政策是由财政部拟定和执行的；在地方，则是由不同层级的具体财政部门运作。

在我国，较为常用的是运用财政支出政策的变化调节经济。财政支出政策主要是通过调整财政支出，特别是基本建设支出和社会福利支出来对付经济过冷或过热的情况。如 20 世纪 90 年代，全国经济出现疲软，GDP 的增长率有逐年下降的趋势，中央政府通过发行国债筹措资金，然后用于基础设施和社会福利的支出。进入 21 世纪以来，经济增长乏力的情况越发突出，加之国外经济环境的巨大变化，政府的财政赤字进一步加剧。2006 年公布的当年结余政府财政赤字达到 40 422.73 亿元人民币。而截至 2013 年 6 月底，我国地方政府债务总额为 17.89 万亿元，合并中央政府债务后，政府债务总额为 30.27 万亿元，相当于 GDP 的 56.2%[①]。表面上看，我国政府部门的负债水平似乎较高，但没有达到国际公认的 60% 警戒线。

---

① 审计署：2013 年审计公告。

在财政收入政策上，我国政府运用得比较少。在 20 世纪 90 年代中期，我国发生了严重的通货膨胀，中央政府开征了固定资产投资方向调节税和筵席税，来抑制投资需求和消费需求；1998 年，在我国 GDP 增长率趋于下降的情况下，政府一方面开征了利息税，试图减少人们的储蓄倾向和提高人们的消费倾向，另一方面加快出口退税的进度以鼓励出口拉动经济。

我国财政政策改革实践中有以下三大举措及其效应特别需要关注：其一是 1994 年我国实施分税制改革，确定了中央和地方政府的收入划分；其二是 2009 年实行增值税转型，即由生产型增值税转变为消费型增值税；其三是 2012 年在上海试点并将逐步推广至全国的营业税改增值税，俗称“增值税扩围”。这两个增值税改革实际是扩大了增值税税基，加强了税收收入管理。由于增值税绝大部分归中央政府所有，是属于国税或叫中央税，因此增值税改革在一定程度上减少了地方政府的税收收入。与此同时，地方政府在经济发展中的任务艰巨，中央指令性计划要求高，地方政府财政支出压力过大，造成了长期以来我国中央与地方政府“财权事权”不匹配的格局。在非税环节，一方面，各级地方政府逐渐取消了一些行政事业性收费及罚没行为；另一方面，我国宪法规定地方政府没有发行债务的权力，地方政府的收入格局发生了变化，如今很大程度上倚重于土地收入，俗称“土地财政”。但这些并不足以解决当前地方政府的收入不足问题，因此借助五花八门的融资平台，地方政府债务迅速膨胀。从长期来看，它将严重影响我国经济与社会的可持续发展。这些是今后我国财政制度改革的重点和难点。

## 第三节　货币政策

### 一、银行体系

了解货币政策，需要先掌握银行制度的有关内容。因为货币政策是通过银行制度来实现的。在具体的银行制度上，各国的金融机构设置并不完全相同。不过，大致说来，金融机构包含中央银行和金融中介机构两大类。

#### （一）中央银行

中央银行是一个国家的最高金融当局，它统筹管理全国的金融事务，通过调整货币政策来实现对于宏观经济的调控。世界各国大都设立了中央银行，在各国，中央银行名称有所不同，在美国是联邦储蓄管理委员会，在英国是英格兰银行，在法国是法兰西银行，在德国是德意志联邦银行，在日本是日本银行，在我国则是中国人民银行。尽管名称不同，但中央银行都具有以下三大功能：

1. 作为发行货币的银行。中央银行有权决定货币的发行，还可以通过各种法定手段影响全社会的货币流通量。也就是说，中央银行既能够决定狭义货币的供应量，也能够影响广义货币的流动水平。

2. 作为政府的银行。中央银行主要作用体现在：一是代理国库，一方面根据国库委托代收各种税款和公债价款等收入作为国库的活期存款，另一方面代理国库拨付各种经费，代办各种付款和转账；二是提供政府所需的一部分资金，既使用贴现短期国库券等形式为政府提供短期资金，也通过帮助政府发行公债或直接购买公债的方式为政府提供长期资金；三是代表政府与他国发生金融业务关系；四是负责管理全国的金融市场活动，颁布和执行货币政策。

3. 作为商业银行的银行。中央银行既为商业银行提供贷款，又为商业银行集中保管存款准备金，还为商业银行集中办理全国的结算业务。

#### （二）金融中介机构

金融中介机构中最主要的是商业银行，此外还有储蓄与贷款协会、信用协会、保险公司、私人的养老及医疗基金等。

商业银行之所以被称为商业银行，是因为早期向银行借款的人都是用于经营商业的。尽管随着经济的发展，农业、工业、建筑业、消费者也都日益依赖商业银行融通资金，但我们仍然沿用了这样一个称呼。

商业银行的主要业务是负债业务、资产业务和中间业务。负债业务主要指吸收存款，包括活期存款、定期存款和储蓄存款。资产业务主要包括贷款和投资两类业务，前者是为企业提供短期贷款，包括票据贴现、抵押贷款等，后者是指购买有价证券为取得利息收入。中间业务是指代为顾客办理支付事项和其他委托事项，从中收取手续费。

### 二、货币政策的主要内容

货币政策是指中央银行调整利率、调整货币供给及信贷规模来影响社会总需求和总供给，以实行经济增长、稳定物价、充分就业等宏观经济目标的政策组合。

#### （一）货币政策的三大工具

中央银行一般运用以下三大工具来调节和影响社会的信贷规模。

1. 调整法定存储准备金率。准备金是中央银行强制要求商业银行按照存款的一定比例存入中央银行并直接冻结的银行资金。其主要功能包括：一是可以遏制商业银行的贷款扩张企图；二是避免银行被挤提的倒闭风险；三是借助于银行创造货币的乘数效应，控制整个国家的信贷规模。

中央银行有权在一定范围内调整法定准备金率，从而影响货币的总供给量。比如，在经济萧条的时候，为了刺激经济复苏，中央银行一般会选择降低法定准备金率。在商业银行不保留超额准备金的条件下，法定准备金率的下降会给商业银行带来更多的货币创造，从而可以扩大贷款规模，最终导致货币的供应量增加。而货币供应量的增加降低了利率，有利于刺激投资，进而引起产值的增加。反之，在通货膨胀时期，中央银行可以用提高法定准备金率的方法减少货币供应量，从而抑制投资的增加，减轻通货膨胀的压力。

不过，中央银行对于法定准备金率的调整也是有限度的。比如在美国，联邦储蓄管理委员会能够调整的法定存储准备金率的上限是22%，下限是10%，如果要超过这个变动区间，则要国会批准。

2. 调整贴现率。这是中央银行通过贴现窗口向商业银行提供资金的做法，利用贴现率的高低可以实现对商业银行借款数量的控制，从而达到影响货币供给量的目的。比如，中央银行降低贴现率会诱发商业银行前来借款，这样，他们就会补充准备金增加贷款，从而货币的供应量会增加。当中央银行提高贴现率时，会对商业银行的借款产生抑制作用，需要补充准备金的商业银行不得不出售证券或回收贷款以筹措资金。当厂商和居民提取存款以购买证券或偿还贷款的时候，将导致货币的供应量减少。这样，中央银行就可以根据经济情况的变化，用调整贴现率的方法改变货币的供应量，从而影响国民总产值以及商品的价格水平。

3. 公开市场业务。它是指中央银行在公共市场上进行政府债券买卖的活动。这一过程是：中央银行在流通市场购买厂商和居民手中的政府债券，给付他们支票，厂商和居民会把中央银行的支票存入商业银行，商业银行可以拿着这些支票向中央银行兑现。所谓的兑现，指中央银行一般不必支付现金，只需相应地增加商业银行在中央银行所开户头的存款。这样，中央银行购买政府债券之后，它在资产上增加了政府债券，在债务上增加了商业银行的存款。厂商和居民则减少了原来持有的政府债券，而增加了他们在商业银行的存款。由于商业银行在中央银行的存款就是法定准备金，所以，上述行为和变动准备金率的意义是一样的。如果中央银行并不是向厂商和居民购买政府债券，而是转向商业银行购买，那么除去厂商和居民把中央银行的支票存入商业银行这一行为环节以外，其效果还是一样的。因此，不管中央银行的公开市场业务是向谁购买，结果都会导致货币的供应量上升。相反，如果中央银行是向私人部门出售政府债券，则会最终导致货币的供应量下降。

（二）货币政策三大工具的比较

调整法定准备金率，通过货币乘数效应会对货币信贷产生剧烈影响。据统计，在美国，假如各商业银行没有保留超额的准备金，法定准备金率提高1%，便可以迫使商业银行削弱10亿美元的贷款。再如，从2010年1月18日起，中国人民银行宣布上调国内存款类金融机构人民币存款准备金率0.5个百分点，大型银行和中小规模银行的准备金率分别调高至16%和14%，经测算，银行系统的流动性因此被冻结3 000亿元人民币左右。这项威力巨大的政策虽然有助于使经济快速摆脱较为严重的萧条或通货膨胀，但同时也会因为冲击力过大而造成经济的不稳定。另外，商业银行在一般情况下只保留少量的超额准备。在准备金率提高的时候，它们不得不在不利的情况下抛售有价证券，因此往往造成商业银行的亏损。所以，调整法定准备金率的政策在中央银行的货币政策中是一个需要谨慎使用的“大规模杀伤性武器”。

调整贴现率即调整商业银行向中央银行借款的利息率，其作为一种重要的货币政策，其主要缺点是在实施中显得比较被动。中央银行可以通过降低贴现率促使商业银行来借款，但它不能强迫商业银行发生上述行为。所以，贴现的数量常常达不到中央银行的要求。另外，中央银行不能通过贴现窗口向商业银行提供长期贷款，只是提供短期资金。因此，改变贴现率对商业银行的影响比较小。贴现率的主要意义在于它是利息率变化和信贷松紧的信号。一般来说，在贴现率改变以后，银行的利息水平也会随之发生变化。

公开市场业务与上述两种政策相比具有一些优势：首先，公开市场业务可以按照任何规模进行。中央银行既可以大量也可以少量买卖政府债券，使货币供应量发生较大或较小的变动。其次，公开市场业务比较主动灵活。中央银行在根据市场情况的需求决定买卖政府债券数量的过程中，如果产生偏差可以立即纠正。再次，公开市场业务可以连续地进行。不论是调整法定准备金率还是调整贴现率，都不能长期连续地开展，所以，在很大程度上决定了它们无法完全满足金融市场或宏观经济环境复杂多变的需求变化。而中央银行可以流水般买卖政府债券，以适应市场需求。因此说，公开市场业务是最为常用的稳健的货币政策手段。

## 三、货币政策与财政政策的效力比较

财政政策和货币政策都可以从需求角度来调控经济，但它们的作用效力有以下不同之处。

（一）时滞不同

货币政策的时滞较财政政策的时滞长一些。因为货币供给量的变动通过利率影响投资，然后再影响就业和国民收入，要经过相当长的一段时间才能见效。而财政政策是直接作用于产品市场的。

（二）政策效果不同

在通货膨胀时期实行紧缩的货币政策可能效果较显著，但在经济衰退时期，实行扩张的货币政策效果并不明显。因为企业的预期悲观，即使央行松动银根，降低利率，投资者和银行仍会十分谨慎。相反，在经济衰退时期，财政政策的效果比较显著。

（三）执行主体不同

财政政策的执行主体是财政部或地方政府，因此容易随政治形势的变化而波动，成为价格不稳定的因素。货币政策的执行机构是中央银行，在西方它是相对独立的，中央银行有可能执行稳定经济、有长期目标的货币政策。

此外，还应当看到财政政策与货币政策之间存在相互制约的作用。如，政府增加支出，必然或是增加税收，或是增加债务，或是增加货币的供给。而增加税收会抵消财政扩张对经济的刺激作用，增加政府的债务会影响经济长期增长，而增加货币的供应又会引起通货膨胀，为控制通货膨胀政府不可能无限制地采取扩张财政政策。

## 四、我国货币政策实施的情况

我国改革开放以来实施的货币政策大致经历了从货币稳健到货币宽松的过程。整个20世纪80年代，我国的货币政策相对比较稳健，外汇汇率制度比较固定。随着对外经济规模的不断扩大，货币市场开始出现动荡。1997年左右的亚洲金融风暴对我国产生了很大的影响，此后，中央政府开始采用较为宽松的货币政策以刺激经济增长。进入21世纪以来，为了维持高位的经济增长，从中央到地方的公共投资规模不断扩大，这势必要求金融系统降低对于地方公共部门的贷款门槛，货币政策进一步宽松。2007年的美国次级贷款危机迅速演变为波及全球的金融危机，我国政府为了应对这一形势，采用了大规模的经济刺激计划，其实质是增加了广义货币的投入量，这一点可以从前几年中国人民银行连续调整存储准备金率的举措中可以看得出。

近年来，全球经济复苏艰难，国内经济发展中的“两难”问题增多，金融宏观调控和金融改革发展稳定工作任务十分繁重。面对如此复杂的国内外金融形势，我国货币政策在坚持“稳健”基调的同时，进一步丰富了其内涵，不断凸显了政策的针对性、灵活性和前瞻性。2013 年全年中国人民银行没有变动法定准备金率，单从这一点来看，与往年相比，我国的货币政策开始发生一些转变。此外，2013 年初以来，针对经济运行继续出现下滑态势、银行体系流动性供求波动有所加大、经济结构调整不断加快等实际情况，人民银行有效加强了对国内外经济金融形势和银行体系流动性供求的分析监测，引导货币信贷适度增长，保持合理的社会融资规模，促进金融机构优化信贷结构，继续稳步推进金融企业改革，促进经济金融平稳运行，宏观调控收效明显。

伴随着中央政府货币政策的变化，货币市场本身也经历了重大的变革。近年来，由于我国广义货币的规模空前巨大①，势必带来巨大的通货膨胀压力，截至 2013 年底的 CPI 数值一直处于较高水平，如果结合 CPI 篮子货物以外的物价来看，我国近几年的通货膨胀水平是比较高的。与此同时，民间投资的回报率相对较低，这主要取决于私营经济的发展水平。在这样的形势下，民间出现诸如炒黄金热、炒楼热、炒外汇等现象，这显然是由于流动性过剩，实体经济发展相对滞后造成的。这些将是今后中央政府要重点解决的宏观经济乱象之一。

此外，在完善货币政策环境方面，自 2000 年以来，我国政府采取了以下主要措施：①积极推进利率市场化，改革外币管理体制。为推进我国利率市场化改革，促进经济的对外开放，中国人民银行决定自 9 月 21 日起实施新的外币利率管理体制。②积极推进个人信用制度建设，实施储蓄实名制。③鼓励商业银行进行金融业务品种创新。④加强信贷政策指导，引导资金流向。⑤积极推进货币市场建设。⑥改进农村金融服务，支持农村经济发展，引导规范民间信用。

## 第四节　产业政策

一国经济的发展过程，不仅表现为经济总量的增长，也表现为经济结构变化的过程。应当说明，这种伴随着经济总量增长而发生的结构变化，是全方位、多层次的，比如产业结构的变化、贸易结构的变化、投资结构的变化、收入分配结构的变化及消费结构的变化等。显然，产业结构的变化问题是宏

① 根据中国社科院的统计数据，截至 2012 年底，我国的广义货币 M2 的规模达到 99 万亿之巨。

观经济发展过程中的一个重要问题。

从“大产业”的角度看，国际上关于产业结构的划分主要是三次产业法。按通常的解释：第一产业是指农业和采掘业，其中农业是指广义农业，具体包括农、林、渔业等；第二产业是指制造业，包括机械制造业、建筑业、电业、煤业等；第三产业是指服务业，它基本上涵盖上述两个产业以外的所有产业，涉及贸易、金融、不动产、劳务服务、商业等。这种三次产业的划分方法体现了人类经济活动的重心变化和社会分工的演变顺序。

## 一、产业政策的内涵

产业政策是政府根据本国经济发展要求和一定经济时期内本国产业的现状以及发展趋势，为加快各产业协调发展和促进产业结构的优化升级，并达到提高本国产业竞争力和确保动态比较优势的目的而制定的政策措施。具体包括产业的规划、引导、促进、调整、保护、扶持、限制等方面的内容。

产业政策是国家宏观的主要工具之一，其主要功能是：弥补市场缺陷，有效配置资源；保护幼小民族产业的成长；熨平经济震荡；发挥后发优势，增强适应能力。在本质上，产业政策是政府为实现特定的产业发展目标对经济活动的一种自觉干预，是对社会整体利益的维护。它在表象上是调整经济结构和投资结构，最终目标是促进经济社会协调发展，增强和维持本国经济的国际竞争力，并在国际分工中争得有利地位。在市场经济条件下，政府制定与实施产业政策不是要取代或者排斥市场机制对经济活动的基础性调节，而是在充分尊重并利用市场机制的基础作用的前提下，弥补市场缺陷的必要措施。

一般而言，产业政策由以下四个方面构成：

第一是产业组织政策，规范产业的所有制结构及中外资结构。

第二是产业结构政策，规范第一、二、三产业结构及其产业内部结构。

产业结构是指整个国民经济的各个产业部门及其内部的构成以及它们之间的相互联系、相互依赖、相互制约的经济联系和数量对比关系的总和。产业结构政策是指政府根据本国不同时期产业结构的变化趋势而制定的，旨在通过产业间资源的合理配置，影响与推动产业结构的调整与优化，促进经济增长的产业政策。其政策关键在于确保结构政策目标和主导产业的选择，支柱产业的振兴，对特定产业的保护、支援和扶持，从而为规划产业发展的基本格局和实现产业结构的优化升级奠定坚实的结构基础。一个国家要具有较强的产业结构转换能力，一个重要的问题是由政府制定正确的强有力的产业结构政策，没有国家的干预，没有产业结构政策，单靠市场机制较快实现产业结构的高级化是难以做到的。

产业结构优化是指通过产业调整，实现各产业高效协调发展，并满足社会不断增长的需要的过程。它是一个相对概念，不是指产业结构水平的绝对高低，而是在提高宏观经济效益的目标下，根据本国的地理环境、资源条件、经济发展阶段、科学技术水平、人口规模、国际经济关系等特点，通过产业结构的调整，使之达到与上述各方面相适应的各产业协调发展的态势。

第三是产业布局政策，规范产业规划及地域布局。

第四是产业控制政策，规范个别产业、行业和产品的过多或过少投资。

上述各类产业政策相互联系、相互交叉、相互作用、相互影响，从而形成一国统一的、有机的产业政策体系。

## 二、产业政策的特征

### （一）协调性

政府通过制定具体的行业规划、行业政策，运用投资结构、财政信贷结构、支持政策等措施调节产业结构，促进产业内部、产业之间、行业之间协调发展。

### （二）时效性

产业政策的目标具有明显的时效性，是同一定的经济发展阶段、一定的经济运行态势相对应的。经济发展的阶段不同，经济运行的态势不同，产业政策的具体目标不同，措施和力度亦不同。

### （三）导向性

产业政策，根据产业结构演进的规律，对产业间不等速增长的动态结构做出准确、及时、适度的超前导向，以预防不均衡产业。但产业政策一般只诱导投资方向，不控制投资规模。

### （四）组合性

产业政策体现在政府调节与市场调节有机结合的实施过程中，具有经济运行机制的组合功能。

此外，与财政政策、货币政策、收入政策相比，产业政策还具有以下显著特性：

第一，具有更深的干预色彩。其他的经济政策，如收入政策、货币政策、财政政策等，主要是通过分配过程（包括国民收入的初次分配和再分配）来调节宏观经济运行的，而产业政策则更加深入地干预了社会再生产过程，干预了产业部门之间和产业内部的资源分配过程。其目标是通过调整产业结构，改善供给结构，使社会总供给与总需求的结构达到平衡。

第二，体现更强烈的赶超意识。产业政策比其他经济政策更多地凝聚着一个国家强烈的赶超意识，其宗旨就在于优化产业结构，加速经济发展。对于本国的战略产业实行优惠政策，在资金、技术、原材料等方面予以保证，积极鼓励发展战略产业，使其达到世界领先水平。

第三，更着重于调节供给。当供给和需求在总量和结构上失衡的时候，政府既可以通过调整需求的总量和结构来实现平衡，也可以通过调整供给的总量和结构来实现平衡。产业政策主要是通过对供给的源泉和基础即产业活动的调节，而使供给在总量和结构上都能够满足需求，实现供求的总量和结构的平衡。因此，人们一般都把产业政策看作主要是调节供给的宏观经济政策，而把收入政策和货币政策看作主要是调节需求的宏观经济政策。

第四，具有更长的调节时间。产业政策比注重调节需求的其他宏观政策的调节时间跨度更长，一般不会立竿见影，往往需要 3 ~ 5 年甚至 10 年左右才能见效。由于产业政策的调节目标着眼于产业的结构、组织形式和空间布局，通过优化资源的分配和使用，来扩大将来的供给能力和完善将来的供给结构，从而实现供求的总量和结构的平衡。因此，产业政策发挥作用的时间跨度是中长期的。

## 三、产业政策的手段

产业政策目标的实现则要通过有效的政策手段，否则再好的政策目标也会落空。历史的经验表明，产业政策的最大难点就在于政策手段的选择与配合，它比确立产业政策目标更复杂。从一定意义上讲，产业政策手段的设计、选择和运用是整个实施过程的关键环节，政府能够加以运用的手段，可以分为以下四大类。

### （一）间接诱导手段

间接诱导主要是指政府启动经济杠杆进行间接引导和干预，主要有：政府投资、财政补贴、税收减免、特别财务制度等财政手段；贷款差别利率、贷款不同期限、贷款政府保证等金融手段；实行保护关税、关税减免等外贸手段；对商品和劳务的政府订购。

### （二）直接干预手段

直接干预主要是指政府运用行政权力进行直接经济干预。主要有行政管制和行政协调两大类。

政府的行政管制可分为：市场进入管制，外汇配额、信贷配额、进口配额等方面的数量管制，价格管制，技术管制，环境保护管制和生产安全管制。

政府的行政协调主要是指政府以其特定的权威地位和影响力，通过各种形式协调企业的生产和经营，使之趋向于政府的有关产业发展意图。

（三）信息指导手段

信息指导是指政府利用所掌握的信息进行政策引导，主要有：向企业传播国民经济发展趋势信息，引导产业调整；提供信息服务；提供信息交换场所，传递市场信息。

（四）法律规则

法律规则主要适用于比较成熟和比较稳定的产业政策，是以立法的方式来严格规范企业行为、政策执行机构的工作程序、政策目标与措施等，以保障预定产业目标的实现。

## 四、产业政策的合理化要求

一国的产业政策绝不能是政府的主观臆断，必须顺应产业结构的演变趋势，遵循市场规律和本国国情，努力实现产业结构合理化。具体而言，要实现产业结构的合理化，必须满足以下基本要求。

（一）要符合产业结构演变的趋势和规律

世界产业结构演变呈现出两大趋势：一是第二、第三产业在国民生产总值中所占比重的演变，由以第一产业为主过渡到以第二产业为主，再过渡到第三产业充分发展的阶段。目前世界发达国家第三产业在国民生产总值中的比重已上升到70%左右，中等发达国家也已上升到50%左右。第三产业的持续发展成为一种不可逆转的趋势。二是从资源结构演变过程来看，产业结构已从劳动密集型发展到资金密集型，进而向技术密集型发展。技术密集型产业的进一步发展是产业发展演变的大势所趋。

产业政策的制定和实施，必须符合上述产业结构演变的历史趋势；适应业已呈现出来的发展规律，加速发展第三产业和技术密集型产业，把我国的产业结构向高级化的程度引导。与此同时，产业政策的制定和实施，还必须符合产业结构自身演进的规律。产业结构的调整和演进，应当遵循国民经济各部门有秩序、按比例协调发展的规律。违反规律的产业政策将是无效的。

（二）必须从本国国情和经济发展水平出发

制定产业政策、调整产业结构可以而且应当借鉴别国的成功经验，但由于各国的国情和经济发展水平不一样，所以不能简单照搬，而要从国情出发扬长避短，发挥自己的优势。影响和制约产业结构调整的主要因素是资源状况和经济发展水平。资源包括自然资源和社会资源，诸如人力、物力、科技、文化、信息等。经济发展水平包括生产力发展水平、人均国民生产总值水平、消费水平、综合国力等。只有从国情出发，充分了解和把握本国在资源和经济方面的优势和劣势，把产业政策建立在实事求是的基础上，才能真正做到扬其所长，避其所短，使产业政策收到实效。不符合国情的产业政策是徒劳无益的。

（三）要有利于参与国际分工

世界经济一体化是当今世界经济发展的历史潮流。产业政策在立足国情的同时，还必须瞄准世界市场，引导本国经济投入世界经济之中，积极参与国际分工。发展中国家参与国际分工，产业政策向出口发展战略倾斜，是一项成功的选择。出口导向发展战略，就是指以本国生产的工业制成品的出口，来代替原来的初级产品出口，通过加强出口产品的生产，带动其他经济部门发展的战略。第三次科技革命之后，发达国家利用它们的技术优势，集中发展新兴工业，把一些劳动密集型的传统工业转移到发展中国家，这给发展中国家参与国际分工，进入国际市场提供了契机。我国应当抓住机遇，积极发展技术密集型的新兴工业，争取在国际市场中占有一席之地。参与国际分工、进入和占有国际市场，是产业政策谋求的目标之一。

（四）要遵循市场经济的运行要求

产业政策绝不等于行政手段，而是一种把宏观经济指导与微观经济行为通过市场机制联结起来的宏观调控方式。宏观经济指导通过市场机制，转化为引导企业行为的经济信号，这种经济信号一方面体现宏观指导意图，另一方面又指示企业生产经营的决策方向。整个产业政策的实施过程，都是在市场运作的范围内，通过市场机制的功能实现的。当然，在尊重市场机制的前提下，实施产业政策需要借助一定的立法手段，乃至必要的行政手段，但就整体而言，产业政策是通过市场机制实现的。

## 思考题

1. 宏观经济政策的主要目标及其相互关系是什么？
2. 财政政策的运行机制包含哪些主要内容？
3. 中央银行调控信贷规模的三大货币工具是什么？
4. 产业政策的内涵、特征是什么？怎样才能实现产业政策的合理化？

# 第九章
# 政府失灵

市场失灵的客观存在决定了政府介入、干预经济活动的必要性。从实践来看，自凯恩斯主义诞生以来，西方各国政府在市场经济中扮演着十分重要的角色，它们采取了一系列行为来干预或调节市场机制，保证市场运行的外部条件，也作为市场机制的必要补充，在很大程度上发挥了弥补市场缺陷、促进经济发展的作用。但是自 20 世纪 70 年代西方国家经济出现“滞胀”现象后，人们开始认识到，政府并不是万能的，如同市场会出现失灵一样，政府干预同样会产生失误，出现“政府失灵”问题。政府失灵是现代市场经济国家的政府干预所产生的一种普遍现象，是一个重大的理论与实践课题。西方学者对这一问题作了较长时间的研究，形成较为系统的政府失灵理论。

## 第一节 西方政府失灵理论概述

### 一、政府失灵理论研究的背景

政府失灵（Government Failures），又称“政府失败”“非市场缺陷”，由美国经济学家罗兰·麦肯恩 1965 年在《美国经济评论》上发表的《治理中的看不见之手》一文中首次提出。在 20 世纪 70 年代后，经公共选择、寻租等理论的阐释和传播而引起学术界广泛关注。

政府失灵的基本含义是指政府干预经济的行为并不如理论上所说的或人们所期待的那样有效，不仅未能有效地克服市场失灵问题，相反，却阻碍和限制了市场功能的正常发挥，导致经济关系扭曲、市场缺陷和混乱加重，造成资源浪费，给社会带来灾难。具体而言，政府失灵涵盖这样几种主要情形：其一，政府干预经济活动达不到预期目标；其二，政府干预经济活动虽达到了预期目标，但成本高昂且效率低下；其三，政府干预经济活动达到预期目标且效率较高，但引发社会经济和政治负效应。

政府失灵理论研究源于社会经济运行实践。市场经济是一种由市场机制来配置社会资源的经济体制或经济运行方式。但是纯粹的市场经济或完全竞争的市场是不存在的，现代市场经济是一种混合经济。从西方市场经济的实践来看，市场缺陷及市场失灵被认为是政府干预的基本理由。在市场经济体制条件下，社会资源的配置通过价格机制的作用来实现，但市场调节及价格机制发生作用有一定的前提条件，而且市场本身不是万能的，由于市场机制的内在功能型缺陷和外部条件缺失引起的市场机制在资源配置的某些领域运作不灵。为此，现代市场经济国家的政府在社会经济生活中扮演着公共物品的提供者、收入和财富的再分配者、市场秩序的维护者和宏观经济的调控者等角色。第二次世界大战后西方各国所采取的干预措施确实在某种程度上弥补了市场缺陷，纠正了市场失灵。然而，政府本身的行为也有其内在局限性，政府同样会失败；市场解决不好的问题，政府也不一定能解决得好，而且政府失败会造成更大的资源浪费，给社会带来更大的灾难。特别是从 20 世纪 70 年代开始，西方国家出现的“滞胀”现象以及政府财政危机、管理危机等社会经济问题，正是政府过度干预、政府失灵的集中表现。从 20 世纪 70 年代末 80 年代初开始，英国、美国等西方各主要市场经济国家的政府为克服“滞胀”现象以及政府过度干预所产生的其他问题，纷纷采取了放松管制、减少干预政策，并实行私有化，向自由放任回归。这在客观上促使人们在分析政府与市场关系问题时，从原来对市场缺陷和市场失灵的关注转向对政府行为局限性及政府失灵的关注。

## 二、政府失灵研究的主要理论学派

### （一）公共选择理论

公共选择理论学派对政府失灵问题作出了较系统的研究。公共选择理论（Public Choice Theory）是一种以现代经济学的方法分析研究选民、政治人物以及政府官员行为的学科，是政治学与经济学相结合的综合理论。该学派从研究官僚和政客的角度上探索政府对社会经济带来的影响，并且假设这些人都是根据自己的私利采取行动，他们的一举一动都是为了增进自己的经济利益。市场经济下私人选择活动中适用的理性原则，也同样适用于政治领域的公共选择活动。也就是说，政府以及政府官员在社会活动和市场交易过程中同样也反映出“经济人”理性的特征。“当个人由市场中买者或卖者转化为政治过程中的投票者、纳税人、受益人、政治家或官员时，他们的品性不会发生变化”。[①] 政府及其公务人员也具有自身的利益目标，政府自身利益本身也是一个复杂的目标函数，其中不但包括政府本身应当追求的公共利益，也包括政府内部工作人员的个人利益，此外还有以地方利益和部门利益为代表的小集团利益等。可见，政府及其公务人员并不一定只代表公共利益。从另一个角度来说，即使政府基本上代表着公共利益，但由于公共利益本身有不同的范围和层次划分，因此除了自身利益诉求之外，在公共利益的总体目标方面也有着价值取向和偏好程度上的差异，如中央政府与地方政府。

该学派的领袖人物是詹姆斯·布坎南，因其在公共选择理论方面的建树，特别是提出并论证了经济和政治决策理论的契约和宪法基础，1986 年被授予诺贝尔经济学奖。此外，著名经济学家阿罗和唐斯等人对公共选择理论的建立和发展也做出了重要贡献。公共选择理论利用经济学的分析方式，主要是博弈论和决策论，探索政治上的决策进行过程，以此揭露在政府体制下必然出现的低效率现象。奥地利经济学派的经济学家包括米塞斯、哈耶克等人也进行了类似公共选择理论的研究，这些研究先假设政客们是真心要造福人民的，然而却无法取得足够的经济信息，此问题又称为经济计算问题，由于他们在进行决策的过程中无法得到充分的经济信息，这些决策往往就会造成和一般公共选择理论所假设的理性私利行为相同的悲惨后果。总之，公共选择理论学派的核心主题是用经济学的方法来说明市场经济条件下政府干预行为的局限性以及政府失灵问题。

尽管公共选择学派提供了一个关于政府失败的综合理论，但其研究只限于政府，而未扩展到其他的公共部门（如基金会、大学、非私有的医院等）。针对这种情况，一些政策分析者力求扩展和深化公共选择学派对于市场或政府缺陷的研究，例如兰德公司研究生院院长、政策分析家查尔斯·沃尔夫、政策分析家戴维·韦默和艾登·维宁都把市场失灵和政府失灵问题作为政策分析的理论基础，他们较系统地探索政府失灵的类型与原因，从直接民主制、代议民主制、官僚主义、集权分权固有的问题中寻找政府失灵的根源，并总结了防止政府失灵的一系列有效措施。

### （二）寻租理论

寻租理论是对政府失灵问题展开深入分析的又一经典。该理论产生于美国，主要思想萌芽于20 世纪60 年代，确立于70 年代，至今已获得长足发展。

① ［美］詹姆斯·M 布坎南．宪法经济学［M］//市场社会与公共秩序．北京：生活·读书·新知三联书店，1996：341．

有关寻租的理论和分析方法最早是由美国当代著名经济学家格登·塔洛克在1967年的《关税、垄断和盗窃的福利成本》一文中首次提出来的。在这篇论文中，塔洛克阐述了完全竞争的新古典经济模型对偏离竞争造成的社会福利损失估计过小，而实际上税收、关税和垄断所造成的社会福利损失大大超过了通常的估算。其原因是人们会竞相通过各种疏通活动来争取收入。塔洛克的这篇文章标志着寻租理论的兴起，而把寻租作为一个经济学范畴正式提出的是美国的经济学家安妮·克鲁格。她在1974年公开发表的《寻租社会的政治经济学》一文中深入研究了由于政府对外贸的管制而产生的对租金的争夺，并设计了数学模型对其进行计算和讨论，同时开始比较正式地使用“寻租”这个术语。因此这篇论文被经济学界视为寻租理论的一个里程碑。应当说塔洛克和克鲁格是寻租理论的鼻祖。后来，布坎南发展了这一理论，并作出了重大贡献，提出了“寻租基本上是通过政府进行的，限制寻租就是要限制政府”这一重要观点。概括而言，公共选择和寻租理论是从不同的角度或层面阐释政府失灵问题的。

## 三、政府失灵理论研究的意义

在学术意义上，经济学、政治学和政策分析等学科领域的学者对政府失灵问题的研究及其理论成就，改变了现代西方社会科学，尤其是经济学和政治学在研究政府与市场关系时把分析的重点放在市场缺陷的研究上，而忽视非市场缺陷的局面，使政府失灵问题成为西方学者关注的焦点之一。布坎南曾指出：如果说20世纪30年代、40年代在西方经济学中占主导地位的是市场失灵论的话，那么，到了70年代、80年代，这种主导地位已经让给政府失败论了。布坎南的这番表述在很大程度上反映了当代经济学在研究政府与市场关系时的转向——由注重市场失灵转向注重政府失败。经济学的自由放任传统是亚当·斯密等人奠定的，但现代经济学的自由主义学说是奠定在英国的马歇尔、法国的瓦尔拉和意大利的帕累托等人所写的著作之上的。他们的著作力求以抽象的模式说明在一种纯粹的和理想的竞争情况下市场的运行过程。凯恩斯主义和阿瑟·庇古等人的福利经济学理论的出现改变了经济自由主义的主导地位。20世纪20年代以后，福利经济学家们的大量文献都致力于分析市场缺陷，为国家干预的合理性辩护；60年代、70年代出现的以公共选择学者为代表的“新政治经济学家”则致力于政府干预的局限性及政府失败的研究，回到自由主义的传统中。然而，与市场失灵研究相比，政府失灵的研究尚不成熟，有待深入推进。

在实践意义上，布坎南等对政治人的行为本质的论述具有较强的现实解释力，破除了以往流行的关于“政治”“政府”和“政治家”的浪漫观点，政府及其工作人员“一心为公”“追求公共利益”的诱人面纱被无情地揭开，使人们能更为理性地审视政府行为，对政府的评价更注重其行为选择的本质及其对社会福祉的影响。政府失灵理论的深入研究有助于促进政府管理改革，为社会提供更好的公共服务。从实践来看，公共选择理论关于“政府失灵”的理论分析成为20世纪80年代以来西方发达国家政府行政改革的重要理论指导之一。当代西方行政改革的市场化、私营化和分权化取向，以及改革中放松政府管制、公私合营等竞争性机制的引入、公共服务合同出租等具体改革措施，都体现了“政府失灵”理论所提供的改革思路。

## 第二节　政府失灵的主要表现

### 一、公共政策失效

政府对经济生活干预的基本手段是制定和实施公共政策，以政策、法规及行政手段来弥补市场缺陷，纠正市场失灵。但是，与市场决策相比，公共决策是一个更复杂的过程，存在着种种困难、障碍和制约因素，使政府难以制定并执行好的或合理的公共政策，导致公共政策失效。这是非市场缺陷及政府失灵的一个基本表现。

公共政策失败是指公共政策的效果未达到政策目标或公共政策偏离其应有价值的现象。公共政策作为社会管理的手段，总是为解决包括经济问题在内的某种社会问题或是实现特定时期的社会目标而制定的，公共利益是其核心价值。然而在实践中，许多公共政策没能实现政策目标，或是偏离了其核心价值。而政府政策的低效率，在布坎南看来，则是指所执行的政策不是最好的政策，也就是说，这种政策不能实现资源的最佳配置。

一般来说政策效果的发挥主要依赖于政策的制定和执行过程，这两个环节如果出现偏差，公共政策就有可能走向失效。

公共政策的制定主要有两种途径：第一种是通过投票方式进行政策选择，这是使用最普遍、最广泛的一种政策选择方法。投票方式包括一致同意原则与多数票原则，由于一致同意原则的决策成本太高，容易出现议而不决现象，贻误时机，所以人们往往选择多数票原则。多数票原则（Majority Rule）是指一项议案或决策须经 1/2 以上投票人赞成才能通过或采用的一种投票规则，也就是通常所说的“少数服从多数”原则。但这一方式存在两个主要缺陷：投票悖论和政治冷漠。

投票悖论是指当存在三种或三种以上的备选方案时，政策选择会在这几种方案中无穷无尽地循环，在投票中，任何最初被决定的选择都可能被另一种选择所击败，最终任何均衡都不能达成。投票悖论说明，由于个人的偏好不同，任意加总或综合这些偏好，其结果可能是不相容的。

政治冷漠是与政治参与相对应的一个概念，简单而言就是政治不参与，是一个国家的公民对政治活动不感兴趣，不愿花时间和精力参与某项政治活动。政治冷漠的出现是因为公共政策是为了解决社会某方面的问题提出的，具有公共产品的性质，即也具有共享性和非排他性。而考虑到参与投票活动的成本，许多选民存在“搭便车”的心理而不去参加投票。政治冷漠情形的客观存在往往为利益集团控制投票结果提供可乘之机，从而使政策并不能代表公众的利益，失去公共性。

政策产生的第二种途径是政府部门独立制定政策。这类政策一般是公共部门领导人根据自身利益制定的。在布坎南看来，产生这一政府行为的外部原因是缺乏一种约束机制制约政府行为方式，如果约束机制不能提供一种良性压力，以确保任何人处于某一特权地位也无法过多谋取私利，那么再高尚的执行官也不能保证公共利益不被他或他的后继者有意或无意地损害。

此外，由于政府的政策大都涉及利益分配，从而使许多利益集团为了实现自身利益游说政府，以期使政府制定的政策朝向有利于他们的方向发展。利益集团来自英文 Interest Group，又称压力团体，是西方政治中普遍存在的一个概念，其内涵是指那些具有共同利益并且力图通过自身的活动影响政府行为从而实现其自身特定利益的组织。从定义中可以看出，所谓利益集团必须具备三个条件：第一，形成了一个组织形态：第二，这个组织的成员具有共同的利益或目标；第三，这个组织为了共同的利益或目标向政府机构提出要求或施加压力，使政府制定的政策符合他们的利益。按照美国经济学家施蒂格勒的分析，一个特殊利益集团谋求政府管制的具体动机有四个：一是谋求政府直接的货币补贴；二是要求政府帮助限制新竞争者的进入；三是谋求国家对那些能够影响它的替代物和补充品进行干预；四是谋求国家对价格的管制。[①] 这些动机就决定了利益集团会采取各种方法和手段影响政府活动，尤

① ［美］乔治·施蒂格勒．产业组织和政府管制［M］．上海：上海人民出版社，上海三联书店，1996：212－215．

其是政府决策过程，如通过竞选捐款、院外游说、直接贿赂等手段对政治家产生影响，左右政府的议案和选民的投票行为，从而使政府的决策向利益集团倾斜而不是为全社会的利益服务。

与此同时，即使政府制定出了合适的政策，也不能保证它就一定符合公众的利益，因为还有政策执行环节的因素影响。任何好的政策在实施和执行过程中，都必须具有相应的前提和条件，主要包括必要的政策资源、正确的执行策略、合格的执行者、有效的沟通、正确的协调、适宜的环境、有效的监督等，这些因素中的任何一方面或它们之间的配合出了问题，都可能导致政策失效。首先，政府工作人员基于自身利益的考虑，并不一定会完全按照政策的目标去执行公共政策。由于中央和地方的财权和事权的分离及两者利益上的差异，可能发生下级政府执行不力的情况，有时甚至会为了本地区、本部门的利益，采取“上有政策、下有对策”的做法，违反政策最初的目标。其次，在政策执行过程中，还会遭到来自与政策利益相左的集团的抵制，如反垄断、控制污染等政策会增加某些企业或利益集团的成本，它们不但不会支持相关政策，相反还会采取措施来逃避、抵制政策。在利益博弈的过程中，政府由于缺乏充分信息，对某些市场业务不是很了解，从而导致政策难以发挥实际效果。此外，一项政策所面临的环境也是处于不断变化之中，从政策制定到政策实施需要一个过程，在此过程中，当初制定政策时的具体环境、具体情况可能已经发生较大变化，结果就会使政策失去针对性，政策效果因此而大打折扣。

## 二、公共物品供给低效率

政府为弥补市场失灵而直接干预的领域往往是那些投资大、收益慢的公共物品，其供给一般是以非价格为特征，即政府不能通过明确的价格交换从供给对象那里直接收取费用，而主要是依靠财政支出维持其生产和经营，较难计较成本，从而易于出现公共物品供给低效率或浪费现象。

从根本上说，公共物品供给低效率是由于公共机构特别是政府机构的本性以及公共物品供求关系的特点，使其提供的公共物品难以做到高效，或出现提供过剩公共物品以及成本增加等现象。具体而言公共物品供给低效率的原因有以下几点：

首先，政府提供公共物品处于垄断地位，缺乏竞争压力。政府是公共物品的唯一提供者，政府中的各个部门也分别处于各类公共物品的垄断生产者地位，相互之间因为缺乏替代性而无竞争，这使政府各部门缺乏降低成本、提高服务质量的外部压力。

其次，对公共物品的估价或绩效评价上的困难。政府在提供公共物品和从事其他政府行为时，由于政府行为机制与市场机制的差异以及公共物品价格的非敏感性，衡量这些行为的社会成本和社会收益比较困难，在很多情况下很难用“边际社会成本等于边际社会收益”的原则来判断政府行为是否有效率，也使衡量公共物品的价值尤其是国防、法律与秩序、医疗卫生和社会保障等一类产品价值时遇到困难。官僚机构提供公共物品所追求的是社会效益，而非经济效益，社会效益的衡量缺乏准确的标准和可靠的估算方法及技术；同时，要合理确定社会对某一类公共物品需求的数量，提供公共物品的政府机构的规模以及对这些机构绩效的评估是困难的，甚至是不可能的。

再次，政府机构及官员缺乏追求利润的动机。私人企业经理具有强烈的创新动机、利润动机，在为企业找到降低成本的技术创新等方面具有强烈欲望。而由于官僚不能把利润占为己有，加上公共物品的成本与收益难以测定，所以政府机构及其官员没有降低成本、追求利润的激励机制及动机。与企业经理不同，官僚的目标并不是追求利润最大化，而是机构及人员规模的最大化，以此增加自己的升迁机会和扩大自己的势力范围。同时，由于政府官员花的是纳税人的钱，没有产权约束，在行政过程中往往不太考虑成本，而且政府部门的年度财政结余不能自留，降低成本不能给本部门带来直接的收益，因此，政府各部门都有扩大开支预算的倾向。

最后，监督机制缺失。在理想层面上，政府官员的行为必须受到立法者、公民或选民的政治监督。但在现实中，由于监督信息的不对称、不完全，监督机制往往是不健全的，许多监督徒有虚名。政府官员一般都是在信息不对称的环境中工作的，官员比监督者拥有更多的关于公共物品及服务方面的信息，尤其是成本、价格方面的信息。立法者和选民缺少足够的必要信息来有效地监督公共机构及其官员的活动。这样监督者完全可能受被监督者操纵，后者有可能制定并实施某些有利于自身利益而损害公共利益的公共政策。

## 三、内在效应与政府利益扩张

“内在效应”也称为“内部性”，是指公共机构尤其是政府部门及其官员追求自身的组织目标或自身利益，而非公共利益或社会福利的现象。犹如外部性被看成是市场缺陷以及市场失灵的一个基本原因一样，内在效应或内部性被认为是非市场缺陷以及政府失灵的一个基本表现。内部性的存在意味着“私人的”或组织的成本和利润很可能支配了公共决策的制定，偏离公共利益或公共福利。

内在效应使政府机构在非市场活动中不断扩大机构规模和提高运行成本，导致较高的单位成本和比社会有效水平更低的产出水平。布坎南认为，政府及其官员也是个人利益最大化者，一个人从私人部门进入公共机构之后，其行为动机不可能会从追逐私利转变为讲求公益。在现实中，每个人都有自己的价值取向，都有各自追求的利益，都有自己的社会关系……这些都决定了官员的个人利益并不总是与公共利益相一致，有时甚至相悖。因此，官员在进行政府活动时就有可能会不顾公共利益，而去追求个人利益最大化。无论是扩大官员自己的权限，还是提高待遇，都要通过扩大本部门的规模和提高预算来实现。为了本部门规模的最大化和预算的最大化，官员总是设法从上级争取更多的拨款，增加机构层次，扩大自身权利，以相应地提高其机构的级别和个人的待遇。同时，他们会积极制定更多的条文制度，增加自己的俸禄和享受，结果导致社会资源浪费，资源配置效率低下，社会福利减少。近两个世纪以来特别是第二次世界大战之后，西方国家的政府迅速膨胀。以美国为例，1987 年美国政府的总开支占国民生产总值（GNP）的 34%，而在 1949 年这一占比为 23%，1929 年只为 10%。[①]

## 四、寻租及权力腐败

在社会生活中，人们为了追求自身的利益最大化而努力。从社会效益的角度看，人们追求自身经济利益的行为大致分为两大类：一类是生产性的、增进社会福利的活动，如人们从事的生产活动、研究与开发活动以及在正常市场条件下的公平买卖等；另一类是非生产性的、有害社会福利的活动，它们不但不能增进社会财富，反而白白地消耗了社会经济资源。比如偷盗，其直接后果是社会财富在个人之间转移，而不是增加。

寻租（Rent-Seeking）[②] 又称“非生产性寻利活动”，是指个人或团体为了争取自身经济利益，利用资源并通过政治过程获得特权，对政府或政府决策施加影响，以取得有利于自身利益再分配的一种非生产性活动。

寻租现象与政府活动紧密相连。政府是公共权力的代表，由于公共权力

① Dennis C Mueller. Public Choice Ⅱ: A Revised Edition of Public Choice [M]. Cambridge: Cambridge University Press, 1989.

② 寻租在宽泛意义上是指利用特权谋取不正当利益的行为。在本教材的前面章节中曾多处使用过这个概念，如垄断厂商凭借垄断特权谋取超额利润。本章主要研究围绕政府行政权力垄断而产生的不正当寻利行为及其负面社会影响。

的权威性与稀缺性，从而导致它成为寻租的目标。可以说，寻租是政府干预的副产品。当政府干预市场时，就会经常形成集中的经济利益，政府干预带来了以“租金”形式出现的经济利益。寻租则是为这样的干预而进行的游说活动，是用较低的贿赂成本获得较高的收益或超额利润。在现代寻租理论中，一切利用行政权力大发横财的活动都可以称为寻租活动。这里的“租”泛指通过政府干预或行政管制市场而形成的级差收入，一切市场经济中的行政管制都会创造出这种租金。寻租活动的特点是利用各种合法或非法的手段，如游说、疏通、拉关系、走后门等以获得拥有租金的特权。通俗地说，寻租是权力上的“弱者”用金钱向权力上的“强者”发动攻势，下级游说上级，小巫求大巫，最终获取非法收益的行为。

布坎南在《寻租与寻利》一书中提出寻租活动可以分为三个层次：一是对政府活动所产生的额外收益的寻租；二是对政府肥缺的寻租；三是对政府活动所获得的公共收入的寻租。对此，布坎南列举了一个现实案例：比如通过发放一定数量的经营执照对某一城市出租汽车的数量进行限制，这时寻租活动在以下三个层次上进行：首先是对直接获取执照的寻租。这时，因为有了对执照的限制，市场上出租车的数量就少于自由竞争时的均衡水平，出租车主就可以获得超额利润，这种超额收入就是政府限制出租车数量的活动所产生的额外收益。于是人们受这种超额利润的吸引就会争相贿赂政府官员以期获得执照，特别是政府官员对执照发放有较大权限时，这一层次的寻租活动会更加频繁。其次是对政府肥缺的寻租。当有限的执照被寻租者如数获得之后，第一层次的寻租空间就会消失，但这并不意味着寻租活动真的消失了，实际上寻租活动会转向第二个层次，这就是对政府肥缺的寻租。因为出租车执照是有价值的，出租车管理部门就成了肥缺，潜在的企业家就会在退出出租车执照寻租的同时转入对政府肥缺或者能获得拍卖收益的职位进行寻租，当这些职位能够获得拍卖出租车牌照的收入时尤其如此。最后是对政府收入的寻租。出租车主获得的超额收入（部分或全部）会以执照费的形式转化为政府财政收入，公共财政的基本原则是“取之于民，用之于民”，但是公共财政的收入和支出过程中，其“民”的含义是不一样的，一旦进入公共财政的范围，其收入用于什么民、用多少，则是一个很具有弹性的问题，那么各个利益集团为了获取公共财政支出而进行的寻租活动就是第三个层次的寻租活动。

在现实中，政府由众多官员和公务员组成，他们也是“经济人”，具有追求自身利益最大化的内在动机，这就决定了政府在寻租活动中不会只是一味地扮演一个被动的、被利用的角色。政府创租（Political Rent Creation）和政府抽租（Political Rent Extration）是美国经济学家弗雷德·麦克切斯内在《创租与抽租》（1988 年）一文中提出的两个概念。前者是指政府官员利用行政干预的办法来增进私人企业的利润，人为创造租金，诱使私人企业向他们进贡作为得到租金的条件；后者是指政府官员故意提出某些会使私人企业利益受损的政策作为威胁，迫使私人企业割舍一部分既得利益与政府官员分享。二者的存在，增添了寻租活动的普遍性和经常性。

寻租导致腐败行为的产生，而且在发展中国家尤为严重，这主要是因为政府对经济干预过多为寻租提供了条件。政府干预、管制经济活动的过程，实际上是政治过程中的权力因素直接介入经济活动的过程，因为政府对经济的管制必然要凭借其手中掌握的公共权力通过行政手段来实现，这就为寻租者进行寻租活动提供了条件。寻租者以手中据有权力的官员或政治家为目标，通过游说、送礼等不正当途径来获得自身行为的权力保证；另一方面，由于官员的自利性，他们手中的权力也成为他们谋求私利、满足个人欲望的工具，他们会主动创设租金吸引寻租者，从而实现自身利益最大化。许多处于转型时期的发展中国家，由于政治体制的不完善以及市场机制的不健全更是成为寻租的高发区。

寻租活动导致政府失灵，因为它使资源配置扭曲，或说它是资源无效配置的一个根源。作为一种非生产性活动，寻租并不增加任何新产品或新财富，只不过改变生产要素的产权关系，把更大一部分的社会财富装入私人腰包。寻租导致不同政府部门及官员争权夺权，影响政府声誉和增加廉政成本；妨碍公共政策的制定与执行过程，降低行政运转速度甚至危及政权稳定。总之，寻租是社会资源的负和博弈，是经济发展、政治稳定和文化进步的陷阱。一旦落入这个陷阱，就会使社会处于低效、停滞甚至紊乱的状态。

## 第三节　政府失灵的根源

综上所述，政府失灵是一个十分复杂的问题，导致该问题产生的原因也是多方面的。西方政府失灵理论研究的逻辑起点是“经济人”假设，如制度经济学、公共选择理论所假定的那样，认为政府与社会中其他组织没有本质的区别，也是经济人，是政府失灵的根源。

## 一、经济人的含义

根据《新帕尔格雷夫经济学大词典》的解释，所谓“经济人”的称号通常是加给那些在工具主义意义上是理性的人的（Rational Man）。在理想的情形下，经济行为者具有完全的充分有序的偏好（在其可行的行为结果范围内进行偏好排序）、完全的信息和无懈可击的计算能力。在经过深思熟虑之后，他会选择那些能够比其他行为更好地满足自己的偏好（或至少不会比现在更坏）的行为。[①] 通俗地说，经济人是在既定的约束条件下，努力实现自身收益最大化行为动机的经济活动主体。所谓既定的约束条件，是指经济人受各种法律、道德等正式和非正式制度的约束，并不是说就可以没有限制地追逐收益最大化；所谓收益最大化，包括货币和非货币收入；所谓行为动机，指的仅仅是主观上的目的指向，并不意味着客观上都能实现。

事实上，经济人并不是自私自利的同义语，经济人本身并不包含对人的经济行为的褒贬，只是实证描述而已。经济人完全可能是利他之人，他在追求自身利益的同时，也可以增进他人的福利。经济人是对经济活动中人的行为动机的假定，最初并没有超越经济领域加以泛化应用，只是随着新制度经济学的兴起以及公共选择理论对政治现象的卓有成效的分析，使经济人概念被广泛地应用于政治学、行政学等领域。

## 二、新制度经济学的研究论点

新制度经济学对“人”探索的要旨也是基于经济人的前提下，说明财产关系、制度等的演变不过是经济人有意识或无意识选择的结果，或者说是合作与非合作博弈的结果，这种选择与博弈是与各种资源的稀缺程度、供求关系、价格水平、成本—收益的变化结合在一起的，选择的核心依旧是利益问题。在诺斯等人看来，正是经济人的成本—收益核算推动着英国历史上财产关系的选择向着最有可能调动人积极性的方向演进。随着私有财产权结构的日益清晰，个人的积极性得到越来越充分的激励，这就保证了经济人把其可支配的资源无意识地用到对社会最有益的活动中去（包括各种创新活动），从而才有了近代工业革命。对制度的分析必须假定人是自利的，否则，如果假定人人都是利他主义者，制度就没有必要被设计出来，也就无从比较各种制度的优劣。

---

① 新帕尔格雷夫经济学大词典［M］. 2卷. 北京：经济科学出版社，1996：57.

## 三、公共选择理论的研究论点

公共选择理论是运用经济学的工具研究政治科学基础问题的一门科学。公共选择理论的信条是：人就是人，并不因为他是总经理或总理而改变本性。换言之，经济主体是经济人，政治主体也毫无例外地是经济人。如果说他们有差异的话，仅仅是目标函数不同而已。进行市场决策的人和进行政治决策的人是相同的，都受自身效用最大化的引导。公共选择对经济人运用范围的拓展，使得经济学最基本的分析方法，即成本—收益法，能够在政治领域得到应用，并由此产生了一系列富有启发性的结论。除此以外，这种将人的自利行为从市场决策领域向政治决策领域的扩展，有利于保证对人类行为分析的一致性。

在此之前，政治学家与经济学家对人类行为的分析，采取的是两个完全不同的标准。在市场选择领域，人被假定为是自利的；在政治选择领域，人又被假设成是慈善、博爱的。公共选择理论将人类在市场领域和政治领域中的行为统一起来，“把人类行为的两个重要方面重新纳入单一的模式”。这种方法论认为人类的一切行为，不论是政治行为，还是经济行为，都应从个体的角度去寻找原因，因为个体行为的集合构成了集体行为。在公共选择理论将个体主义的分析方法带入政治学之前，传统的政治理论一直主要采用集体主义的分析方法。在考察集团行为时，传统的政治学总是把集团作为一个不可分割的有机体，从整体的角度分析其政治行为与社会行为。分析国家时，也通常把国家看成代表整个社会的唯一决策单位，并且认为国家利益和公共利益独立于个人利益。个体主义方法论与传统政治学的这种集体主义方法论不同，它把个人作为最基本和最后的决策者，强调一切公共行为都源自个人决策。布坎南认为从交易的角度来看，经济与政治本质上是没有什么区别的，政治也是一种市场形式，没有理由认为公民在投票室中的行为和消费者在超级市场上的行为有什么异样。一切政治活动主体，包括选民、政党，都是在为自己服务的前提下服务社会，不存在超然的道德主体。布坎南等认为要最大限度地以市场来替代政府，当确实不能替代时，需要政府发挥其应有的作用，但要对其施加最大的限制，以减少其利己行为。从公共选择的观点来看，市场失灵并不是政府干预的充分理由，这种情况下很可能同时发生市场失灵与政府失灵并存的情况。在公共选择学派看来，西方社会的真正问题不是来自市场经济，而是来自政治结构和制度的挑战，最为重要的是使政治制度适应现代市场经济的内在要求。

国内学者在传承和综合了新制度经济学和公共选择理论相关论点的基础之上，提出现实中的政府或行政机关从组织的角度来说不是经济人，而是公利人。从实然的角度来说，作为公务员或行政人员的个人则是经济人，作为组织的行政机关却并不总是公利人，而是经济人与公利人的性质兼而有之。而且，政府或行政机关表现出来的公利人的性质主要是在外在制度约束之下产生的，一旦外部约束和控制较弱时，政府或行政机关更易于表现出经济人的行为。换言之，政府或行政机关公利人的性质是外在制度约束下的结果。①

## 第四节　政府失灵的纠正与防范

鉴于以上政府失灵的种种表现以及引发政府失灵的原因，西方理论界提出了一系列措施或建议来纠正和防范政府失灵，对我国政府管理体制改革带来深刻启迪。

### 一、西方学者纠正与防范政府失灵的理论

公共选择学者认为，政府失灵是西方公共选择或公共决策体制的缺陷所造成的，实质上是西方政治制度的失败。因此，要避免政府失败，必须发明一种新的政治技术和表达民主的方式以改革现有的政体，同时，采取多种有效措施约束政府行为。公共选择学者所提出的纠正和防范政府失灵的具体措施有以下几种。

#### （一）进行宪政改革

以布坎南等人为代表的公共选择理论学者认为，要克服政府干预行为的局限性及避免政府失败，最关键的是要进行宪政制度方面的改革。他们着重从立宪的角度来分析政治活动者的规则或限制条件，即他们并不是直接提出具体的建议供政策制定者选择，而是为立宪改革提供一种指导或规范建议，为政策制定提出一系列所需的规则和程序，从而使政策方案更合理，以减少或者避免决策的失误。

#### （二）完善表达民主的方式以及发明新的政治技术

针对现有西方民主政体尤其是投票规则或公共决策方式的各种缺陷，如投票悖论或循环、相互捧场或互投赞成票、多数人专制等，公共选择理论家主张改革现有的西方民主体制，完善表达民主的方式，发明新的政治技术，

---

① 董建新．政府是否是“经济人”?．中国行政管理，2004（3）：65.

以便作出“更好的决策”或“更好的选择”。但是公共选择学者并没有提出太多的新招，他们中的大多数人求助于在公共选择过程或公共决策过程中采用更高的多数制（如2/3多数），以使人们在众多的、相互对立的个人或集体的目的之间作出更符合多数人偏好和利益的决策。

（三）限定政府权力作用的边界

虽然经济职能是现代政府的一项必不可少的重要职能，但是这项经济职能的使用必须是有限度的，即其作用的发挥存在有效边界。针对市场失灵问题的研究认为市场失灵的领域即为政府活动应该涉及的领域，也就是说，现代经济的运行必须以市场机制来发挥基础性作用，政府的干预只应当是市场调节的一种必要补充，一旦政府行为超出界限，政府的干预和市场机制都会出现低效率。具体而言，政府应主要进入以下市场失灵的领域：建立和维护市场秩序；弥补市场机制不完全的缺陷；解决市场机制可能产生的外部性问题；稳定宏观经济；调节收入分配等。

（四）在政府机构内部形成竞争机制

正如前面所分析的，官僚机构的内在效应会造成政府机构运行的低效率及公共物品的低效供给。为此，公共选择理论学者强调必须努力消除这种内部效应，同时，要打破公共物品生产的垄断，在政府机构内建立起竞争机制，这样有利于消除政府机构的低效率。例如：可以在政府内设置两个或更多的机构来提供相同的公共物品或服务，使这些机构之间展开竞争而增进效率；还可以把某些公共物品的生产承包给私人生产者，如美国的高速公路就是由政府投资生产的公共物品，却承包给私人建筑公司。此外，当一个国家地域广、人口多、事务多时，可以在不同地区设置相同的机构以展开竞争，即加强地方政府之间的竞争。

（五）对政府的税收和支出加以约束

政府的各项活动依赖于财政，通过对政府的税收和支出加以限制，就可以从根本上约束政府的各项行为，抑制政府的过度增长或机构膨胀。这种约束可以从政府预算程序和预算数量两个方面入手：对于前者来说，通过在程序上对政府预算的申请及批准加以限制，防止政府随意地增加预算，增加政府预算的合法性及合理性，可以使政府注意到保持预算的收支平衡问题；对于后者，要求政府的收支增长要与国民经济的增长相挂钩，并保持在一定的比例内。

（六）引入激励机制

在政府机构建立激励机制，可以允许政府部门对节省成本的财政剩余有某种自主处置权。例如，可以直接分享成本节余或者作为奖金、津贴以及其他各种福利项目来发放，这样就可以对作为公共物品生产者的政府机构及其官员形成有效的激励，激励他们通过各种措施来降低公共物品的生产成本，提高部门工作效率，尽可能获得财政节余。但是需要注意的是，对这种利润动机的过分强调可能会造成虚假的或损害公共利益的节余，如巧立名目乱收费或以一定的资金提供尽量少的公共服务等，因此，在强调激励机制的同时还要建立相应的监督机制。

（七）加强对政府部门及其官员行为的监督机制建设

政府失灵的一个重要原因在于政府对权力的滥用，而政府官员滥用权力的一个重要原因在于缺乏对其权力行使的有效监督。因此，必须加强各种监督机制的建设。监督机制建设是一项系统性的工程，具体包括法律监督、行政监督、社会监督、媒体监督等多方面的内容。特别是社会监督，由于政府决策主要涉及对社会公共资源的分配，它与社会公众的切身利益密切相关，因此，社会公众有对政府官员行为进行监督的动机激励，但是在现实中，由于普通公众与政府官员地位的不对等性，要想对其形成有效的监督较为困难。为此，必须通过各种措施保证公众的监督权利。例如，可以建立政府活动的社会公示制度，将各项政务信息定期向社会公开，还可以建立公众对政府活动、决策的质询制度，遏制政府行为的随意性。

## 二、政府失灵理论对中国政府改革的启示

西方学者纠正和预防政府失灵的研究成为20世纪80年代以来西方各市场经济国家政府行政改革的理论指导，当代西方政府改革的市场化、社会化取向体现了纠正和预防政府失灵的基本精神。我国的政府改革可以从中得到以下启示：

第一，更新观念，摒弃传统计划经济体制下“政府万能”的神话，重视研究市场经济体制下政府干预的适度性与局限性。正如市场不是万能的一样，政府行为也有其不足和问题。需要切实把握好政府干预的限度，确定好政府干预的范围、内容和方式手段，以充分发挥市场机制的基础性作用和政府调节的补充性作用。

第二，切实推进相应的政治体制改革。按照公共选择理论的观点，经济过程与政治过程是相互联系的。政治制度不再是经济发展的外生变量，而是经济过程的内生变量。为了使市场经济能较好地发展与运行，必须进行相应的政治体制的改革，及时转变政府职能，由微观的、直接的干预转变为宏观

的、间接的调控。在我国当前经济社会转型时期，要特别防止政府滥用计划经济的手段来管理市场经济的运行。

第三，在政府服务中引入竞争机制，用市场的力量来改进政府工作，提高办事效率。要打破公共物品和服务完全由政府垄断供给的局面，允许其他市场主体进入并参与竞争。还可以在政府机关内部确立节约成本、提高效益的激励机制，这些都有助于克服或防止政府失灵，提高政府工作效率，减少浪费。

第四，加强政府法制建设，全面推行依法行政。各级政府都必须按照法定权限和程序行使权力、履行职责。所有政府工作人员必须依法处理社会经济事务，提高行政水平。在我国经济转型时期，各项制度建设都不健全的情况下，更需要强调对于法律、法规的遵守，保证依法行政、依法治国的有序进行。

第五，推进公共决策科学化、民主化。公共政策是政府对社会利益的权威性分配，是“政治系统回应环境的期望和要求（即输入）而作出回应的产物（即权威性输出）”。[①] 在民主政治原则下，公共政策应当是不同利益群体或不同利益集团博弈的结果。为此，要完善社会参与、专家论证和政府决策相结合的决策机制，同时要加快建立和完善重大社会经济问题的集体决策制度、专家咨询制度、社会公示制度、社会听证制度以及决策责任制度，通过这些优良的民主制度纠正权力者的理性自负倾向。

第六，加强监督制度建设，加大反腐败力度。根据寻租理论，行政权力对市场的干预和管制是寻租产生的根源。抑制寻租和反腐败，必须从体制、制度的创新入手，通过体制及制度上的创新，从根本上消除寻租及腐败滋生的土壤和条件。这就要求我们一方面深化市场经济体制改革，增强市场机制在资源配置中的作用；另一方面则要积极推进政府运行体制改革，形成一套有效的行政法规和办事制度，建立起灵活、高效、廉洁的政府管理体制。

第七，科学界定政府的经济职能。当前我国市场经济建设的过程中出现的问题是政府的责任还是市场的问题？我国是否到了应该“小政府、大市场、大社会”的阶段？是否应该放弃“以经济建设为中心”而转向以“公共服务”为中心？等等一系列问题引发了讨论，这些问题的实质就是政府的职能定位问题。应当说，在我国市场化改革过程中，政府职能已发生了重要转变，但与市场化的内在规定相比，在一些方面还是有差距的。转型国家的政府与

---

① ［美］戴维·伊斯顿．政治生活的系统分析［M］．北京：华夏出版社，1999：5.

市场关系，并不像成熟市场经济国家那样基本“定型”，而是市场关系逐步发展与政府职能转变的互动过程。在这种情况下，并不存在“要不要政府干预的问题”，而是要研究并确认：政府的哪些干预是现阶段必须但长期看来是要退出的；哪些干预是现阶段就必须退出的；哪些是现阶段很“弱”而长远是需要加强的；哪些是现阶段和长远都必须加强的等。研究好这些问题，是为了完善政府的经济调节、市场监管、社会管理、公共服务。否则，政府过多介入市场的微观层面，就难以在统筹全局的基础上提供公正、廉洁、高效的服务。

## 思考题

1. 政府失灵的含义是什么？
2. 政府失灵研究的理论意义和实践意义是什么？
3. 政府失灵主要表现在哪些方面？
4. 怎样才能有效纠正与防范政府失灵？

# 第十章
# 政府权威重塑

政府权威是社会经济有序发展的必要条件。政府失灵的客观存在极大地损害了政府权威，需要通过政府治道变革，构建有效政府、责任政府，重塑政府权威。我国正处在社会转型发展的重要阶段，顺应全球化、信息化、市场化、民主化的历史潮流，深入推进服务型政府、法治政府建设，是时代赋予的重大使命。

## 第一节　政府权威

### 一、政府权威的概念

权威是指在实践中产生的富有威望、具有支配作用的力量。某一个人、某种观点或某种组织，由于一定的品质、功绩，或由于其内容的适用性，被社会所公认，都具有权威的意义。

权威是社会实践的产物，也是社会实践的必要条件。在经济领域，生产越发展、越社会化，就越显示出权威的重要性。在现代化大生产中，如果没有一个权威性的统一指挥、必要的规章制度、一定的纪律和秩序，就无法进行正常的生产活动。另外，权威还可以是一种合法化了的权力。《马克思主义大词典》对权威的解释为：社会生活中由人们所公认的威望和影响而形成的支配力量，被看作是已经制度化了的合法权力。国家的法律、传统的习俗、个人的魅力、一定的职位以及由此产生的权力，是权威形成的基础。权威得以成立的必要条件之一是被社会所公认。只有被社会公认，权威才能体现出来。

政府权威是作为行政管理主体的政府在合法权力基础上产生的影响力，以及公民对该影响力的主观服从和价值认同。从政府权威的构成要素来看，政府权威包括权威主体与权威客体两个方面。政府权威主体指的是政府及其组成人员，政府权威客体指的是除政府组织以外的其他各社会组织及社会民众。这样，政府权威便体现为一种双向的关系与过程。在这一过程中，政府展现的是为实现其职能与目标而实施的政府行为，体现的是政府公共权力的公共性的真正实现。社会与民众展现的不是一种对政府盲目的顶礼膜拜，而是在理性基础上对政府的期望以及对政府行为的判断、认同与服从。当社会及民众对政府的期望与政府的行为结果一致时，表明政府真正回应了社会及民众的需求并切实实现了政府对社会的承诺。这时，政府的行为得到社会及民众的认可，社会及民众便对政府产生了信任，忠诚于政府，此时政府才真正具有了权威，政府权威才得以体现。

政府权威是政府合法性的外延，是政府推行公共政策并实现政策实施效果的关键因素。好的社会治理离不开政府权威。一般而言，实现政府权威不可或缺的两个因素是：一是政府信用；二是政府政绩。政府信用体现政府对社会及公众承诺的兑现；而政府政绩体现政府为兑现承诺所采取的有效行为。

## 二、政府权威的生成机制

如上所述，政府权威是在政府与社会公众的互动过程中体现的，一方面是政府合法权力的影响力和政府威望产生的公信力，另一方面是社会公众基于理性价值判断后的认同与自觉服从。因此，政府权威表现为两个过程：政府权威主体实施过程和政府权威客体接受过程。

从权威主体的角度看，政府权威的实现应包括以下三个方面的内容：

首先，政府合法权力的获得。政府合法权力的获得过程就是政府权威主体产生的过程。从某种意义上讲，政府权威主体素质的高低、品德的好坏、能力的强弱决定着政府绩效的优劣和公共权力能否正常运行，也决定着政府权威能否得以实现。

其次，政府合法权力的有效运行。政府权威主体合法公共权力的获得，只是政府权威产生的起点。而政府合法权力的有效运行才是政府权威产生的重要阶段。在缺乏有效约束的情况下，政府极有可能会背离初衷，违背人民的意志，而追求自身的利益。如何实现公共权力的有效运行，促使政府权威的有效达成，对公共权力的有效监督与制约成为政府权威实现的重要一环。对政府权力运行过程的监督与制约包括外部监督制约和自身内部监督。外部监督制约包括立法机关、司法机关等国家权力机构的监督制约，还包括政党、社会团体和社会舆论等非国家权力机构的监督制约。只有对政府权力运行进行全方位的网络式监督与制约，对政府权力运行的每一环节都有防范，才能保证政府权力的有效运行。

最后，对权力运行结果的评价。即使政府获得了合法的公共权力，并对政府权力的运行过程进行了严密的监督和制约，也不能保证政府权力的运行能实现预期的结果，还需要对政府权力运行的结果进行评价。这主要指政府拥有一套科学完善的绩效评价体系，健全完善的责任追究机制，并将政府权力运行的评价结果向社会公布，再由社会民众对政府权力运行结果进行最终评价，即判断政府权力的行使是否代表了公共利益，是否实现了预期目标。只有社会民众对政府权力运行后果进行评价，确认政府行为真正代表人民利益，并实现了预期目标，才会认同、接受政府的行政行为，政府权威才能得以实现。

从政府权威接受客体的角度说，政府如果只有强制性而没有感召力，不能说政府拥有权威。如果没有社会大众对政府制度和法规的自觉自愿遵从，也不能说政府拥有权威。从客体角度而言，政府权威的形成取决于以下两方面：

一方面是社会对政府权威的需求与期待。现代社会人们普遍认为权威是客观存在的，权威对经济社会的发展是不可或缺的。政府权威的存在首先取决于社会本身对权威的需求。政府是社会矛盾不可调和的产物，政府自产生那天起就背负着民众的期望与要求。民众希望政府拥有权威，通过合法公共权力有效调节社会矛盾，保证社会秩序稳定，并促进社会和谐健康发展。

另一方面是社会对政府权威的质疑与评价。政府不是天使，政府也有自己的缺陷与不足。正如美国政治家麦迪逊所言："如果人人都是天使，就不需要任何政府了。如果是天使统治人，就不需要对政府有任何外来的或内在的控制了。"① 在没有任何约束的情况下，政府的行为未必都是促进公共利益的。因此，对政府权威保留质疑的态度和评价的权利就成为一种必要。

## 第二节　政府权威重塑的主要理论

政府失灵的种种表现极大地损害了政府权威。随着理论界对政府失灵问题研究的不断深入，改革政府功能、实现政府权威重塑成为当代政府追求的一个基本目标，并形成了世界性潮流。其中，新公共管理理论和新公共服务

① ［法］汉密尔顿．联邦党人文集［M］．北京：商务印书馆，1981：264．

理论对于指导政府改革、重塑政府权威产生了广泛的影响。

## 一、新公共管理理论

新公共管理理论是20世纪80年代以来在西方各国形成的一股声势浩大的行政改革浪潮中出现的一种新的理论和管理模式，成为近年来西方规模空前的政府改革实践的指导思想之一。其核心内容是采用企业管理的理论、方法和技术，引入市场竞争机制，以提高公共管理水平和公共服务质量。

新公共管理运动的兴起源于传统公共行政模式受到来自外部环境和政府内部危机的双重挑战。在外部环境方面，一是全球化对政府的快速应变能力、创新能力和多元利益整合能力等提出了新的要求；二是信息技术的快速发展打破了信息被传统官僚机构垄断的局面，也为新公共管理趋向灵活、高效提供了技术支持；三是建立在官僚制基础之上的行政效率低下的传统公共行政模式，日益显示出与后工业社会的不相适应。在西方国家政府内部运行方面，财政危机、政府机构日趋膨胀、官僚主义盛行、公共行政效率低下、公共服务质量下降、政府干预经济不力，公民对政府的不满情绪日益增长。民意调查显示，1978年美国公民对其政府不信任的人数比例为58%，信任人数比例仅为34%；1979年英国公民对其政府管理满意的比例仅为35%，不满意的高达54%。这种不满情绪形成了推动政府改革的政治压力。为了应对挑战，英国、美国、新西兰和澳大利亚掀起了一场声势浩大的政府改革运动，并迅速扩展到经合组织其他成员国。作为一种世界性的改革潮流，新公共管理代表了世界公共行政管理与改革的新趋势。

缘起于西方的新公共管理运动产生了许多理论思想。例如，哈默和钱皮提出了“流程再造”的思想，并让管理者们考虑“3C”原则：即顾客（Customer）驱动、竞争（Competition）强化和变革（Change）成为常量。费斯勒和凯特尔认为，新公共管理改革具有三个典型特征：重建——来自私人部门对重建组织过程和组织结构的努力；不断改进——来自质量的运动；精简——来自世界范围内缩小政府规模的举措。琼斯和汤普森提出了新公共管理改革的“5R”战略，即公共部门改革的五个阶段：重构（Restructuring）、重建（Reengineering）、重塑（Reinventing）、重组（Realigning）和重思（Rethinking）。戴维·奥斯本、特德·盖布勒研究美国近20年来政府改革的经验，在《改革政府：企业精神如何改革着公营部门》一书中，提出了政府改革或重塑政府的十大原则：第一，起催化作用的政府——掌舵而不是划桨；第二，社区拥有的政府——授权而不是服务；第三，竞争性政府——把竞争机制注入服务提供当中；第四，有使命感的政府——改革照章办事规则；第五，讲究效果的政府——按效果而不是按投入拨款；第六，受顾客指使的政府——满足顾客需要，而不是官僚政治的需要；第七，有事业心的政府——有收益而不是浪费；第八，有预见的政府——预防而不是治疗；第九，分权的政府——从等级制到参与和合作；第十，以市场为导向的政府——通过市场力量进行变革。①

一般认为，新公共管理的核心思想是政府再造，“再造”一词是美国管理学大师哈默和钱皮最早提出的，他们认为，“再造”就是对组织流程的基本问题进行反思，并对其进行彻底地重新设计，以便在成本、质量、服务和速度等衡量组织绩效的重要尺度上取得根本的改善，流程再造、重新设计、剧烈性和彻底性是其主要特征。

在这些思想和理论的指导下，西方各国纷纷根据本国的实际采用了各种战略战术，制定了各自的政府再造方案。例如，英国的改变政府管理行动、美国的企业化政府改革运动、澳大利亚的财政管理改进计划、法国的革新公共行政计划、葡萄牙的公共选择计划、奥地利的行政计划、丹麦的公营部门现代化计划等，对提高这些国家的政府运行效率起到了较强的推动作用。

## 二、新公共服务理论

在新公共管理理论兴起之时，西方也逐渐形成了另一股批判思潮，即新公共服务理论。该理论认为，新公共管理理论的突出贡献在于打破了传统公共行政研究中政治家、政府本位主义的狭隘立场，主张公共服务市场化和民营化，以及政府“掌舵而不划桨”的角色，强调公共服务人员对顾客负责，关注如何降低政府的管理成本，以解决现代社会政府管理的财政危机问题。新公共管理的这些思想虽然对传统福利国家的全能政府、统管政府的弊端进行了革新，但它并不能解决政府公共管理和公共服务的所有问题，而且还会带来一些负面影响，如公民的利益可能在公共服务民营化过程中受损等。新公共服务理论是在对新公共管理理论弊端的反思中产生的，是对新公共管理理论的批判、更新和超越。

按照新公共服务理论的创始人登哈特夫妇的观点，新公共服务是指将公共服务、民主治理和公民参与置于公共行政治理系统中心地位的一系列思想

① ［美］戴维·奥斯本，特德·盖布勒．改革政府——企业精神如何改革着公营部门［M］．上海：上海译文出版社，1996．

和主张。其主要内容如下①。

（一）政府的职能是服务，而不是掌舵

新公共服务理论批判新公共管理将政府的职责放在“划桨”或“掌舵”上，指出当今政府不再仅仅是处于控制地位的掌舵者，同时也是重要的参与者，认为公共行政人员所承担的越来越重要的职责就是帮助公民表达自身的利益诉求，并努力满足公众的公共利益要求，行政人员不应该试图控制继而主导社会的发展方向，主张努力构建一个具有完整性和回应性的公共服务机构。

（二）追求公共利益

公共利益不是公民单个个人利益的叠加或集合，而是管理者和公民共同的利益和共同的责任，它是目标而不是副产品。公共行政官员必须致力于建立集体的、共享的公共利益观念。为此，政府应该致力于为公众营造一个无拘无束、真诚的对话环境，使公民能够清楚地表达共同的利益以及价值观念，使公共利益居于主导地位，并鼓励公民为了公共利益采取一致行动。

（三）为公民服务，而不是为顾客服务

新公共服务理论认为政府与公民的关系不同于企业与顾客的关系，因此政府服务的对象是全体公民，顾客的需求有先后之分、利益有长期和短期之分，而对于公民，政府必须关注其需要和利益，要以公平和公正为原则为他们提供服务，因此没有先后之分，政府要关注的是全体公民的公共利益，而公共利益产生于关于共同价值观念的对话中，政府必须要努力在与公民的关系中建立信任与合作关系，注重公民的呼声。

（四）重视人，而不只是重视生产率

新公共服务理论家强调通过人进行管理，公共组织及其所参与的网络要在尊重所有人的基础上，通过合作和分享领导权来运作。如果要求公务员具有责任心、奉献精神和公民意识，那么，公共管理机构的管理者首先要善待这些公务员。公务员既不是只需要保障和组织的一种官僚职业的雇员，也不只是市场的参与者，他们希望自己与别人有所区别，要求得到承认和支持，希望能够实现自身价值。

（五）公民权和公共服务比企业家精神更重要

企业家注重的是最大限度地提高生产率和增加企业利润，而公共行政官

① ［美］珍妮特·V 登哈特，罗伯特·B 登哈特. 新公共服务：服务，而不是掌舵［M］. 北京：中国人民大学出版社，2004.

员绝对不能采取这样的行为和思维方式，他们不是公共机构的所有者，政府的所有者是公民。新公共服务理论认为公共行政官员有责任通过担当公共资源的管理员、公共组织的监督者、公民权利和民主对话的促进者、社区参与的催化剂以及基层领导等角色来为公民服务。通过新公共服务的改革实现社会善治。只有善治，才能达到公共利益的最大化，而善治的过程要求国家与社会或者说政府与公民之间的合作。从全社会的范围看，善治离不开政府，但更离不开公民。

新公共服务理论是对新公共管理理论的补充和完善，它在理论上有诸多创新之处，高度重视公民权和公共利益，提出了适合现代公民社会发展的新理论，也提供了一种新的政府管理模式，对于指导公共服务的实践、重塑政府权威具有重要意义。

## 第三节　构建有效政府

构建有效政府是树立政府权威的现实要求，是善治的前提和基础。当然，有效政府的构建需要依靠一定的制度基础。

### 一、有效政府的基本内涵

有效政府是具有较高组织效能、效率、适应性以及创新能力的政府，是拥有创新惯性和质量持续改进能力的公共组织和公共体制。具体而言有效政府的基本内涵包括以下内容。

#### （一）有效政府应当具有充分的技术效率

有效政府应该尽可能采用最先进的组织技术，尽可能吸收高级人才，并且汲取更多的财力。同时，还能够充分利用组织技术，用足人才，使人力、物力的投资产生最好的效果。各国政府在组织机构方面的变革、人事行政方面的发展、公共财政的变革，其终极目标就是提高政府的组织能力、人事能力和财政能力。此外，从政治意义上，政府能具有广泛的社会支持，就会拥有较高水平的合法性，并因此而获得较高水平的政治能力。一个政府拥有很高的组织能力、人事能力、财政能力，也具有很高的政治能力，并能够综合使用这些方面的能力，制定高质量的政策，并有效实现特定的政策目标，这些都是有效政府的重要表现。

#### （二）有效政府应该具有较高的配置效率

有效政府应该以社会的需求为导向，有针对性地提供高质量的公共服务。

从供给方面来说，政府应该与市场、社会各司其职，让市场负责私人物品和服务的生产和提供，让中介组织负责一般性的社会能够承担的公共服务，并让其承担起社会与政府之间必要的中介作用，而政府则专门负责公共服务。社会产品由各种各样的组织通过复合的制度安排来供给；从消费方面来说，政府和许多非政府的公共组织一样，成为公民消费公共服务的决策单位。如政府可以代表本辖区的公民决策，决定警察服务的规模有多大，在多大程度上由政府的警察部门来提供服务，什么服务可以从保安公司那里购买。再如教育作为一个产业，在供给上是复合的，由各级政府支持生产各种各样的服务，也允许民间力量办学。政府可以允许公民个人进行一定的选择，同时也可以由政府决定把多少财政资源用于公立学校，把多少财政资源用于支持民间办学。提高政府的效率，需要考虑到公民的需求，考虑到公民方面可能付出的成本，通过政府与公民协作提供公共服务的制度安排，共同努力，以充分满足社会的需求。

（三）有效政府应该具有较好的制度效率

适当的制度会鼓励人们引进或者开发先进的组织技术，鼓励高级人才迅速出现，或者从其他部门转移到政府部门。同时，在资源配置方面，政府的财政资源是稀缺的，如果制度适当，则可以把有限的公共资源配置在社会真正需要的方面，并在相互竞争的用途之间进行有效的配置，实现各个方面的均衡配置。此外，拥有良好的治理制度，可以广泛地获取社会的支持，取得社会高水平的信任，使政府更具有政治效率。

（四）有效政府应该具有较强的动态效率

有效政府在动态意义上是一个不断适应变化的过程。在一个动态的世界里，消费者的需求变化，技术在发生变化，人们的价值追求也在发生变化，在这些变化的环境中，技术效率、配置效率和制度效率实际上都是一种相对的概念。因此，如果考虑到变化的因素，有效的政府还是具有动态效率的政府，即能够适应不断变化的外部环境，分别实现技术效率、配置效率以及制度效率，及时调整，追求动态均衡。

## 二、有效政府运行的制度基础

有效政府是政府管理的理想目标，也是政府权威的重要体现。而政府管理有效性的实现必然基于一定的制度基础，换言之，有效政府必定是建立在一定的运行基础之上的。

（一）有限政府

有限政府与有效政府二者之间具有内在的关联性，有限政府是有效政府的前提。在既定的人员、组织、财力等技术条件下，政府的能力是有限的。有效政府应该在既定的能力条件约束下，实现与市场或者社会力量的职能均衡。

（二）法治政府

有效政府必须是一个法治政府。有效政府不只是意味着能够有效制定政策和实施政策，而且还应该具有行为的确定性和可预见性。法治政府的特征就在于政府的权力受到法律的制约，法律的权威大于任何个人的权威。

（三）分权政府

有效政府应该是一个分权的政府。这里主要指的是公共权力在中央与地方各级政府之间的合理分配。如果一个政府内部的权力结构不合理，那么这样的政府难以具备高效性。

（四）民主政府

有效政府也应该是一个民主的政府，或者说是一个充满竞争活力的政府。这种民主是以法治为框架，以分权下的自主治理为基础。它提供相应的激励机制，激励公民适当地参与公共生活，激励政府官员更好地为公共利益服务。

## 第四节　在变革和发展中不断塑造政府权威

### 一、政府治道变革

治道，即治理之道，是指一个国家的政府治理公共事务、解决公共问题、提供公共服务的基本路径和方法。治道变革是西方行政学的一个重要概念，是指政府如何适应市场有效运行的需要来界定自己的角色，进行市场化变革，并把市场制度的基本观念引进公共领域，建设开放而有效的公共管理体系。从西方国家的实践来说，政府治道变革意味着以下主要内容：

第一，政府职能市场化，包括国有企业的民营化、公共事务管理的民营化、政府业务合同化。

第二，政府行为法治化，主要解决权力分布过度集中、政府管制过分等问题，从过分的权力集中与管制回归法治进程。

第三，政府决策民主化，即实现政府行政日益公开化，提高政府公共政策的质量，对公民的要求作出及时的、好的回应。

第四，政府权力多中心化，主要表现在寻求新的制度使公共事务以及地方经济不仅仅依靠中央政府的决策与管理，应当寻求更经济、更合理的组织及管理的方法。管理的具体部门以及地方都需要提高自治水平，社群也应当成为管理的主体。

## 二、政府改革的基本趋向

政府治道变革的根本目标是重塑政府权威。在这场世界性的改革浪潮中，塑造服务型政府、责任政府、法治政府成为鲜明趋向。

### （一）服务型政府

服务型政府是在公民本位、社会本位理念指导下，在社会民主秩序的框架下，通过法定程序，按照公民意志组建起来的以为公民服务为宗旨并承担着服务责任的政府。理解服务型政府的内涵，需要把握好以下要点：

1. 服务型政府确立为公民服务的理念。根据契约理论，政府的合法性是建立在公民与政府、公民与公民之间的政治契约基础之上的。政府的权力来源于人民，必然要服务于人民。政府应保护公民的基本利益，维持良好的社会秩序，充当公民的忠实仆人。服务型政府提供的服务从本质上说必须以被服务者的同意为基准，提供的服务是出于被服务者的要求和愿望，而以往政府提供的服务却更多地体现服务者单方面的意志，服务异化为压制。①

2. 服务型政府在运行方式上是对传统管制型政府模式的摒弃。传统意义上的政府是管制型的，政府以管理者和统治者的身份对公民进行管理和制约，它呈现以下特征：①政府与公民的关系不对等。政府高高在上，并不将公民视为对等的主体。②政府的职能无所不包，是全能政府，政府权力渗透到公民生活的方方面面。③政府行政的方式以强制手段为主。

服务型政府不再是高高在上的管制者，而是充分体现人文关怀的公共服务者，主动、灵活、低成本地对外界情况的变化以及不同的利益需求作出富有成效的反应。

3. 服务型政府体现为多中心治理模式，打破过去政府对公共服务提供的垄断性，引进私人部门和非政府组织参与的服务形式，增加公共服务的市场化与社会化方式。公共服务社会化强调政府在社会管理和公共服务领域，改变传统的大包大揽的做法，将一些政府职能通过向社会转移或委托代理等方式转移出政府，目的是引入最有效的资源配置方式即市场机制来提供公共产

---

① 张创新. 中国当代政府管理模式与方法研究［M］. 长春：吉林人民出版社，2006：3.

品和服务，不断推动公共服务的自我创新和服务水平。通过公共服务社会化，可以建立政府与社会的合作伙伴关系，从而增强社会对政府的信任与支持。政府只有满足了社会的需求，才能获得社会公众对政府的认可和支持，从而树立政府的权威。

（二）责任政府

1. 责任政府的内涵。近十多年来，西方主要发达国家的政府改革趋势基本上是追求政府的责任行政，努力建立更加透明和负责任的政府成为政府改革的主要目标之一。

责任政府其实是对现代政府的一种定性或者是政府行政活动所要达到的一种理想状态。在内涵上，责任政府是指政府能够积极地对社会民众的需求作出回应，并采取积极的措施，公正、有效率地实现公众的需求和利益的政府。它表示国家行政机关负责地行使公共权力，向国家立法机关、执政党以及公民负责的同时，积极回应并有效满足公民的各种社会诉求，真正实现为人民服务的根本宗旨，并内在地包含着对不负责任的各种行为进行制裁和控制的一整套机制体系。

应当说，责任政府既是现代民主政治的一种基本价值理念，又是一种对政府行政活动进行控制的制度安排。责任政府作为一种基本价值理念，它要求政府必须积极回应社会民众的基本要求并采取有效行动予以满足。作为一种制度安排，责任政府意味着保证政府责任实现的内部和外部的责任控制机制。

2. 责任政府的类型。归结起来，政府责任可以分为以下四种类型：

（1）政府的政治责任，即政府及其行政人员须维护社会制度、社会秩序，维护法律尊严，政府的行政行为应代表人民利益，符合人民意志，促进公共利益的实现，否则会受到政治追究，并承担相应的消极后果。

（2）政府的法律责任，即政府及其公务人员违反法律规定的义务、违法行使职权时，必须承担相应的法律后果，即法律责任。政府的违法行政行为必须被撤销、变更、确认违法、损害赔偿，政府官员的违法失职、滥用职权、贪污腐败等行为必须受到相应的处罚。

（3）政府的行政责任，即政府内部责任控制。经法定程序进入政府行政体系的政府官员一旦确立了行政职务关系，就应当依据法定的权限开展行政活动。政府公务员对上有服从的责任和义务，对下有监督的责任和权力。

（4）政府的道德责任，即政府及其公务人员必须对社会价值负责，对社会公众、社会价值和社会伦理道德等承担道义上的责任。

### （三）法治政府

对于市场，法无禁止即可为；而对于政府，法无授权不可为。法治政府作为一种管理模式或者作为一种治理状态包含以下四方面的内容：

1. 政府的产生和权力的获得应有组织法依据。政府产生于人民授权的宪法法律制度，政府行政权力法定。

2. 政府运行应有程序法依据，行政程序公开化。即政府行政行为应透明公开、执法有据、符合法律程序。

3. 政府产生和开展活动所依之法须合乎理性和正义。

4. 监督体制化。政府行政活动受政治、法律和社会的监督，在宪法和法律的框架下开展行政活动，并接受社会监督，违法应承担相应的责任，最终实现政府管理从人治向法治的全面转变。

合法性是法治和政治权威相契合及互动的一个基本节点。“一个政府只有在它认识到有些事情是它不能做的时候才是合法的政府”。“一个政府必须通过它与外部的标准和规范相适应来证明它的合法性”。[①] 按照前文的论述，合法性包含了合乎法律、合乎理性以及公益的内容。

综上所述，服务型政府强调的是对政府公共服务的价值诉求，其权威体现在政府为社会的公共产品和服务提供方面。责任政府强调的是政府行政自律性的规范，其权威体现在政府对自身的约束与规范方面。法治政府重点强调的是行政规范性塑造，政府权威体现在政府对法律的遵守与严格执行方面。

## 三、在应对挑战的过程中不断塑造政府权威

政府权威的基础存在于一定的社会经济关系以及受经济关系决定和影响的社会关系之中。当前，我国社会正处于经济政治全面转型、深化发展的重要时期，必须承认，社会自我管理能力不断增强和社会自我管理领域的扩张要求政府逐渐退出原有的社会管理的领域，使得转型时期的政府权威面临挑战。当社会自我管理与政府管理社会之间不能实现恰当的对接时，就可能导致在某些领域、某些问题上发生社会自我管理与政府管理社会同时失效，导致政府失灵现象的发生，致使社会陷入危机，从而削弱政府权威。

社会转型的过程，也是政府权威重建的过程。必须看到，政府权威的重塑既受制于整个社会的大环境，也受到自身因素的制约。

---

① ［美］斯蒂芬·埃尔金，卡罗尔·索乌坦．新宪政论——为美好的社会设计政治制度［M］．北京：生活·读书·新知三联书店，1997：156.

（一）全球化浪潮对政府权威的冲击

全球化是当今时代的基本特征之一，一般是指人类组织和活动的空间形式在活动、相互作用以及权力运行方面转向跨洲或跨区域方式的变化。它不仅是生产要素在全球范围内的自由流动，追求资源优化配置，也是先进管理制度、管理理念在世界各国之间的交流和相互借鉴。

随着全球化进程的加快和我国对外开放的深入推进，我国已进入一个全方位开放的时代。经济的全球化要求国家自由裁量权的某种牺牲，这意味着任何一个国家都不可能完全孤立地制定政府的行动计划和决策，国内经济事务必须遵循国际惯例和游戏规则，政府权力的运用在相当程度上受到制约。全球化对政府职能提出了重新定位的要求。全球化使世界市场失灵冲破国界的束缚，世界性的市场失灵成为全球化的伴生物和副产品，这意味着各个国家的政府不仅要积极推动全球化，而且还要治理世界市场的失灵。同时，全球化导致了各国之间相互依存，改变了政府行为的环境。一国政府的宏观经济政策的有效程度会受到其他国家的宏观经济形势和宏观经济政策的影响。诸如，一国制定的货币政策要充分考虑到本国金融市场与世界市场融合的程度以及对本国货币政策效果的影响。另外，全球化对政府的管理手段也提出了要求。全球化要求政府更多地使用法律手段来进行管理，即通过法律权威来提升政府的权威。即政府要注重法律手段的运用，要通过对规则制度的遵从来体现政府的权威地位，实现对社会政治和经济的有效管理。

（二）经济发展引起的社会结构变化所带来的挑战

在改革开放以前，中国的社会利益结构具有高度的整体性特征。这种整体性的社会利益结构是高度集中的传统计划经济体制的产物，表现为：在利益关系上，个人利益服从于集体利益，各利益主体间利益差别模糊，利益关系单一。在这一社会利益结构下，政府是进行社会利益分配的唯一主体，且整个社会都受制于这一主体，社会民众须无条件服从于政府的管制，政府行政表现为高度集权。但是，市场经济的发展带来了社会结构变化，社会利益需求的多元性、社会利益主体的多元化以及社会矛盾的复杂性都在深层面对政府行政提出了新要求。不同的社会利益主体有着不同的利益诉求，相应地不同的利益主体、不同的社会阶层成员之间出现了利益差异和利益冲突，主要表现在两个方面：一是政府利益与社会利益、民众利益的冲突；二是社会不同阶层成员之间的利益冲突。这些矛盾能否妥善解决直接影响着政府权威。利益多元化的社会结构要求政府在社会管理理念上实现从控制本位向服务本位转变，为各利益主体的崛起和博弈提供良好的发展环境、平等的竞争规则、基本的公共设施以及完善的社会保障体系，确保社会各阶层都能及时分享改革发展带来的成果。

经济和社会转型发展的过程也就是落后国家实现现代化的过程，一方面现代化对政府权威和政府系统提出挑战；另一方面，后现代化国家现代化建设又离不开政府的主导作用，这会使政府与社会之间存在着一种微妙的紧张关系。政府的权威主要体现为社会公共利益的平衡器。在各种利益中求得平衡，以维护社会秩序，并体现社会公正的价值。然而，当原有的社会利益整合机制不能适应新的历史条件，而新的社会利益整合机制又尚不完善的情况下，政府无法有效解决这些由复杂因素引致的利益分配问题，就可能导致社会民众对政府治理有效性的质疑，从而削弱政府权威。

（三）公民参与期待扩大对政府权威的挑战

公民参与政府决策是现代民主政治制度下公民所具有的一种普遍性和广泛性的行为，也是现代民主的重要体现。当前席卷全球的民主化治理变革挑战着政府权威。如果现有的政治体系不能及时提供制度化的公民参与渠道，并将新生的社会力量吸纳到政治体系当中来，无法实现公民有序参与政府决策，那么社会公民将无法充分享有社会主义本质内涵之中体现的民主。这必将导致社会公众对政府权威的认同危机，从而削弱政府权威存在的合法性基础。

（四）现代信息技术的发展对政府权威的冲击

现代信息技术的普及发展对传统权威形成了巨大挑战。在信息时代，网络是一个新天地，是所有人都可以随时参与、有着绝对平等与自由的空间。网络的交互性、跨国性和信息传播的即时性等特点冲击了政府对信息的原有管理方式，无限扩展的网络空间也超越了政府组织对信息原有的监控范围，出现了权力难以触及的虚拟空间。但是，也应当看到，网络信息技术的发展，为社会专家和普通社会公众直接参与公共决策的制定与执行提供了技术上的支持。一方面，它使信息的收集、处理和传播更为便利，缩短了政府与公民个人之间的相对距离，加强了彼此之间的回应性和依赖性。另一方面，信息技术也增强了公民和社会在信息和知识方面的占有量，从而揭掉了政府部门的神秘面纱，削弱了传统政府的优势地位，对传统的垂直型单向度的权力运作模式提出了挑战，为参与管理、民主管理的治理模式提供了现实条件。为此，政府部门需要具有快捷准确的舆情搜集和研判能力，迅速了解和把握网上各种新型信息载体的脉搏，迅速回应社会公众的利益需要和质疑，倾听民意、吸纳民智，提供即时的、有效的回应。

总体上，我们应当看到，现代化、信息化催生公民的权利意识，促进民主化的进程。它意味着传统社会人与人之间的人身依附关系日益为契约关系所取代，个人在政治系统的角色，也开始由原来消极服从的臣民角色转化为现代公民角色。随着现代技术手段和科学知识的不断推广，尤其是信息流量的扩大以及人们的富裕程度与受教育水平的提高，人们越来越意识到自己有能力认识和控制周围的环境。公民主体意识的觉醒改变了传统社会人们与政治权威之间的关系模式，人们对政治权威的忠诚不再是出于某种神秘的信仰，而是将政治权威改善民众的生存境况作为给予其支持的关键。政治权威必须将自身的合法性建立在为民众利益服务的基础上。

世界潮流浩浩荡荡，顺之者昌、逆之者亡，这是一个亘古不变的真理。政府只有主动把握历史发展的趋势，自觉地顺应改革的要求，才能赢得民众，树立权威。

## 思考题

1. 政府权威的内涵及其生成规律是什么？
2. 政府治道变革包含哪些方面主要内容？
3. 政府改革的历史趋向是什么？
4. 我国社会转型过程中政府权威面临哪些挑战？

# 参考文献


[1] [美] 约瑟夫·斯蒂格利茨. 公共部门经济学 [M]. 3 版. 北京: 中国人民大学出版社, 2005.

[2] [美] 伊·华勒斯坦等. 开放的社会科学 [M]. 北京: 生活·读书·新知三联书店, 1997.

[3] 杨龙, 王骚. 政府经济学 [M]. 天津: 天津大学出版社, 2004.

[4] 方福前. 公共选择理论——政治的经济学 [M]. 北京: 中国人民大学出版社, 2000.

[5] [英] 亚当·斯密. 国民财富的性质和原因的研究 [M]. 北京: 商务印书馆, 1974.

[6] [美] 斯蒂格利茨. 政府为什么干预经济 [M]. 北京: 中国物资出版社, 1998.

[7] 卫兴华. 市场功能与政府功能组合论 [M]. 北京: 经济科学出版社, 1999.

[8] 毛寿龙. 中国政府功能的经济学分析 [M]. 北京: 中国广播电视出版社, 1996.

[9] [美] 曼昆. 经济学 [M]. 北京: 中国计划出版社, 1999.

[10] [美] 布坎南. 自由、市场与国家 [M]. 北京: 商务印书馆, 1993.

[11] 孙荣, 许洁. 政府经济学 [M]. 上海: 复旦大学出版社, 2000.

[12] 乔林碧, 王耀才. 政府经济学 [M]. 北京: 中国国际广播出版社, 2002.

[13] 朱柏铭. 公共经济学 [M]. 杭州: 浙江大学出版社, 2002.

[14] 新帕尔格雷夫经济学大词典 [M]. 2 版. 北京: 经济科学出版社, 1996.

[15] 黄少军. 政府经济学 [M]. 北京: 中国经济出版社, 1998.

[16] 高培勇. 公共经济学 [M]. 北京: 中国人民大学出版社, 2004.

[17] 郭小聪. 政府经济学 [M]. 北京: 中国人民大学出版社, 2003.

[18] [美] 萨缪尔森, 诺德豪斯. 经济学 [M]. 北京: 中国发展出版社, 1992.

[19] [英] 凯恩斯. 就业、利息和货币通论 [M]. 北京：商务印书馆，1983.

[20] 徐滇庆. 政府在经济发展中的作用 [M]. 上海：上海人民出版社，1999.

[21] 陈东琪. 新政府干预论 [M]. 北京：首都经济贸易大学出版社，2000.

[22] 王绍光. 安邦之道：国家转型的目标与途径 [M]. 北京：生活·读书·新知三联书店，2007.

[23] [美] 戈登·塔洛克. 对寻租活动的经济学分析 [M]. 成都：西南财经大学出版社，1999.

[24] 贺卫. 寻租经济学 [M]. 北京：中国发展出版社，1999.

[25] 倪星. 腐败与反腐败的经济学研究 [M]. 北京：中国社会科学出版社，2004.

[26] 马骏. 论转移支付 [M]. 北京：中国财政经济出版社，1997.

[27] [美] 哈维·罗森. 财政学 [M]. 北京：中国人民大学出版社，2003.

[28] 黄达. 货币银行学 [M]. 北京：中国人民大学出版社，2001.

[29] 徐国亮. 政府权威研究 [M]. 济南：山东大学出版社，2006.

[30] [美] 乔治·施蒂格勒. 产业组织和政府管制 [M]. 上海：上海人民出版社，1996.

[31] [日] 青木昌彦. 比较制度分析 [M]. 上海：上海远东出版社，2001.

[32] [美] 丹尼尔·W 布罗姆利. 经济利益与经济制度：公共政策的理论基础 [M]. 上海：上海三联书店，2006.

[33] [美] 詹姆斯·布坎南. 宪法经济学 [M]. 北京：生活·读书·新知三联书店，1996.

[34] [美] 戴维·伊斯顿. 政治生活的系统分析 [M]. 北京：华夏出版社，1999.

[35] 杨龙. 发展政治学 [M]. 北京：高等教育出版社，2006.

[36] 马国贤. 政府绩效管理 [M]. 上海：复旦大学出版社，2005.

[37] [美] B 盖伊·彼得斯. 政府未来的治理模式 [M]. 北京：中国人民大学出版社，2013.

[38] [美] 约翰·克莱顿·托马斯. 公共决策中的公民参与 [M]. 北京：中国人民大学出版社，2010.

[39] 季燕霞. 博弈的天平——当代中国社会的利益格局与利益制度研究

[M]．北京：中国社会科学出版社，2011.

[40] 房宁．中国政治参与报告（2011）[M]．北京：社会科学文献出版社，2011.

[41] [美] 奥尔森．国家兴衰探源 [M]．北京：商务印书馆，1993.

[42] [德] 马克斯·韦伯．经济与社会 [M]．北京：商务印书馆，1998.

[43] [美] 埃莉诺·奥斯特罗姆：公共事物的治理之道 [M]．上海：上海译文出版社，2012.

[44] [德] 哈贝马斯．公共领域的结构转型 [M]．北京：学林出版社，1999.

[45] [美] A 爱伦·斯密德．财产、权力和公共选择——对法和经济学的进一步思考 [M]．上海：上海三联书店，上海人民出版社，1999.

[46] Michael Howard, Public Sector Economics: for Developing Countries [M]. [S. L.]: University of the West Indies Press, 2001.

[47] United Nations Report. Privatization and Regulation in Developing Countries and Economies in Transition [R]. New York, 1999.

[48] P H Collin, Dictionary of Government and Politics [M]. 2ed ed. [S. L.]: Peter Collin Publishing, 1997.